Guide orange
2009/2010

VERLAG GUIDE ORANGE

Ich widme dieses Buch meiner Frau Marion,
die mir die beste Beraterin und Helferin ist,
sowie Dieter Leismann, Dominique Paul und Gerhard Hoff,
mit denen ich die ersten beiden Bücher herausgegeben habe.
Dieters reichhaltige Ideenwelt, Dominiques Weitblick
und Fachkenntnis und Gerhards Idee und
seine Kreativität leben hier weiter.

Liebe Freunde von Genuss und Lebensart,

der Guide orange ist aus dem durchaus egoistischen Wunsch heraus entstanden, das eigene Wissen um die Gastronomie- und Einkaufsszene in der Region zu ergänzen. Wir wollten wissen, wo es gute – auch neue – Restaurants gibt und wo man etwas Besonderes einkaufen kann. Aus den vielen Tipps, die uns per E-Mail, schriftlich oder mündlich erreicht haben, stellten wir die Adressen zusammen, die wir empfehlen möchten.

Um es klar zu sagen: Wir schreiben für Sie, unsere Leser/innen, und nicht für die Anbieter. Kein Restaurant, kein Geschäft hat sich seine Empfehlung erkauft. Nur durch diese Unabhängigkeit ist eine Empfehlung und Bewertung möglich. Unser Ziel war es, den Leser/innen dieses Buches Informationen zu geben, die hilfreich, unterhaltsam und interessant sind.

Insgesamt stellen wir im Guide orange 2009/10 230 Restaurant- und Einkaufsadressen vor, davon mehr als die Hälfte erstmals. Wir haben Adressen ausgewählt, die originell und noch wenig bekannt sind. In der ganzen Region fanden wir Neues. Insbesondere im nahen Elsass und in Lothringen setzten wir einen Schwerpunkt und können Ihnen hier viele neue Adressen nennen. In weiteren Beiträgen laden wir ein zu interessanten Kochkursen, zum Steinpilzsuchen, zum Einkauf auf Saarbrücker Märkten, zu einem kulinarischen Kurztrip nach Paris und zum Probieren der Weine der unteren Saar. Intensiv beschäftigt haben wir uns mit der Kombination von Natur, Kunst und gutem Essen bei den Bliesgau Lammwochen. Wir werfen einen nostalgischen Blick auf den Beginn der italienischen Gastronomie im Saarland und machen aufmerksam auf Fleisch aus artgerechter Tierhaltung: heimisches Wild!

Wir wünschen Ihnen viel Freude beim Lesen,
Nachtesten und Genießen

November 2008

Holger Gettmann

Neu im Guide orange 2009/10:

NEU: 85 Restaurants und 28 Einkaufsadressen
Rund 400 Adressen haben wir getestet. Im Saarland, in Luxemburg, im nördlichen Elsass, im angrenzenden Lothringen und in Rheinland-Pfalz. 164 Restaurants (darunter sind 85 neue Adressen) und 68 Einkaufsadressen (davon sind 28 neu) stellen wir Ihnen vor.

Den Artikel über Slow Food Saarland möchten wir Ihnen ganz besonders ans Herz legen. Sechs der aufgeführten Restaurants sind ausgezeichnet worden mit dem Label von

Slow Food® Saarland

NEU: Landkarten für jeden Landkreis
Wir haben die Übersichtlichkeit noch verbessert: Jeder Landkreis, Elsass, Lothringen und Luxemburg werden mithilfe eines Landkartenausschnitts und einführender Informationen vorgestellt.

NEU: Top-Restaurantempfehlungen
Wir empfehlen und bewerten die Restaurants immer innerhalb der jeweiligen Kategorie. Wir haben die Kategorien noch einmal genauer beschrieben und in jeder unsere Top-Empfehlungen genannt. Sie finden diese neue Aufstellung direkt nach Vorwort und den Neuheiten.

NEU: Erweiterter Registerteil
Das alphabetische Register und das Stichwortverzeichnis wurden neu gestaltet. Auf einen Blick sehen Sie alle Öffnungstage, hervorgehoben ist, wer Sonntag und Montag geöffnet hat. Sie finden besonders kinderfreundliche Restaurants **K** und Restaurants mit Terrasse **T** .

NEU: Frankreich Spezial: „Tour Paris"
Wir Saarländer haben's gut: Durch die neue ICE-Verbindung liegt Paris für uns im gleichen Zeit-Radius wie das südliche Elsass. Und genau dorthin zieht es uns in dieser Ausgabe: zu dem geballten gastronomischen Angebot in der Hauptstadt des guten Geschmacks. Über 12.000 Cafés und Teesalons, Bistros und Brasserien, Restaurants und Clubs bilden ein unglaublich reiches Spektrum von altehrwürdigen Institutionen über regionale und fremde Küchen bis hin zu durchgestylten Szenelokalen. Wie in der Mode entstehen an der Seine auch gastronomische Trends, die weltweit neue Maßstäbe setzen.

Wie wir auswählen
Bedürfnisse und Geschmack sind bekanntlich unterschiedlich und hängen nicht zuletzt von der individuellen Tagesstimmung ab. Haben Sie Lust auf deftige Kost oder lieber auf ein Gourmet-Dinner? Bevorzugen Sie rustikales Ambiente oder Szene-Schick? Der Guide orange 2009/10 hat Empfehlungen für unterschiedlichste kulinarische Ansprüche. Vom Ausflugslokal bis zum Bistro, vom Szene-Restaurant bis zu gutbürgerlicher Küche. Gesucht und gefunden haben wir authentische Adressen mit ausgewogenem Preis-Leistungs-Verhältnis. Dabei sind wir auf vielseitige Angebote gestoßen. Schmackhaftes aus regionaler Küche, leichte mediterrane Kost und aufwändige Feinschmeckermenüs. Die gastronomische Philosophie, die Herkunft der Produkte und das gewisse Etwas, das ein mit Hingabe zum Detail geführtes Lokal auszeichnen, haben unsere Auswahl bestimmt. Auch der fachlich kompetente und freundliche Umgang mit dem Gast lag uns bei der Auswahl am Herzen.

Wie wir bewerten: Objektivität und Subjektivität
Es gibt keine Objektivität. Bei allem Bemühen um Neutralität: Jede/r Tester/in hat einen anderen Erfahrungshorizont und einen anderen Geschmack, was die Berichterstattung beeinflusst. Wir wissen auch, wie schwierig es sein kann, wenn man als Tester/in in ein Restaurant oder in ein Geschäft kommt und den berühmten rabenschwarzen Tag erwischt. Kennt man das Restaurant oder Geschäft schon länger, lässt sich zwischen einem guten und mal einem schlechten Tag unterscheiden. Unsere Autor/innen zeichnet ihre Liebe zu gutem Essen, Einkaufen und Kochen aus. Jede/r Tester/in hat versucht, offen und nachvollziehbar zu schreiben.

Restaurant-Kategorien
Die Restaurants sind in verschiedene Kategorien eingeteilt: Gourmetrestaurant, Restaurants mit Ambition, Klassische Küche, Bistro, Winstub, urige Restaurants, Szenelokale, Ausflugslokale und italienisch-ambitionierte und italienisch-familiäre Restaurants. Daneben finden Sie unter der Kategorie „International" spanische Tapas, Sushi und asiatische Küche. In manchen Fällen ist die Zuordnung zu einer Kategorie schwierig (z. B. beim Ausflugslokal mit ambitionierter Küche). Hier schauten wir, wo der Schwerpunkt liegt, um uns dann für eine Kategorie zu entscheiden. Es gibt auch Häuser mit verschiedenen Restaurants unter einem Dach (z. B. das Gourmetrestaurant mit seinem Bistro). In diesen Fällen haben wir eine Lokalität ausgewählt und bewertet.

Restaurant-Bewertungen
Alle Restaurants sind bewertet in den Bereichen Küche und Ambiente. Es gibt Punkte von 0,5 bis 3,0. Die Bewertungen sind innerhalb der jeweiligen Restaurant-Kategorie (!) erfolgt. Im urigen Ausflugslokal gelten andere Maßstäbe als im Gourmetrestaurant. Ambiente bedeutet für uns, was dem Gast Wohlbefinden verschafft. Angefangen beim guten Service bis hin zur Einrichtung des Gastraums. Die Bewertung der Küche erfolgt auch im Rahmen der jeweiligen Restaurant-Kategorie. Besonders wichtig sind uns hier der Umgang mit den Produkten sowie Kreativität und Originalität.

Einkaufsadressen
Für die Auswahl unserer Einkaufstipps stand im Vordergrund: gutes Handwerk, ansprechendes Ambiente, interessante Produktauswahl, Herkunft der Produkte und Kundenorientierung. Unsere Empfehlungen sind ein Credo für gute Qualität. Wir stellen Bäckereien und Metzgereien, Forellenzüchter, Obstbauern und Schnapsbrennereien, selbstvermarktende Landwirte und Bioläden, Käsereien, Konditoreien und Kaffeeröster, Molkereien und Marmeladenhersteller, Obst- und Gemüsegeschäfte sowie Feinkostläden vor.

Hinweis
Unser Testzeitraum war März bis September 2008. Bis zur Drucklegung haben wir alle Informationen weiterhin aktualisiert. Wir bedauern, wenn sich zwischenzeitlich Öffnungszeiten etc. geändert haben sollten. Sollten Sie feststellen, dass sich etwas verändert hat, freuen wir uns über eine kurze Mitteilung: *info@guide-orange.de*

Dankeschön
Den wesentlichen Teil der Arbeit haben unsere Tester/innen erledigt. Wir danken Stefanie Bier (SB), Andrea Brück (AB), Marcus Feld (MF), Kristin Genkel (KG), Holger Gettmann (HG), Norbert Heinz (NH), Christine Heuel (CH), Stefan Heuel (SH), Hans-Georg Herrmann (HGH), Jörg Huppert (JH), Andreas Kött (AK), Gabi Kümmel (GK), Marion Maack-Gettmann (MMG), Daniel Mollard (DM), Fred Molter (FM), Stephan Oberhauser (SO), Patricia von Papen-Bodek (PvP), Harald Popp (HP), Thomas Reinhardt (TR), Jürgen Reitz (JR), Frank Röder (FR), Gudrun Rohe (GR), Mike Siebler (MS), Michael Viebig (MV) und ihren Partnern und sonstigen Co-Testern, außerdem unseren Gastautoren Andreas Dittscheid und Giorgio Marrapodi.

Wie bekommt ein Restaurant einen ?
Wir haben am Schluss jede/n Tester/in gebeten, seinem/ihrem Lieblingslokal – vollkommen unabhängig von der Restaurantkategorie – seinen/ihren persönlichen Guido zu geben.

Unsere Besten in den verschiedenen Kategorien

Gourmet
Als Gourmet wird ein Feinschmecker bezeichnet, ein sachkundiger Genießer raffinierter Speisen und Getränke. In die Kategorie Gourmet sind besondere Restaurants eingestuft, die Außergewöhnliches in ihrer Gesamtheit anbieten. Hier erwartet der Gast ein hohes Niveau in verschiedener Hinsicht. Er möchte in schönem Ambiente eine kreative Küche bei gleich bleibend guter Qualität genießen. Die Küche sollte auf Sonderwünsche reagieren können. Die Weinkarte sollte gut sortiert sein und ein größeres Spektrum an erlesenen Weinen enthalten. Die Einrichtung sollte stilvoll und stilsicher komponiert sein, der Service freundlich, kompetent, präsent und unaufdringlich.

Unsere Favoriten in alphabetischer Reihenfolge:

Hämmerle's Restaurant	*35*
Le Noir	*87*
Le Strasbourg	*169*
Niedmühle	*139*
Pascale Dimofski	*188*
Restaurant Mathes	*230*
Zum Blauen Fuchs	*164*

Ambition
Ambition bedeutet Streben und Ehrgeiz. Die Lokale dieser Kategorie bieten eine gute Kombination von Ambiente, Service und Speisen. Sie wollen sich durch Kreativität, guten Umgang mit Produkten von klassisch gutbürgerlicher Küche abheben und bieten ein eleganteres Ambiente. Es müssen klare Vorstellungen von Küche und Service gleichermaßen über Jahre verfolgt und mit einer konstanten Steigerung umgesetzt werden. Nur ein perfektes Zusammenspiel und dazu ein entsprechendes Ambiente garantieren ein Weiterkommen nach vorne und somit nach oben. Für den Gast eine interessante Situation, wird er doch so zum Beobachter und Begleiter und kann seine eigene Einschätzung der Qualität in Sachen Speisen und Genießen testen.

Unsere Favoriten in alphabetischer Reihenfolge:

Forsthaus Neuhaus	*72*
Kaminzimmer Kunz	*158*
La Ferme de Suzel	*216*
L'Ami Fritz	*213*
Villa Medici	*28*

Klassisch

Hier finden Sie die klassische gutbürgerliche Küche. Hier ist „Hausmannskost" kein Schimpfwort, sondern Genuss. Sie freuen sich auf Gerichte nach traditionellen Rezepten. Das können Schnitzel mit Salat und Pommes Frites, Salate, Suppen, Eintöpfe, Braten oder Wildgerichte sein, und zwar am liebsten mit saisonalen und regionalen Produkten. Portionen und Preise sollten in gutem Verhältnis zueinanderstehen. Sie erwarten eine gemütliche Einrichtung, von „Wohnung" bis zu modern.

Unsere Favoriten in alphabetischer Reihenfolge:

Gasthaus Bäcker	*31*
Gasthaus Rech	*24*
Gasthaus Wagner	*19*
Letzebuerger Kaschthaus	*234*
Rösselstub	*207*

Bistro

„Bystro bystro!" (schnell!) riefen die russischen Soldaten während der Besetzung von Paris (1816-18) in den Schänken, denn das Trinken war ihnen eigentlich verboten. Die Anekdote klingt gut, aber ob daraus wirklich das französische Wort Bistro(t) für kleine, gemütliche Lokale entstanden ist, bleibt umstritten. Längst hat sich das „Bistro" im neudeutschen Lifestyle-Jargon fest etabliert, allerdings mit einer Tendenz zur Beliebigkeit. Merke: ein schwarz-weißer Schachbrettboden macht noch kein Bistro! Bistro zeichnet sich dadurch aus, dass es z. B. Innereien (Nierchen, Kalbskopf, Leber ...) oder französische Hausmannskost gibt.

Unsere Favoriten in alphabetischer Reihenfolge:

Bistro im Bahnhof	*71*
Bistro Villa Fayence	*148*
Café Kanne	*30*
Fruits de Mer	*77*
Le Baron Rouge	*170*
Weintreff Magdalenenkapelle	*163*

Italienisch

Unsere Leserbefragung hat ergeben, dass die Kategorie „Italienisch" die beliebteste überhaupt ist! Dabei ist die Kategorie „italienisch" so ungenau wie kaum eine andere. Zu der Verwirrung tragen die Gastronomen selber bei. In Italien gibt es ganz klare Trennungen zwischen Osteria (eher eine Bar, in der man Weine aus der Region trinkt und wo es oft nur kalte Speisen aus der Region gibt), Trattoria (kleines, einfach eingerichtetes Lokal mit wenigen Plätzen ohne Luxus, mit familiärer Atmosphäre und einer einfachen Küche mit Produkten und Rezepten aus der Region), Locanda (schlicht eine Trattoria mit Übernachtungsmöglichkeiten) und Ristorante (gehobene „cucina italiana" mit mediterranen Einflüssen). Das ist in Deutschland nicht so eindeutig. Die von uns getesteten Lokalitäten sind eigentlich immer „Ristorante", egal wie sie sich nennen, man findet eine Mischung aus traditioneller Küche und verfeinerten Rezepten, die an den „deutschen" Geschmack angepasst sind. Wir unterscheiden in familiär und in ambitioniert. Aber um z. B. die wunderbare Vielfalt der regional sehr unterschiedlichen „antipasti variati" zu genießen, sollten wir doch lieber direkt nach Italien fahren.

Ambition:

Locanda Grappolo d'Oro	*138*
Oro e Argento	*237*
Ristorante Roma	*95*
Vecchia stazione	*68*

Familiär:

Massimo	*67*
Osteria da Bacco	*34*

Ausflug

Einen Ausflug verbinden wir mit gutem Wetter, schöner Landschaft außerhalb der Stadt, draußen sitzen in reizvoller Umgebung. Es gibt Ausflugslokale, wo man gut und einfach essen kann, aber auch welche, die ambitioniert sind. Wir haben diese Kategorie gewählt, wenn der Aspekt des Ausflugs unserer Einschätzung nach die größere Rolle spielt.

Unsere Favoriten in alphabetischer Reihenfolge:

Culinarium	*16*
Gräfinthaler Hof	*45*
Hotellerie Waldesruh	*152*
Hôtel-Restaurant des Vosges	*174*
Moulin des 7 Fontaines	*201*

International, Szene, Urig und Winstub

Ein kulinarischer Reiz von Großstädten ist das Spektrum **internationaler** Küche. Leider sind wir damit in unserer Gegend nicht reich gesegnet, aber einige interessante Adressen gibt es doch.

Unser Favorit:
Hashimoto *79*

Szene-Lokal heißt für uns: Sehen und gesehen werden; da trifft man immer jemanden, den man kennt, schnell fühlt man sich wohl. Die Küche ist oft zeitgeistig, manchmal interessant und lecker.

Unser Favorit:
Pablo *91*

Urig sind für uns solche Lokale, in denen die Zeit stehengeblieben zu sein scheint, wo die Erinnerung an „gute alte Zeiten" lebt. Liebevolle und originelle Inneneinrichtung, altbewährte Küche und unkomplizierter Service prägen das Bild.

Unsere Favoriten:
Leick's Hof *147*
Zum Deutschhaus *105*

Winstubs sind typisch für das Elsass. In den Weinstuben liegt das Hauptaugenmerk auf regionalem Wein. Zu Essen gibt es dort z. B. Schnecken, Froschschenkel, Coq au Riesling, Tourtes au Riesling usw.

Unser Favorit:
Au Pont du Corbeau *218*

Deutschland

■ Landkreis Merzig-Wadern, Restaurants

Margret's Bauernstube | Ausflug	Düppenweiler	1
Schumachers Scheune | Bistro	Losheim am See	2
Callari | Ambition	Merzig	3
Hotel Zur Saarschleife | Ambition	Orscholz	4
La Provence | Ambition	Rappweiler	5
Bistro Tebeck's | Bistro	Wadern-Wadrill	6
School Kättchen | Szene	Weierweiler	7

■ Landkreis Merzig-Wadern, Einkaufen

Stroh | Metzgerei	Büschfeld	8
Birgit Kurth | Einkaufen	Fremersdorf	9
Fremersdorfer Brennerei | Schnaps	Fremersdorf	10
Steuer-Wagner | Metzgerei	Losheim	11
Wolfgang Schmitt | Obstbau	Merzig-Menningen	12
Meiers, Helga und Konrad | Einkaufen	Rimlingen	13
Pauli Michels | Kaffee	Weiskirchen	14
■ *Die Winzer der unteren Saar*		15

■ Landkreis Trier-Saarburg, Restaurants

Culinarium | Ausflug	Nittel	16
Burgrestaurant | Ausflug	Saarburg	17
Villa Keller | Ambition	Saarburg	18
Gasthaus Wagner | Klassisch	Serrig	19
St. Erasmus | Klassisch	Trassem	20

■ Landkreis Trier-Saarburg, Einkaufen

Mannebacher Käse | Käse	Mannebach	21
Fleischerei Könen | Metzgerei	Saarburg	22
Forellengut Rosengarten | Fischzucht	Trassem	23

■ Landkreis Neunkirchen, Restaurants

Gasthaus Rech | Klassisch	Habach	24
Brasserie L'Aubergine | Ambition	Illingen	25
Zum Zeisweiler Hof | Ausflug	Illingen	26
Zur Linde | Klassisch	Mainzweiler	27
Villa Medici | Ambition	Neunkirchen	28
Wirtshaus Annelies | Klassisch	Neunkirchen	29
Café Kanne | Bistro	Neunkirchen-Furpach	30
Gasthaus Bäcker | Klassisch	Wustweiler	31

■ Landkreis Neunkirchen, Einkaufen

Landwirt Rose | Einkaufen	Mainzweiler	32
Il Gourmet Italiano | Einkaufen	Illingen-Hosterhof	33

■ Saarpfalzkreis (LK Südwestpfalz, Rhld.-Pfalz*), Restaurants

Osteria da Bacco	Italienisch	Bexbach	34
Hämmerle's Restaurant	Gourmet	Blieskastel	35
Historischer Bahnhof	Ausflug	Gersheim	36
Restaurant Quirin	Ambition	Gersheim	37
Landhaus Rabenhorst	Klassisch	Homburg	38
H.P.'s Rest. „Die Linde"	Ambition	Homburg-Schwarzenbach	39
Nico's Restaurant	Italienisch	Homburg-Schwarzenbach	40
Petit Château	Gourmet	Homburg-Schwarzenbach	41
Kloster Hornbach	Gourmet	Hornbach*	42
Ressmann's Residence	Gourmet	Kirkel	43
Rützelerie Geiß	Gourmet	Kirkel	44
Gräfinthaler Hof	Ausflug	Mandelbachtal	45
Asia-Bistro	International	St. Ingbert	46
Bistro Krempels	Bistro	St. Ingbert	47
Die alte Brauerei	Ambition	St. Ingbert	48
Goldener Stern	Ambition	St. Ingbert	49
La Trattoria d.Postillione	Italienisch	St. Ingbert	50
Sengscheider Hof	Gourmet	St. Ingbert	51

■ Saarpfalzkreis, Einkaufen

Anstadt	Bäckerei	Aßweiler	52
Weller	Metzgerei	Aßweiler	53
Wildgehege Schäfer	Metzgerei	Blieskastel	54
Michael Stumpf	Fischzucht	Blieskastel-Ballweiler	55
Neukahlenberger Hof	Einkaufen	Blieskastel-Böckweiler	56
Ackermann's	Bäckerei	Bliesmengen-Bolchen	57
Dieter Schwitzgebel	Metzgerei	Einöd	58
Hof am Römerturm	Einkaufen	Erfweiler-Ehlingen	59
Hof Hochscheid	Einkaufen	Hassel	60
Fisch Flatter	Fisch	Homburg	61
Russello	Feinkost	Homburg	62
Olk's Vollkornbackhaus	Bäckerei	Oberwürzbach	63
Bliesgau-Molkerei	Molkerei	Ommersheim	64

■ *Bliesgau Lammwochen* — 65
■ *Die Anfänge der italienischen Gastronomie im Saarland* — 66

■ Regionalverband Saarbrücken, Restaurants

Massimo	Italienisch	Dudweiler	67
Vecchia Stazione	Ambition	Gersweiler	68
Veni, Vidi, Vivi	Italienisch	Güdingen	69
Bliesgersweiler Mühle	Klassisch	Kleinblittersdorf	70
Bistro im Bahnhof	Bistro	Püttlingen	71
Forsthaus Neuhaus	Ambition	Neuhaus	72

Rest. Altes Pförtnerhaus	Ambition	Quierschied	73
Da Carlo	Italienisch	Rockershausen	74
Cuisine Philipp	Ambition	Saarbrücken	75
El Paso	International	Saarbrücken	76
Fruits de Mer	Bistro	Saarbrücken	77
Gaststätte Gemmel	Szene	Saarbrücken	78
Hashimoto	International	Saarbrücken	79
Il Gabbiano	Italienisch	Saarbrücken	80
Il Porcino	Italienisch	Saarbrücken	81
Krua Thai	International	Saarbrücken	82
Kuntze's Handelshof	Gourmet	Saarbrücken	83
La Bastille	Urig	Saarbrücken	84
La Cantina	International	Saarbrücken	85
Le Bouchon	Bistro	Saarbrücken	86
Le Noir	Gourmet	Saarbrücken	87
Le Resto	Klassisch	Saarbrücken	88
Leib & Seele	Szene	Saarbrücken	89
Osteria I Latini	Italienisch	Saarbrücken	90
Pablo	Szene	Saarbrücken	91
R1 Giuseppe	Italienisch	Saarbrücken	92
RiLounge	Ambition	Saarbrücken	93
Ristorante Milano	Italienisch	Saarbrücken	94
Ristorante Roma	Italienisch	Saarbrücken	95
Savoir Vivre	Ambition	Saarbrücken	96
Schnokeloch	Ambition	Saarbrücken	97
Star of India	International	Saarbrücken	98
Viva Zapata	Bistro	Saarbrücken	99
Weinbistro Archipenko	Bistro	Saarbrücken	100
Weismüller	Ambition	Saarbrücken	101
Wongar	International	Saarbrücken	102
Zauners Restaurant	Klassisch	Saarbrücken	103
Zum Adler	Urig	Saarbrücken	104
Zum Deutschhaus	Urig	Saarbrücken	105
Bisttalstube	Klassisch	Schaffhausen	106
La Bettola	Ambition	Völklingen	107
La Pulia	Italienisch	Völklingen	108

■ *Märkte in Saarbrücken* — 110

■ **Regionalverband Saarbrücken, Einkaufen**

Wintringer Hof	Einkaufen	Bliesransbach	111
Café Schröder	Bäckerei	Heusweiler	112
Früchte Kockler	Feinkost	Püttlingen	113
Apero	Feinkost	Saarbrücken	114
Asia-Shop	Einkaufen	Saarbrücken	115

Café Lolo	Konditorei	Saarbrücken	116
Casa Mada	Feinkost	Saarbrücken	117
City Basar	Einkaufen	Saarbrücken	118
Fischmarkt Burbach	Fisch	Saarbrücken	119
Früchte Dekker	Einkaufen	Saarbrücken	120
Früchte Kreis	Einkaufen	Saarbrücken	121
Heil	Bäckerei	Saarbrücken	122
Käseladen S. Schmidt	Einkaufen	Saarbrücken	123
Martinshof	Einkaufen	Saarbrücken	124
miori	Feinkost	Saarbrücken	125
Tesorito	Kaffee	Saarbrücken	126
Thome	Metzgerei	Saarbrücken	127
Schales	Bäckerei	Völklingen	128
■ *Grillschule Eisen Marx*		129
■ *Die konkrete Utopie*		130

■ Landkreis Saarlouis, Restaurants

Leib und Seele	Ambition	Berus	131
Margaretenhof	Klassisch	Berus	132
Zum Fischweiher	Klassisch	Differten	133
Rist. Valenti im « Riccione »	Ambition	Dillingen-Diefflen	134
Pehlinger Hof	Ausflug	Gerlfangen	135
Rita's Natur- und Vollwertküche	Hüttersdorf	136
Körpricher Landbräu	Urig	Körprich	137
Locanda Grappolo d'Oro	Italienisch	Lebach	138
Niedmühle	Gourmet	Rehlingen-Siersburg	139
Chez Eric, Escargot	Ambition	Saarlouis	140
Le Meunier	Szene	Saarlouis	141
Restaurant Trampert	Ambition	Saarlouis-Beaumarais	142
Hofhaus Beaumarais	Urig	Saarlouis-Beaumarais	143
Landhaus Thea	Klassisch	Schwalbach-Sprengen	145
Itzbacher Wirtshaus	Ausflug	Siersburg	146
Leick's Hof	Urig	Siersburg	147
Bistro Villa Fayence	Ambition	Wallerfangen	148
Chardonnay	Klassisch	Wallerfangen	149
La Bécasse	Ambition	Wallerfangen	150
Biergarten Oberlimberg	Ausflug	Wallerfangen-Oberlimberg	151
Hotellerie Waldesruh	Ausflug	Wallerfangen-Oberlimberg	152
■ *Wild*		153

■ Landkreis Saarlouis, Einkaufen

Domenico's | Feinkost	Bous	154
Horst Scherer | Metzgerei	Dillingen	155
Pieper | Einkaufen	Saarlouis	156

■ Landkreis St. Wendel (LK Birkenfeld, Rhld.-Pfalz*), Restaurants

Forellenhof Trauntal | Ausflug	Börfink*	157
Kaminzimmer Kunz | Ambition	Bliesen	158
Landgasthof Paulus | Ambition	Nonnweiler-Sitzerath	159
Felsenmühle | Klassisch	St. Wendel	160
Gasthaus zum Ochsen | Urig	St. Wendel	161
Golfhotel | Ausflug	St. Wendel	162
Weintreff Magdalenenkapelle | Bistro	St. Wendel	163
Zum Blauen Fuchs | Gourmet	Steinberg-Deckenhardt	164
Hotellerie Hubertus | Gourmet	Tholey	165

■ Landkreis St. Wendel, Einkaufen

Biomarkt Primstal | Einkaufen	Nonnweiler-Primstal	166
Wendelinushof | Einkaufen	St. Wendel	167
■ *Steinpilze*		168

Frankreich

■ Lothringen, Restaurants

Le Strasbourg | Gourmet	Bitche	169
Le Baron Rouge | Bistro	Creutzwald	170
Notre Dame d. Bonne Font. | Ausflug	Danne-et-Quatre-Vents	171
La Marmite | Ambition	Grosbliederstroff	172
Le Moulin d'Ambach | Gourmet	Longeville-lès-Saint-Avold	173
Hôtel-Rest. des Vosges | Ausflug	Lutzelbourg	174
Chez l'Oncle Ernest | Bistro	Metz	175
L'Etude | Ambition	Metz	176
La Cloche | Bistro	Metz	177
Restaurant Olmi | Ambition	Petite Hettange	178
Le Terroir | Urig	Réding	179
Auberge AlbertMarie | Gourmet	Rosbruck	180
Mazagran | Gourmet	Sainte-Barbe	181
À la Table de Tropiques | Intern.	Sarrebourg	182
Auberge le Baeckeoffe | Klassisch	Sarrebourg	183
Rest. Chez l'Ami Fritz | Klassisch	Sarrebourg	184
La Vieille Porte | Ambition	Sierck-les-Bains	185
Au Relais des Bois | Ausflug	Sturzelbronn	186
Auberge Lorraine | Urig	Waldhouse	187
Pascale Dimofski | Gourmet	Woelfling-lès-Sarreguemines	188

Lothringen, Einkaufen

Paul und Barbara Hammes | Käse	Apach	189
Macarons de Boulay | Konditorei	Boulay	190
Ferme Bel Air | Einkaufen	Eincheville	191
Ferme Les Grands Vents | Käse	Kirsch-lès-Sierck	192
Claude Bourguignon | Konditorei	Metz	193
Maison de la Mirabelle | Schnaps	Rozélieures	194
Choco. Confis. Kestener | Konditorei	Sarreguemines	195
Gourm'Aline | Feinkost	Sarreguemines	196
Sucré Salé | Feinkost	Sarreguemines	197
Distillerie Artis. d. Castor | Schnaps	Troisfontaines	198

Paris   199

Elsass, Restaurants

Au Val d'Eléon | Winstub	Andlau	200
Moulin des 7 Fontaines | Ausflug	Drachenbronn-Birlenbach	201
Au cheval blanc | Ambition	Graufthal	202
L'Essentiel | Bistro	Haguenau	203
Au Lion d'Or | Ambition	La Petite Pierre	204
Auberge Imsthal | Ausflug	La Petite Pierre	205
Hotel-Rest.Gimbelhof | Ausflug	Lembach	206
Rösselstub | Klassisch	Lembach	207
Am Lindeplatzel | Ambition	Mittelbergheim	208
L'Atelier du Sommelier | Ambition	Niederbronn-les-Bains	209
La Marmite d'Obernai | Winstub	Obernai	210
Le Caveau de Gail | Winstub	Obernai Cedex	211
À l'Aigle d'Or | Winstub	Osthouse	212
L'Ami Fritz | Ambition	Ottrott-le-Haut	213
Restaurant Bürestubel | Winstub	Pfulgriesheim	214
Bords du Rhin | Klassisch	Rhinau	215
La Ferme de Suzel | Ambition	Ringendorf	216
Au Brasseur | Urig	Strasbourg	217
Au Pont du Corbeau | Winstub	Strasbourg	218
Café Brant | Bistro	Strasbourg	219
Hailich Graab | Ambition	Strasbourg	220
La Choucrouterie | Urig	Strasbourg	221
La Table de Christophe | Ambition	Strasbourg	222
Taverne du Sommelier | Winstub	Strasbourg	223

Elsass, Einkaufen

Gangloff | Metzgerei	Mackwiller	224
Les Confitures du Climont | Marmelade	Ranrupt (bei Schirmeck)	225
Au Pain d. M. Grand-Père | Bäckerei	Strasbourg	226
Au Vieux Gourmet | Käse	Strasbourg	227

Naegel (Pâtissier/Traiteur)	Einkaufen	Strasbourg	228
Charcuterie Schimpf	Metzgerei	Wissembourg	229

Luxemburg

■ Luxemburg, Restaurants

Restaurant Mathes	Gourmet	Ahn	230
Le Bisdorff	Gourmet	Berdorf	231
Restaurant Simmer	Klassisch	Ehnen	233
Letzebuerger Kaschthaus	Klassisch	Hellange	234
Il Cherubino	Ambition	Luxembourg	235
Maison des Brasseurs	Klassisch	Luxembourg	236
Oro e Argento	Gourmet	Luxembourg	237
Auberge Koeppchen	Ausflug	Wormeldange-Haut	238

■ Serviceteil

Die Sterne vom Himmel essen	239
Alphabetisches Register der Restaurants	240
Alphabetisches Register der Einkaufsadressen	241
Stichwortregister	242
Merci, Impressum, Bildrechte	

**Andere machen Druck.
Wir machen's Ihnen leichter.**

Entdecken Sie neue Möglichkeiten im Dialog mit Ihren Kunden. Nutzen Sie dazu maßgeschneiderte Printprodukte, die helfen, Kosten zu sparen. Wir setzen Ihre Kundenansprache professionell mit leichter Hand in Szene. Treffend – persönlich – zielgruppengerecht.
O/D – Printprodukte, die ankommen.

O/D – Druck. Logistik. Datenservice. GmbH
Johannes-Gutenberg-Straße | 66564 Ottweiler
Tel. 06824 9001-0 | Fax 06824 9001-22 | www.od-online.de

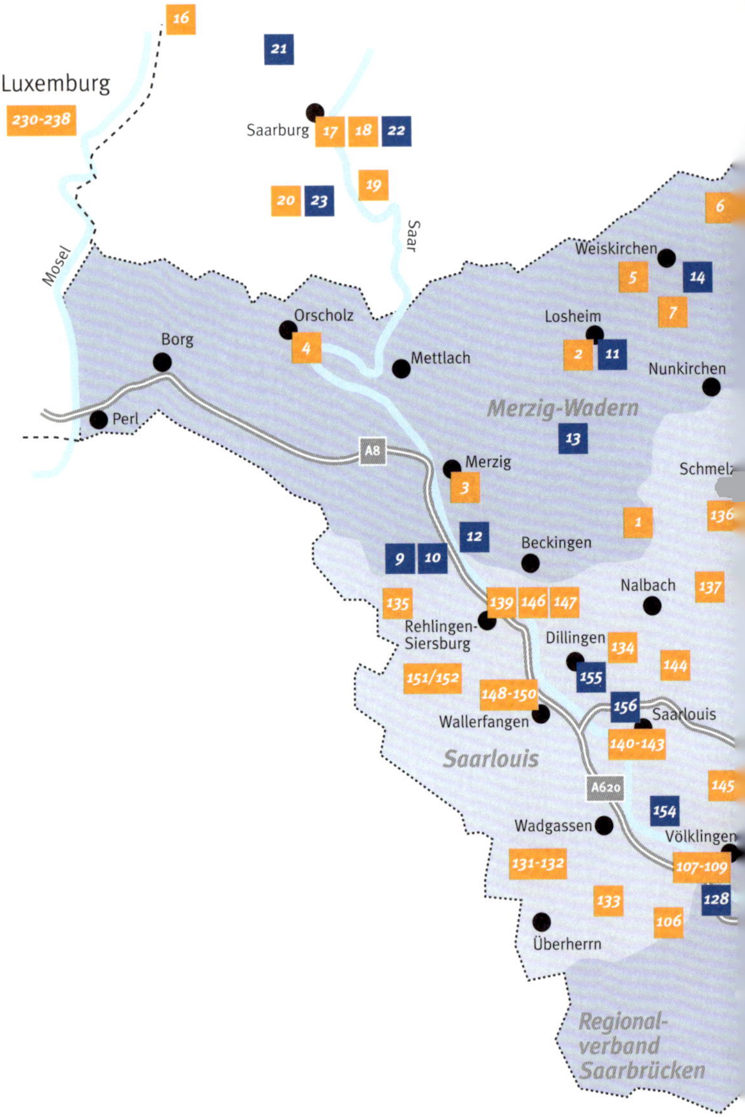

Saarland

- Restaurants
- Einkaufen

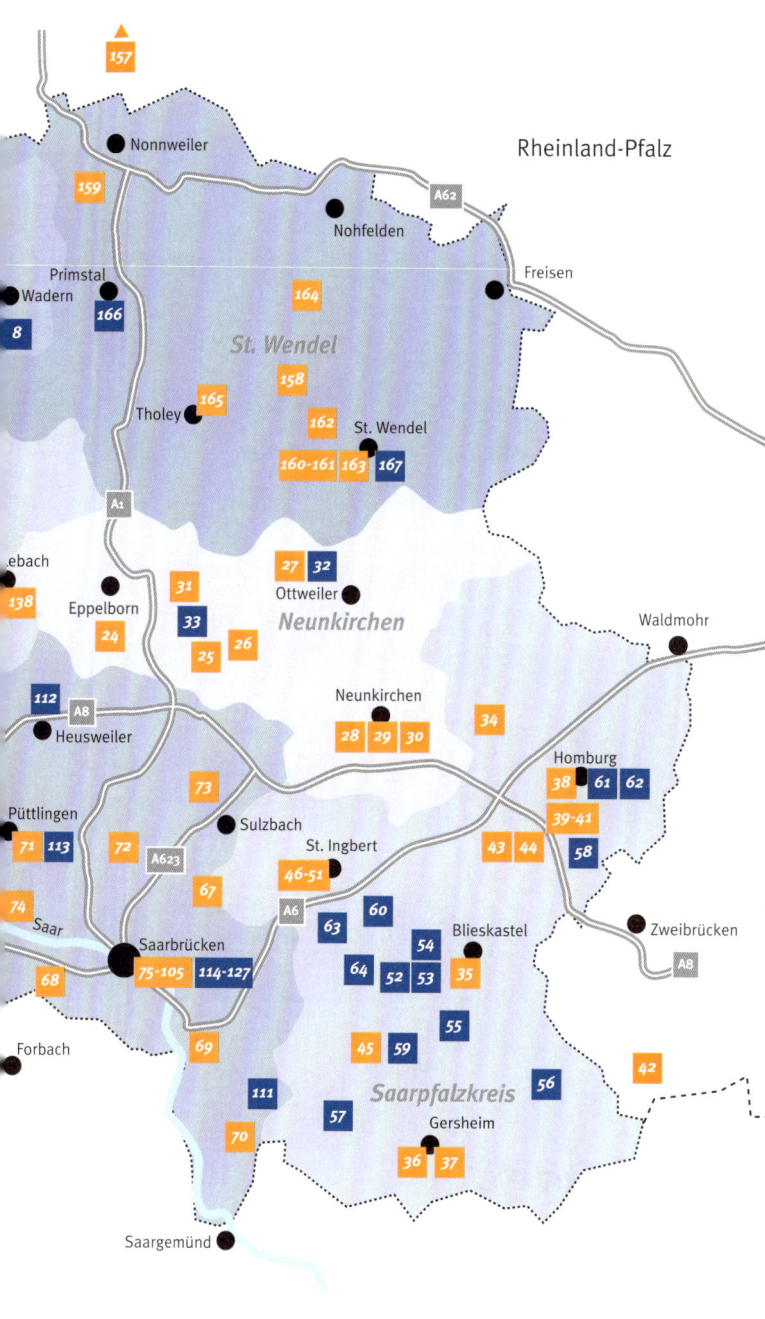

Slow Food Saarland

Slow Food, eine weltweit organisierte Non-Profit-Bewegung von bewussten Genießern, hat es sich zum Ziel gesetzt, die Ess- und Trinkkultur zu stärken. Die Mitglieder setzen sich für eine engagierte und naturnahe Landwirtschaft ein. Slow Food versucht die Vielfalt der Arten, der Tiere und der regionalen Esskulturen zu fördern. Das traditionelle Lebensmittelhandwerk ist den Mitgliedern genauso wichtig wie die Förderung der Beziehungen zwischen regionalen Produzenten und der Gastronomie.

Sechs Restaurants im Guide werden von Slow Food Saarland empfohlen, da sie eine regional geprägte Küche offerieren. Im Vordergrund steht dabei das verwendete Produkt: Es muss gut, nachhaltig und fair sein, kurz, dem Dreiklang für Slow Food entsprechen. Die Qualität der Speisen muss überzeugen. Keinesfalls dürfen Convenience-Produkte (industriell vorgefertigte Speisen oder Bestandteile davon), vor allen Dingen keine Geschmacksverstärker, verwendet werden. Slow Food legt Wert auf Gerichte, die der Saison entsprechen. Die Produkte sollen so weit wie möglich aus der Region bezogen werden. Außerdem legt Slow Food Wert auf einen guten Service. Im Buch sind diese Restaurants mit dem grünen Schneckensymbol von Slow Food gekennzeichnet.

Slow Food hat allein in Deutschland inzwischen 70 regionale Gruppen, die sogenannten Convivien – mit über 8.500 Mitgliedern und 600 Förderern. Im Saarland wurde 2002 ein Convivium gegründet.

Slow Food Deutschland e. V.
Hasseler Weg 3
27232 Sulingen
Tel.: 0180 5560705
Fax: 0180 5560706
E-Mail: info@slowfood.de
Internet: www.slowfood.de

Slow Food Saarland
Wilhelm-Röntgen-Viertel 55
66740 Saarlouis
Tel.: 06831 85905 oder 2112
Fax: 06831 988688
E-Mail: saarland@slowfood.de
Internet: www.slowfood.de/saarland

Landkreis Merzig-Wadern

*Entlang der wunderschönen Viezstraße, die sich vom Saarland bis nach Rheinland-Pfalz erstreckt, wo die Saar in die Mosel mündet, haben wir für Sie Restaurant- und Einkaufsadressen gesammelt. Alle Landkreise im Saarland punkten mit idyllischen Plätzen, aber hier fanden wir ganz besonders viele. Folgen Sie unseren Tipps und machen Sie einen Ausflug entlang der Viezstraße (www.viezstrasse-online.de) oder in den Weinbergen der Saar und der Mosel. Herrlich ist der Obstwiesenweg (www.gartenbauvereine.de), der in Tünsdorf beginnt. Er führt durch Täler und über Hügel inmitten einer reizvollen Landschaft. Die Streuobstwiesen bezaubern im Frühling durch ihre Blütenpracht und im Herbst durch ihre herrlichen Früchte. Genießen Sie die Produkte der Region und aus dem angrenzenden Dreiländereck, die wir Ihnen vorstellen. Gehen Sie selbst auf die Suche und geben Sie uns neue Tipps: **info@guide-orange.de***

PS: Wir legen den „Landkreis Merzig-Wadern" etwas großzügig aus und ordnen hier auch die Adressen ein, die schon zu Trier-Saarburg gehören.

Ausflug — Düppenweiler LK Merzig-Wadern

Margret's Bauernstube

Ausflugslokal mit besonderem Flair

Küche
Ambiente

Ein frisches Gläschen Weißwein oder Crémant auf der sonnigen Terrasse, ein kühles Bier und eine angemessene Stärkung nach einer schönen Wanderung rund um den sagenumwobenen Litermont, einer Radtour oder einer Ausflugsfahrt: Margret's Bauernstube bietet für jede Gelegenheit das Passende. Zunächst ist man überrascht über das helle und freundliche Ambiente, das mit der Vorstellung einer urigen Bauernstube nichts gemeinsam hat. Auch die Speisekarte verspricht keine deftige Hausmannskost, sondern eine Kombination aus klassisch französischer und saarländischer Küche, darunter Rinderfilet in Senfsauce, Rumpsteak mit Pfeffersauce oder Lammcarrée mit grünen Bohnen. Die gute Fleischqualität aus ausgesuchten Regionen überzeugt den Gaumen, wenn auch die dazu servierten Saucen etwas üppig sind. Eine ansprechende Weinauswahl rundet das Angebot ab. Leider wurde bei unserem Besuch an einem Samstagabend die Freude getrübt. Eine Familienfeier in der dazugehörigen Scheune bescherte uns eine stark reduzierte Karte, zudem wirkte der Service oftmals überfordert. Zur Zufriedenheit der Gäste wäre es hilfreich, bei der Vorabreservierung auf solche Ausnahmesituationen hinzuweisen. *GK*

Karte 4,50 – 24 €
Extrakinderkarte, Themenmenüs
Mi – Fr und So 11 – 24 Uhr,
Sa ab 15 Uhr,
Mo und Di Ruhetage

Litermont 22
66701 Düppenweiler
Tel.: 06832 800804
www.margrets-bauernstube.de

LK Merzig-Wadern **Losheim am See** Bistro 2

Schumachers Scheune
Gemütlichkeit in der Provinz

Die Scheune, die sich seit Generationen in Familienbesitz befindet und innen wie außen liebevoll restauriert und gestaltet worden ist, erfüllt seit 2001 die Funktion eines Gasthauses im besten Sinne. Draußen sind verschiedenartige Sitz- und Tischgruppen vorhanden, die mit Pflanzen, Kies und Pflastersteinen eine gemütliche Atmosphäre verbreiten. Der Innenraum ist nostalgisch gestaltet. Nicht „overstyled" – sehr sympathisch. Die Karte ist nicht groß. Hier finden sich kleinere Gerichte, wie die Kartoffel-Zucchini-Suppe, das Carpaccio von Räucherlachs mit Parmesan, ein Vorspeisenteller und Käsespätzle ebenso wie Spanferkelkoteletts, Rumpsteaks und viele Salate, die Hauptspeisenformat haben. Eine Schiefertafel bietet weitere aktuelle Angebote. Die Preise sind als sehr fair zu werten. Wer in der Gegend unterwegs ist und sich z. B. den Felsen- oder Schluchtenweg erwandert hat oder die Radwege in der schönen Landschaft genutzt hat, dem bietet sich hier zum Abschluss ein gastfreundliches, gemütliches Haus in zwangloser Atmosphäre. Die Preise erlauben es zwei Personen mitsamt Getränken für ca. 50 € genussvoll und guten Gewissens den Aktivtag ausklingen zu lassen. *HP*

Vorspeisen 2,70 – 8,30 €
Hauptgerichte 9,30 – 21 €
Menüs auf Anfrage
Mo, Mi – Sa ab 17 Uhr,
So ab 10 Uhr,
Di Ruhetag

Bahnhofstraße 1a
66679 Losheim am See
Tel.: 06872 505666
www.schumachers-scheune.de

3 Italienisch — Ambition
Merzig LK Merzig-Wadern

Callari
Italienisch vom Feinsten

Küche ▰▰
Ambiente ▰▰

An diesem Abend war uns nach italienischen Gaumenfreuden, also machten wir uns auf ins Callari nach Merzig. Nach der Begrüßung mit Carpaccio ließen wir uns zunächst mit Artischocken-Ravioli an Spargel-Carbonara sowie Pulpo und Garnelen in einer Zitronen-Knoblauch-Marinade verwöhnen. Als Hauptspeise wählten wir die geschmorte Kaninchenkeule nach toskanischer Art mit Rosmarin und Salbei, Bistecca al Pepe an Pfeffersauce und Entrecote in Kräutermarinade mit französischem Senf. Als Beilagen wurden Möhren-Fenchel-Gemüse, Tagliatelle und Rosmarin-Kartoffeln gereicht. Zu jedem Essen empfahl uns die Bedienung einen passenden Wein. Abgerundet haben wir diesen Abend auf italienische Art, wie der gemeine Deutsche sie liebt: mit einem Tiramisu. Besonders von den Vorspeisen waren wir begeistert, bei deren Komposition der Chefkoch Callari viel kreative Raffinesse bewies.
Dem ein oder anderen mag der nüchterne graue Stil, in dem der Gastraum gehalten ist, zu kühl vorkommen. *AK*

Hauptgerichte 19,50 – 27,50 €
5-Gänge-Menü 42 €
Mo, Di, Do – So 12 – 14.30 Uhr und ab 18 Uhr,
Mi Ruhetag

Fischerstraße 20
66663 Merzig
Tel.: 06861 992424

LK Merzig-Wadern Orscholz **Ambition** 4

Slow Food Saarland

Landidyll Hotel Zur Saarschleife
Lust am gesunden Essen

Küche
Ambiente

Zum Auftakt ein Glas Moselsekt mit hausangesetztem Holunder (6 €). Perfekt, nicht zu viel Likör, was ja leider häufig passiert. Beim Lesen der Karte kommt Vorfreude auf. Interessante Angebote, schön unterteilt: z. B. „aus Fluss und Meer", Wild aus dem von „von Boch'schen Jagdrevier", die Vital- und Vegetallinie, wirklich große Karte für Kinder, Vesperkarte, Nachmittagskarte, Tagesmenü, kleines Menü, großes Menü usw. Schon 'mal ein professionelles Angebot. Das kleine Menü zu 32 € begann mit mariniertem Wildwasserlachs im Schnittlauchmantel auf geeister Crème fraîche und jungem Mangoldsalat, dem Rostbraten vom Thunfisch mit Pimentoschaum, Marktgemüsen und Nudeln folgte. Alles auf den Punkt. Das macht Spaß! Die Auswahl an französischen Landkäsen (von der Käserei aus Kirschles-Sierck) mit eingekochten Rosinen war gut. Das Prinzip Slowfood überzeugt total. Offen nennt das Haus seine regionalen Lieferanten. Viele Gerichte der großen Karte sind auch als kleine Portion zu haben. Sehr fair. Die Weinkarte ist groß. Ein Schwerpunkt sind regionale Weine. Mit der Auswahl an offenen Weinen kann man aber schon gut zurechtkommen. *HP*

Vorspeisen 9 – 15 €
Hauptspeisen 16 – 28 €
Menüs ab 32 €
Täglich 12 – 14 und 18 – 22 Uhr
(außer Nov – März: Mo Ruhetag)

Cloefstraße 44
66693 Orscholz
Tel.: 06865 1790
www.hotel-saarschleife.de

5 Ambition *Rappweiler LK Merzig-Wadern*

La Provence & Bistro Le Mistral
Französische Küche im Hochwald

Küche
Ambiente

In Rappweiler an der Durchgangsstraße nach Weiskirchen liegt das ehemalige Dorfgasthaus, das von der sympathischen Chefin Monika Laponche zum Feinschmecker-Treff mit Atmosphäre umgestaltet wurde. Schon beim Eintritt in die Brasserie glaubt man sich in den Süden Frankreichs versetzt: Helles Holz, eine durchgehende Bank bezogen mit rotem Leder, kleine Tische, mediterrane Farben an den Wänden und eine klare Innenarchitektur prägen diesen Eindruck. Die Brasseriekarte bietet verschiedene Salatvariationen, Pastagerichte und diverse Hauptgerichte, wie Rumpsteak vom argentinischen Angus-Rind. Die thailändische Küchenchefin Sukanya bringt mit speziellen Gerichten eine asiatische Note in das kulinarische Angebot.

Nebenan im Restaurant dominiert die klassisch-französische Küche: Entenbrust in Himbeeressig, Lammrückenfilets, Kalbsnieren in Meaux-Senf oder Zanderfilet in Pinot noir. Zwei Menüs sowie saisonale Angebote, z. B. Muschelgerichte, Spargel, Pilze, Wild vom Hochwald, runden das kulinarische Angebot ab. Das Weinangebot kommt überwiegend aus Frankreich und könnte etwas erweitert werden. Gerne empfehlen wir dieses gastliche Haus: Hier essen Sie immer fein. *NH*

Brasserie 4 – 17 €
Restaurant 5 – 23 €
5-Gänge-Menü 42 €,
6-Gänge-Menü 50 €
Di – Sa 18 – 22 Uhr,
So 12 – 14 und 18 – 22 Uhr,
Mo Ruhetag

Merziger Straße 25
66709 Rappweiler
Tel.: 06872 4326

Bistro Tebeck's
Wohlfühlen in Omas guter Stube

Küche
Ambiente

Im geschmackvoll renovierten Bauernhaus in Wadrill empfängt uns der nostalgische Charme der Jahrhundertwende. Omas Streifentapete, Holzdielen und altes Mobiliar in gemütlicher Atmosphäre erwarten die Gäste. Dieses Ensemble mit einfacher, aber guter Küche und dem liebenswürdigen Service könnte das Erfolgsgeheimnis sein. Denn fast immer ausgebucht sind die beiden␣Gasträume, ohne Reservierung bekommt man kaum einen freien Tisch. Bei schönem Wetter wird die Terrasse geöffnet. Auch hier sitzt man in Omas Bauerngarten sehr idyllisch und angenehm. Ob beim Glas Wein von der übersichtlichen Weinkarte oder zum frisch gezapften Zischke – jeder Gast wird gleich freundlich bedient. Auch die Speisekarte lässt keine großen Wünsche offen. Passend zum Stil des Hauses gibt's eher kleine, schnelle Gerichte, aber kein Fastfood. Empfehlenswert sind neben den knackigen Salaten die Kartoffelpizzas, die Krumberstippcher oder die Bandnudeln mit Tomaten und Steakstreifen. Auch für Vegetarier, Kinder sowie für den ganz kleinen Hunger wird gesorgt. Veranstaltungen in Vollmond-Nächten sowie einmal im Monat Sonntagsfrühstück runden das Angebot in diesem Wohlfühl-Ambiente ab. *NH*

Vorspeisen 2,50 – 9,90 €
Hauptgänge 8,50 – 15,50 €
keine Kartenzahlung
Okt – Mai: Mo – Sa 18 – 24 Uhr,
So 12 – 23 Uhr, Juni – Sept: Mo –
Sa 18 – 24 Uhr, So 17 – 21 Uhr,
Mo und Di Ruhetage

Forsthofstraße 22
66687 Wadern-Wadrill
Tel.: 06871 3129

Siemens Life Kochschule bei Möbel Heinz

Professionelle Köche zaubern mit Ihrer Hilfe exquisite Gerichte - auf exklusiven Siemens Küchengeräten

Heinz

66679 Losheim a. See • Wiesenstraße 5
Telefon (06872) 90020 · Fax (06872) 900240
www.moebel-heinz.de · info@moebel-heinz.de

LK Merzig-Wadern **Weierweiler** — Szene 7

School Kättchen
Szenetreff auf dem Lande

Küche
Ambiente

In der ehemaligen Dorfschule im Hochwalddörfchen Weierweiler pflegt Raimund Repplinger eine gelungene Kombination aus Szenetreff, Weinbar und Dorfgasthaus mit klassisch-solidem Essen und gepflegten Getränken bei Kerzenlicht. Das wissen auch die vielen Stammkunden, die teilweise von weit her diesen sehr geschmackvoll und individuell eingerichteten Gasthof besuchen. Bekannt ist die Küche für ihre legendären Rumpsteaks vom argentinischen Rind, welche nach individuellem Garwunsch der Gäste zubereitet und mit Salat und/oder Bratkartoffeln serviert werden. Sehr lecker auch die saarländische Küche: Grombeerstippscher und Gefüllte Klöße mit Speckrahmsauce und Sauerkraut. Dazu werden eine umfangreiche Salatkarte sowie für den kleinen Hunger diverse Vorspeisen, Zwischengerichte und immer mal wieder Saisonales auf der monatlich wechselnden Karte angeboten. Umfangreich auch die Weinkarte, welche nicht weniger als 80 Positionen aus der gesamten Weinwelt dem Weinfreund bietet. Bei schönem Wetter gibt's keinen besseren Platz als im idyllischen Biergarten im Schatten der Weierweiler Kirche zu sitzen und sich von School Kättchens Küche und Keller verwöhnen zu lassen. *NH*

Vorspeisen ab 3,90 €
Hauptgänge bis 14,50 €
Mo, Mi – So 16.30 – 24 Uhr,
So 11 – 14 Uhr,
Di Ruhetag

Dorfstraße 12
66709 Weierweiler
Tel.: 06874 1229

Stroh

Treffpunkt für Geschmacksverwöhnte

Die Chronik der Metzgerei Stroh beginnt in den dreißiger Jahren des vergangenen Jahrhunderts. Heute handelt es sich um einen familiären Großbetrieb mit 40 MitarbeiterInnen in Produktion und Verkauf. Der Betrieb hat mehrere Auszeichnungen erhalten. Neben dem Stammhaus in Büschfeld wurde eine Filiale in Wadern am Markt eröffnet. Die Gründe für den Erfolg sieht der heutige Chef, Bernd Stroh, darin, dass alle Fleisch- und Wurstwaren aus eigener Schlachtung stammen. Die Tiere werden von bekannten Höfen der Region bezogen. Das garantiert Frische und Qualität. Weiter setzt man auf langjährige MitarbeiterInnen. Aus den diversen Fleischskandalen der letzten Jahre hat man hier die richtigen Konsequenzen gezogen, ist hinsichtlich der hygienischen Maßnahmen stets auf dem neuesten Stand, Maschinen und geschultes Fachpersonal garantieren beste Qualität. Darüber hinaus ist die Metzgerei Stroh bestrebt, sich hinsichtlich der Produktpalette an den Wünschen der Kunden zu orientieren. So ist beispielsweise eine große Palette an küchenfertigen Produkten erhältlich – und das nicht nur zur Grillzeit. Aber was geht schon über einen kesselfrischen, noch warmen Lyoner? *JR*

Mo – Fr 7.30 – 12.30 und 14 – 18 Uhr,
Sa 6 – 12.30 Uhr

Eisenbahnstraße 1
66687 Büschfeld
Tel.: 06874 9012
www.stroh-fleischerei.de

Birgit Kurth
Kräuter, Düfte & Co.

„Dort, wo mit Sättigung auch tief greifende Befriedigung einhergeht, ist Kultur am Werk. Allda lasse ich es mir wohl ergehen. Weiß überhaupt noch jemand, was das ist: Wohlergehen?", sagt Kressmann. O.K., er neigt gelegentlich zum Pathos. Aber eines muss man ihm lassen: Wohlergehen ist ein schöneres Wort als Wellness.
Und Wohlergehen ist es auch, was Birgit Kurth ihrer Kundschaft bietet. Von Anfang an. Man betritt die liebevoll gestalteten Verkaufsräume im Wohnhaus und wird, je nach Jahreszeit, mit einem wärmenden oder erfrischenden Trunk empfangen – Verveine-Tee, warm oder kalt, mit Fruchtsaft aromatisiert oder pur. In Frankreich trinkt man ihn als Digestif, in Deutschland ist er noch wenig eingeführt, aber da heißt er auch Eisenkraut. Harmonisierende Düfte für Wohnräume, kosmetische Produkte, Essige („saure Sinnlichkeit") und Gewürze ergänzen das Wohlfühl-Angebot. Die besondere Liebe von Birgit Kurth gilt den Küchenkräutern. Alles ist bei ihr zu haben, von Ananassalbei bis Zimtbasilikum. An ihren traditionellen Kräutertagen (meist Ende April) verwandelt sie ihren Garten in einen Kräuterpark, ein „grünes Gourmet-Wunder". Nicht entgehen lassen! *JR*

Mi 9 – 18 Uhr

Auf dem Blauen 1
66780 Fremersdorf
Tel.: 06861 72216
www.birgitkurth.de

Fremersdorfer Brennerei
Tage der Mirabelle

Ende August sind die Tage der Mirabelle. Klaus Bernarding, der saarländische Autor, schreibt über diese Frucht: „Wundervoll, ihr Fleisch zu schmecken, den Anflug von Bitterkeit in der Schale, den Kern mit der Zunge zu umschmeicheln, ihren Wohlgeruch in der Nase: mirabilia, Wundertaten bewirkend, wahre Wunder des Genusses."* In jenen Tagen öffnen die Konters ihre Scheune für das Mirabellenfest. Einige hundert Mirabellenkuchen verlassen an diesem Wochenende die eigene kleine Backstube. Die Konters lieben die „gute alte Zeit". In ihrer Scheune in Fremersdorf trifft sich das Bewährte vergangener Tage mit den Bedürfnissen der Gegenwart. Denn die Lust an Geselligkeit und das Verlangen nach ehrlichen Speisen ist ungebrochen. Dafür hatte man in der Vergangenheit aber möglicherweise die besseren Rezepte zur Hand. Und was die Obstbrände und angesetzten Schnäpse betrifft: Hier sind die Grenzen zu wohltuender Medizin von jeher fließend, vorausgesetzt, die Dosierung stimmt. Im Laden der Konters findet man von Gelees bis Hochprozentiges alles, wozu Früchte sich schmackhaft verarbeiten und haltbar machen lassen. *JR*

* Klaus Bernarding,
  Die Tage der Mirabelle, Gollenstein

*Mo – Fr 8 – 12 und 14 – 18 Uhr,
Sa 8 – 14 Uhr*

*Tulpenweg 7
66780 Fremersdorf
Tel.: 06861 4792 oder 77640*

LK Merzig-Wadern **Losheim** **Metzgerei** 11

Steuer-Wagner
Picknick am See

Guido Kressmann plant ein Picknick am Losheimer See. Zu diesem Zweck bietet die Region einige empfehlenswerte Einkaufsadressen. Darunter auch die Metzgerei Steuer-Wagner. – *Kühltasche mit Akkus nicht vergessen!* Metzgermeister und Geschäftsführer Marco Wagner bezieht sein Vieh von meist kleineren Bauernhöfen aus der Region. Geschlachtet wird im eigenen Haus. Von den ca. 250 Fleisch- und Wurstprodukten im Verkauf stammen 90 % aus eigener Herstellung. Besonders empfehlenswert: Schinken und Salami. – *Vorgekühlter Prosecco!* 1995 übernahm er den elterlichen Betrieb und in den letzten Jahren wird seine Metzgerei regelmäßig von der Fachpresse ausgezeichnet, einzelne Produkte werden besonders hervorgehoben. Dazu zählt der Lyoner, aber auch die Weißwurst nach Münchner Art. – *Gläser für's Weizenbier!* Der mittlerweile allerorts eingeführte kleine, scharfe Chili-Lyoner ist Marco Wagners Kreation. Und das Original gibt es nur in Losheim – auf Wunsch auch mit Käse. – *Einmal-Grill aus dem Baumarkt!* Die Kunden der Metzgerei Steuer-Wagner legen durch die Bank mehr Wert auf Qualität als auf Masse. Kressmann auch. – *Picknick-Decke und Geschirr für zwei Personen.* JR

Mo – Do 7 – 12.45 und 14 – 18 Uhr,
Fr 7 – 18 Uhr,
Sa 6.30 – 13 Uhr

Trierer Straße 11
66679 Losheim
Tel.: 06872 2248
www.steuer-wagner.de

Wolfgang Schmitt
Dienst ist Dienst und Schnaps ist Schnaps

„Quatsch!", sagt Kressmann, anerkanntermaßen ein Gegner der strikten Trennung von Beruf und Privatleben. Ersteres mag zwar als glaubwürdiger Hinweis auf die Eintönigkeit des Büroalltags noch durchgehen; letzteres erweist sich allerdings spätestens nach einem Besuch bei Wolfgang Schmitt, dem Schnapstüftler, als nicht mehr haltbar. Sein Magenbitter ist ein äußerst wohltuender Beleg für die Möglichkeit einer menschenfreundlichen Pharmazeutik. Auf der Basis eines ausgereiften Obstbrands entsteht, mit grünen Nüssen aufgesetzt und anschließend mit 25 Kräutern veredelt, diese wunderbare Medizin gegen jegliche Art von Verstimmung. Um einen Stimmungsaufheller besonderer Art handelt es sich bei dem Produkt „Kleine Nessel": Man lässt einen Verschnitt aus drei edlen Obstbränden unter Zugabe des getrockneten Samens der kleinen Nessel mehrere Monate in der Sonne interagieren. So vereint sich unter der heilsamen Wärme des Sommers das Potential der reifen Frucht mit der Kraft des keimenden Samens zu einem Gebräu, das jedem gallischen Druiden zur Ehre gereicht hätte. Und was Kressmann besonders freut: Wolfgang Schmitts Arzneien sind allesamt nicht verschreibungspflichtig! *JR*

nach Vereinbarung

Saarmühlenstraße 57
66663 Merzig-Menningen
Tel.: 06861 77614

LK Merzig-Wadern Rimlingen — **Einkaufen** 13

Meiers, Helga und Konrad
Lebensfreude

Ich hätte es gerne fotografiert: Das Lachen und das strahlende Gesicht von Steffi Meiers auf meine Frage, ob denn der Biolandhof ihrer Eltern für sie die berufliche Zukunft sei. Selbstverständlich! Vater und Onkel gehörten in den 8oern zu den ersten im Saarland, die einen Biolandhof begründeten. Die Landwirte hatten keine Lust mehr auf konventionelle Rinderhaltung.

Im Lädchen gibt es Produkte der Tiere, die auf dem Hof großgezogen werden, also Fleisch von Rind, Kalb, Schwein, Puten und Hühnern. Es werden auch Kartoffeln (wer kennt Quarta, Agria, Selma oder Finca?) und Getreide angebaut. Das Mehl davon verwendet übrigens auch die Vollkornbäckerei Schales. Der Biometzger Thome in Saarbrücken verarbeitet und verkauft das Rind- und Kalbfleisch. Die Wurstwaren, die die Meiers selbst verkaufen, werden von der Metzgerei Steuer-Wagner in Losheim produziert. In vielen Bioläden der Region steht auch der Name Meiers auf der Verpackung der Wurst- und Fleischwaren: Das ist dann Onkel Reinhold, der in der Nachbarschaft einen eigenen Hof mit Vogesen-Rindern bewirtschaftet. Alles Adressen, die wir empfehlen: Da stimmt die „Bio-Philosophie" und die Produkte schmecken. *HG*

Mo und Do 10 – 12 Uhr,
Di und Fr 16 – 19 Uhr

Im Dell 28
66679 Rimlingen
Tel.: 06872 4846

Pauli Michels
Kaffeerösterei

Irgendwo hinter Weiskirchen im Wald steht das Café Collage von Pauli Michels. Hier hat für den gelernten Elektriker (oder war es Kfz-Mechaniker? Egal, der Mann hatte jedenfalls was Ordentliches gelernt!) vor zwanzig Jahren alles angefangen. Mittlerweile werden wöchentlich bis zu 30 Kaffeesorten geröstet, die deutschlandweit an über 70 Verkaufsstellen (Tendenz steigend) zu erhalten sind. Im Ausschank werden ein Dutzend Kaffeesorten (Sorten, nicht Zubereitungsarten!) von fachkundigem Personal serviert. Die Fahrt in den Hochwald lohnt sich allemal (ich habe hier den besten Espresso Deutschlands getrunken!), denn mit etwas Glück treffen Sie dort auch den Chef persönlich an. Die echte Leidenschaft, mit der dieser Mann über Kaffee zu berichten weiß, lässt jede Fernsehwerbung wie ein seichtes Krippenspiel erscheinen. Sinnlos, es wiedergeben zu wollen – man muss es erleben. Auf meine Frage nach seiner persönlichen Empfehlung eine Überraschung: „Sie müssen unsere Torten probieren! Die backe ich nämlich selber! Wissen Sie, ich bin begeisterter Tortenbäcker." Die kritischste meiner sechs Schwestern sagt: „Für einen Elektriker nicht schlecht." Recht hat sie, die Gute! *JR*

*Mo – Fr 10 – 18 Uhr,
Sa 14 – 19 Uhr*

*Im Gebwerbegebiet 16 a
66709 Weiskirchen
Tel.: 06876 791944
www.pauli-michels-kaffee.de*

Die Weine der unteren Saar

Van Volxem, Peter Lauer,
Dr. Siemens, Weinhof Herrenberg

Nachdem wir in den beiden ersten „Guide Orange" Winzer und Weingüter im Elsass und an der Obermosel vorgestellt hatten, widmen wir uns nunmehr den Weinen der unteren Saar. Und um allen Irritationen zu begegnen, gleich vorweg: Die Saarweine wachsen in Rheinland-Pfalz am Unterlauf der Saar in der Region um Saarburg – saarländische Weine gibt es am Oberlauf der Mosel mit den Kerngemeinden Perl/Nennig. Die beiden Anbaugebiete sind, sowohl was die Bodenbeschaffenheit (Saar: Schiefer; Mosel: Muschelkalkböden des Pariser Beckens) als auch die angebauten Rebsorten (Riesling vs. Burgundersorten), die mikroklimatischen Bedingungen und die topographische Beschaffenheit (Steil- vs. Hanglage) angeht, recht verschieden und erbringen folgerichtig völlig unterschiedliche Weine.

Die Weine der unteren Saar haben eine berühmte Vergangenheit. Ihre Anbaugebiete zählten Anfang des letzten Jahrhunderts neben Burgund, Champagne, Bordelais und dem Rheingau zu den fünf besten und teuersten der Welt. Leider wurde – parallel zu einer kühlen und somit gerade für den Riesling schwierigen Witterungsperiode in den 60er – 80er Jahren – vorwiegend auf Massenerzeugung gesetzt, was bis auf wenige Ausnahmen (Weingut Egon Müller, Scharzhofberg / Wiltingen!) zu einem Qualitätsverfall und zum Niedergang vieler Weingüter führte. Unter Kenntnis des einzigartigen natürlichen Potentials der Schiefersteillage haben sich seit etwa einem Jahrzehnt jedoch erfreulicherweise einige Traditionalisten, Kreative, Mutige, Junge Wilde und Seiteneinsteiger dazu entschlossen, die Region mit ihren 750 ha wieder auf einen Spitzenrang unter den weltbesten Weißweinen zu führen.

Roman Niewodniczanski / Van Volxem, Wiltingen:
Der charismatische Rebenflüsterer

Als die treibende Kraft für den Aufschwung der Region ist zuerst Roman Niewodniczanski vom Weingut Van Volxem zu nennen, der 1999 das ehemalige Klosterweingut der Luxemburger Jesuiten erwarb. Der frühere Juniorchef der Bitburger Brauereidynastie hat seine Liebe zum Wein zur Profession gemacht und arbeitet stur, beharrlich und konsequent an der Qualitätsverbesserung im Weinberg (Originalton: „Qualität entsteht im Weinberg" und „Die Rebe liebt die Sonne, aber auch den Schatten ihres Herrn") und im Keller. So waren an unserem Besuchstag in dem 40 ha großen Weingut 35 (!) Helfer in den teils abenteuerlichen Süd-Südwest-Steillagen Scharzhofberg, Braunfels, Klosterberg, Volz, Altenberg, Gottesfuß und Goldberg mit der Laubausdünnung, Traubenhalbierung und biologischen Unkrautbekämpfung beschäftigt. Überhaupt wird komplett biodynamisch gearbeitet: Man verzichtet auf Kunstdünger und Pestizide, bringt zur Revitalisierung Unmengen von Humus in die manuell aufgelockerten Böden ein und beschränkt den durchschnittlichen Hektoliter-Ertrag auf 45 hl / ha. Dies erfolgt durch den kurzen Winterschnitt und die Ausdünnung der Reben im Sommer (sog. grüne Lese mittels Traubenhalbierung), was in Verbindung mit dem enormen Rebpotential (bis zu 120 Jahre alte wurzelechte Reben im Gottesfuß!), einer selektiven Mehrfachlese (drei Durchgänge von Mitte Oktober bis Ende November!) und der filigran-sorgfältigen Tätigkeit im Keller (schonende Pressung, Spontanvergärung, Verzicht auf Reinzuchthefen und Schönungsmittel, kein pumpen, späte Abfüllung) äußerst finessenreich-elegante und dennoch kraftstrotzende mineralische und terroirbetonte Spitzenrieslinge mit belebender Frische und angenehm kleinen Alkoholgraden erbringt. Man arbeitet – so erklärt der freundlich-kommunikative Qualitätsfanatiker und Visionär mit stattlicher Erscheinung und Aussehen im Empfangsraum vor der ältesten amtlichen Steuerkarte (1865) der Welt – im Einklang mit der Natur, was in der einzigartigen Kombination mit den großen Temperaturschwankungen Tag/Nacht und der extrem langen Vegetationsperiode (bis zu 160 Tage)

SPIES
WEINE & SPIRITUOSEN

Seit nunmehr 28 Jahren bieten wir Ihnen eine fachkompetente und persönliche Beratung. Auf einer klimatisierten Fläche von 1200 qm lagern über 800 **Weine & Spirituosen** aus Frankreich, Italien, Deutschland und Spanien. Unser klassischer Familienbetrieb **W. Spies & Co. GmbH** steht für Direktimport und gilt seit jeher als starker Partner der Gastronomie und Industrie. Durch unsere regelmäßigen Wein-Events bieten wir auch Privatkunden die Möglichkeit tiefer in die unendlich reiche Wein-Erlebniswelt hinein zu schmecken. Außerdem liefern wir Ihnen Informationen und Hintergründe rund um das Genussthema Wein auf **www.w-spies.de**. Das Bestellen der Weine kann ebenfalls über den angegliederten Shop erfolgen – bequem, einfach, schnell und zuverlässig.

DEUTSCHLAND: Grünhäuser Carl von Schubert Hanspeter Ziereisen | Heymann-Löwenstein Karthäuserhof Christoph Tyrell | Markus Molitor Markus Schneider | Peter Jakob Kühn | Philipp Wittmann Van Volxem

ITALIEN: Avignonesi | Biondi Santi | Ca dei Frati Donnafugata | Due Palme | Fonterutoli | Foradori | Jermann Prunotto | Roberto Anselmi | San Leonardo | St. Michael Saladini Pilastri | Tua Rita | Volpaia

FRANKREICH: Anne-Francoise Gros | Clos de Tart Daumas Gassac | Jean Gardiés | Francois Parent Pierre Gelin | Les Cailloux | Les Creisses | Mas Laval Montcalmès | Mourgues du Grès | Pierre Clavel | Vougeraie

TEL 0 68 72 - 9 12 87 | FAX 0 68 72 - 9 12 88
WWW.W-SPIES.DE

Gosset Vertretung

Saarland
Rheinland-Pfalz
Hessen

Seit 28 Jahren

DIREKTIMPORT

ein langsames Ausreifen der klein- und lockerbeerigen Rieslingtrauben zur Entwicklung derart komplexer Aromatik ermöglicht. Zurzeit werden 12 ha neue Reben im Nachbarort Wawern (alle auf den besten Parzellen der alten preußischen Steuerklasse 8!) gepflanzt – ein weiterer mutiger Schritt des charismatischen Winzers, der – neben seiner ohnehin honorigen Vertragsanbindung von acht Traubenproduzenten für seinen Saar- und Schiefer-Riesling – als Initiator der Renaissance der Region bezeichnet werden kann.

Peter Lauer, Ayl: Die Feinherben von der Kupp

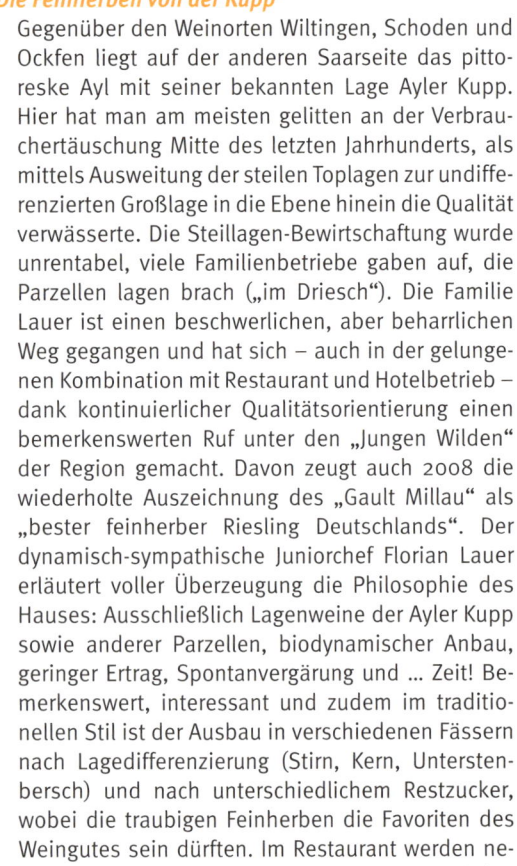

Gegenüber den Weinorten Wiltingen, Schoden und Ockfen liegt auf der anderen Saarseite das pittoreske Ayl mit seiner bekannten Lage Ayler Kupp. Hier hat man am meisten gelitten an der Verbrauchertäuschung Mitte des letzten Jahrhunderts, als mittels Ausweitung der steilen Toplagen zur undifferenzierten Großlage in die Ebene hinein die Qualität verwässerte. Die Steillagen-Bewirtschaftung wurde unrentabel, viele Familienbetriebe gaben auf, die Parzellen lagen brach („im Driesch"). Die Familie Lauer ist einen beschwerlichen, aber beharrlichen Weg gegangen und hat sich – auch in der gelungenen Kombination mit Restaurant und Hotelbetrieb – dank kontinuierlicher Qualitätsorientierung einen bemerkenswerten Ruf unter den „Jungen Wilden" der Region gemacht. Davon zeugt auch 2008 die wiederholte Auszeichnung des „Gault Millau" als „bester feinherber Riesling Deutschlands". Der dynamisch-sympathische Juniorchef Florian Lauer erläutert voller Überzeugung die Philosophie des Hauses: Ausschließlich Lagenweine der Ayler Kupp sowie anderer Parzellen, biodynamischer Anbau, geringer Ertrag, Spontanvergärung und ... Zeit! Bemerkenswert, interessant und zudem im traditionellen Stil ist der Ausbau in verschiedenen Fässern nach Lagedifferenzierung (Stirn, Kern, Unterstenbersch) und nach unterschiedlichem Restzucker, wobei die traubigen Feinherben die Favoriten des Weingutes sein dürften. Im Restaurant werden neben einer weinorientierten saisonalen Frischküche auch Menüs mit begleitenden Weinen und Wein-Arrangements angeboten.

Dr. Siemens, Serrig: Die Seiteneinsteiger

Etwas Glück muss man schon haben: Lange hat Dr. Jochen Siemens als Chefredakteur bei der „Frankfurter Rundschau" und bei „Alles über Wein" gearbeitet. 2006 bot sich dann für ihn und seine Frau Karen – auf Vermittlung und Zuspruch von Roman Niewodniczanski / Van Volxem – die Gelegenheit zum Erwerb des Weingutes (12 ha) von Bert Simon in Serrig, der keinen Nachfolger hatte. Mit Energie, Wissbegierde („Learning by doing"), Respekt vor der Natur und dem tüchtigen und erfahrenen Kellermeister Franz Lenz aus dem benachbarten Irsch hat man die imposanten Räumlichkeiten neben dem Herrenhaus komplett „ausgemistet" und mit zeitgemäßer Kellertechnik bestückt. Im Parterre erfolgt die manuelle Selektion des Lesegutes am Sortiertisch, die schonende Weiterverarbeitung über Traubenmühle und geschlossene Presse, Maischstandzeit und Mostkühlung, darunter im in den Fels gehauenen imposanten zweigeschössigen Gewölbekeller (konstante Jahrestemperatur von 10 °C!) das Absetzen der Trübstoffe und ganz unten die Spontanvergärung und Reifung der Weine. Lediglich zum Abfüllen muss einmal gepumpt werden – alles andere erledigt sanft die Schwerkraft. Beim Ausbau setzt man auf die Kombination von Edelstahl und großem Holz – beim Spätburgunder / Pinot Noir (aus 20 Jahre alten Reben aus dem oberen Bereich der Lage Würzberg mit höherem Feinerdeanteil) wird gekonnt und nicht zu lange auf gebrauchten Barriques ausgebaut. Nach dem katastrophalen Debütjahr 2006 (mit 165 l / m² Regen in der Hauptlesezeit in drei Tagen Anfang Oktober) präsentieren sich die 2007er so, wie es sich Jochen und Karen Siemens wünschen: Bereits der Riesling „Scivaro" (althochdeutsch „skelväro" für Schiefer) begeistert durch delikate Mineralität und Leichtigkeit (10 % Alkohol), beeindruckend sind die Weine aus den südlich ausgerichteten Schiefer-Steillagen der Monopole Serriger Herrenberg (Blauschiefer) und Würzberg (Rotschiefer, Blauschiefer, Quarz) mit typischer Terroir-Komponente und als absolute Überraschung glänzt der einzigartige Rote mit subtiler Eleganz und herrlicher Frucht vom ersten und südlichsten Weingut der Saar.

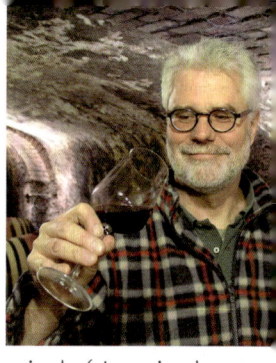

Manfred Loch / Weinhof Herrenberg, Schoden:
„Finger weg von diesem Wein!"

Zuletzt noch einige amüsante Auszüge aus der Hausbroschüre des Weinhofs Herrenberg (3,2 ha!) in Schoden – bezeichnenderweise mit dem Titel „Vorsicht – Loch Riesling!":

„Kleines Weingut, große Nachteile – die stärksten Schwächen auf einen Blick: 1. Unbekannt, 2. Kundenfeindlich (späte Lese, Spontanvergärung, Ruhe, viel Gefühl), 3. Unzeitgemäß (keine Segnungen neuester Food-Technologien wie Umkehr-Osmose, Gen-Technik, Turbo-Hefen – stattdessen Schiefer-Steillagen, winzige Erträge, optimaler Rebschnitt, nach Parzellen getrennter Ausbau), 4. Egoistisch (Öko-Weinbau zur Bewahrung einer alten Kulturlandschaft), 5. Gesetzlos (Spitzenklasse als „Landwein der Saar"), 6. Gemeingefährlich (betörende Kombination aus Kraft und Eleganz, aus glasklarer Frucht, konzentrierten Aromen und würziger Mineralik), 7. Total beschränkt (Es gibt zu wenig davon!)." Dem ist zur Charakterisierung des Weingutes und seiner Weine eigentlich nichts mehr hinzuzufügen – außer: Termin absprechen (wichtig, wie bei allen anderen Winzern auch!), hinfahren und sich mit diesem äußerst sympathischen und urigen Öko-Winzer bei einer animatösen Degustation seiner individuellen Rieslinge (mit dem leckeren süßen Schwänzchen!) locker, angeregt, aber bestimmt und kompetent über das Glück der geschilderten Persönlichkeiten für die Renaissance der Region zu unterhalten. *MV*

In diesem Sinne: Merci Roman, Florian, Jochen & Manfred!
Santé & Chapeau!

(Besuch nur nach telefonischer Vereinbarung!):

Van Volxem, Dehenstraße 2, 54459 Wiltingen / Saar
Tel.: 06501 16510, www.vanvolxem.de

Weingut Peter Lauer, Trierer Straße 49, 54441 Ayl / Saar
Tel.: 06581 3031, www.SaarRiesling.de

Weingut Dr. Siemens, Römerstraße 63, 54455 Serrig / Saar
Tel.: 06581 9200992, www.dr-siemens.de

Weinhof Herrenberg, Hauptstraße 80 – 82, 54441 Schoden / Saar
Tel.: 06581 1258, www.lochriesling.de

Der Weg zur Spitze ist steil...

VIF *Kompetenz in Wein.*

Bei VIF finden Sie erlesene Weine aus aller Welt. Unsere sorgfältige Auswahl durch ausgebildete Fachleute garantiert Qualität und Genuss auf hohem Niveau. Nutzen Sie individuelle Beratung und kundenorientierten Service. Lernen Sie in Seminaren die faszinierende Welt des Weines kennen.

Weinfachhändler des Jahres!
2006

www.vif.de

VIF Weinhandel GmbH I Kreppstr. 6 I 66333 Völklingen
Fon 0 68 98 - 27 07 0 I Fax 0 68 98 - 2 70 72 I Mail info@vif.de

Culinarium
Weinstube und mehr

Küche ███████
Ambiente █████

2006 übernahm die deutsche Weinkönigin 2000/2001 Carina Dostert gemeinsam mit Ehemann Walter Curman die Weinstube des elterlichen Weingutes Matthias Dostert. Seither betreiben die beiden dort das Culinarium, das ausdrücklich kein Feinschmeckerrestaurant sein will, aber ganz sicher fast jeden Feinschmecker zufrieden stellen wird. Wer sich hier nach einer Wanderung, Fahrradtour oder Weinverkostung mit deftiger Winzerkost stärken will, wird nicht enttäuscht werden: Mannebacher Käseplatte mit Feigensenf, Sülze mit Bratkartoffeln oder Winzersteak sind die Pflicht für den Küchenchef einer Weinstube. Wir wollten die Kür erleben und probierten aus der übersichtlichen, alle 14 Tage wechselnden Karte den Orangen-Spargelsalat mit in Pflaumenwein glasierten Wachtelbrüstchen und Eisenkraut (9,50 €) und erlebten eine wunderbare Aromenkomposition. Das sich daran anschließende üppige Duett vom Langustenschwanz und Rinderfilet mit Spargel und Sauce Hollandaise (32,50 €) unterstrich das Potential des die Region bereichernden Steirers Walter Curman. Ausgeschenkt werden ausschließlich Weine des elterlichen Weingutes. Reservierung ist dringend zu empfehlen. *HGH*

Hauptspeisen 9 – 32,50 €
Menüs 28,50 – 30,50 €
Apr – Dez: Do – Mo ab 18 Uhr
So 12 – 14 Uhr, ab 18 Uhr
Nov/Dez: Fr – So ab 18 Uhr,
Di und Mi Ruhetage

Weinstraße 5
54453 Nittel
Tel.: 06584 91450
www.culinarium-nittel.de

LK Trier-Saarburg **Saarburg** — **Ausflug** 17

Burgrestaurant
Den freien Blick ins Tal genießen

Küche
Ambiente

„Es ist ein einförmiges Ding um das Menschengeschlecht. Die meisten verarbeiten den größten Teil der Zeit, um zu leben, und das bisschen, das ihnen von Freiheit übrig bleibt, ängstigt sie so, dass sie alle Mittel aufsuchen, um es loszuwerden." *(Goethe, Werther)*
Guido Kressmann empfiehlt: Einfach mal frei nehmen! Einen Ausflug machen. Ins Saartal, dorthin, wo der Wein wächst an steilen Hängen. In Saarburg den Burgberg besteigen und im Burgrestaurant einkehren. Hoffen, dass auf der Terrasse noch ein Platz frei ist. Den freien Blick ins Tal genießen. Frei atmen. (Frei-)frau Elisabeth Wacht empfängt ihre Gäste und bittet zu Tisch. Die Speisekarte wechselt saisonbedingt. Kleine Gerichte und Salate bis 10 €, Tellergerichte 10 – 20 € und Menüs 25 – 30 €. Die Zutaten sind frisch, die Portionen reichlich, die Weine aus der Region. An einem warmen Frühlingstag, zur Spargelsaison, oder im Herbst, wenn das Saartal sich bereits zu färben beginnt und in der Küche die ersten Wildgerichte schmoren, gibt es zwischen Saarbrücken und Konz wenige Plätze, an denen es sich so wunderbar sitzen, speisen, schauen lässt wie auf der Burgterrasse in Saarburg. *JR*

Karte 10 – 20 €
Menüs 25 – 30 €
Di – So ab 12 Uhr,
Mo Ruhetag
(Winteröffnungszeiten erfragen)

Auf dem Burgberg 1
54439 Saarburg
Tel.: 06581 920945

Villa Keller
Wo die Saar am schönsten ist

Küche ▰▰
Ambiente ▰▰

Keine zehn Minuten vom Bahnhof – zu Fuß – das Terrain der Villa Keller in Saarburg. Einladend ausladend. Urgemütlicher Biergarten? Unvergleichlicher-Blick-Veranda? Kachelofen-Stuck-Holzboden-Behaglichkeit? Tja, was tun? Der einsetzende Regen nimmt uns die Entscheidung ab. Lockere Tischordnung innen, lockerer, sympathischer Service: gelungene Abwehrmaßnahmen zur Verhütung eines Übermaßes an Behaglichkeit. Die auf einige wenige Empfehlungen konzentrierte Karte stellt unsere Entscheidungsfreudigkeit ebenfalls auf keine allzu große Probe. Hausgemachte Tagliatelle, Pfifferlinge, allerlei Fische, Rumpsteak, Böhnchen, Crème brûlée: alles lecker, jedoch ohne Überraschungsmoment. Da wäre mehr drin, das spürt man.

Die Weinkarte wurzelt in der Region. Einige weniger bekannte Namen ranken sich da um Riesling-Weingüter der deutschen Spitzenklasse. Allein – was fehlt, sind die Spitzenweine. In dem Bemühen, es vielen recht zu machen setzt man auf ein breites Mittelfeld. „Mehr Mut!", möchte man da der Familie Müntnich vom Spielfeldrand zurufen. Mehr Klarheit im Aufbau und Risikobereitschaft in der Spitze: Dann könnte der Aufstieg in eine andere Liga winken. *JR*

Karte ab 15 €
Menüs ab 35 €
Di – So 11 – 23 Uhr,
Mo Ruhetag

Brückenstraße 1
54439 Saarburg
Tel.: 06581 92910
www.villa-keller.de

LK Trier-Saarburg **Serrig** — Klassisch

Gasthaus Wagner
Dorfgasthaus mit Frischeküche

Küche
Ambiente

Im idyllischen Örtchen Serrig – am Beginn der Saar-Riesling-Route – bewirten Peter und Rita Adams das Gasthaus Wagner. Angenehm sitzt man hier in der holzvertäfelten Gaststube an blank gescheuerten Tischen oder draußen im herrlich gelegenen Biergarten unter alten Kastanien. Mediterrane Fliesen und ein gemütlicher Kachelofen für kühle Wintertage geben der Gaststube zusätzlich eine besondere Note. Hier lassen wir uns die saisonale Frischeküche schmecken: diverse Blattsalate, Spargelcremesüppchen, Filet vom schwäbisch-hällischen Hausschwein auf Bohnen mit Bratkartoffeln oder Poulardenbrust mit frischen Gemüsen und Kräutern. Gemüse und Fleisch kommen überwiegend vom Hofgut Serrig, Fische aus der Umgebung oder vom Großmarkt.

Tagesfrische Gerichte werden auf der Schiefertafel in der Gaststube offeriert. Da können auch mal Fische wie Bachsaibling oder Saarzander draufstehen. Dazu passend Riesling-Weine von den Serriger Winzern Dr. Siemens und Schloss Saarstein. Darüber hinaus ist die Region Mosel-Saar-Ruwer – auch glasweise – stark vertreten. Regionale frische Küche mit regionalen Weinen in angenehmem Ambiente. Erfreulich, dass es solche Gasthöfe noch gibt. *NH*

Hauptgerichte 7,80 – 19 €
Mo, Di, Do, Fr ab 16 Uhr,
Küche von 18 – 21.30 Uhr,
Sa, So Küche von 12 – 14 und
18 – 21.30 Uhr,
Mi Ruhetag

Losheimer Straße 3
54455 Serrig
Tel.: 06581 2277

St. Erasmus
Frische Fische

Küche ▰▰▰
Ambiente ▰▰

Der Eingang und der anschließende Treppenaufgang wirken leider nicht sehr einladend, was aber, erst einmal oben angekommen, durch die Düfte aus der Küche und das freundliche Personal wieder wettgemacht wird. Das Hotel-Restaurant St. Erasmus befindet sich in Trassem, einem kleinen Ort bei Saarburg, ein idealer Ausgangspunkt für Ausflüge nach Luxemburg, Trier und die Saarschleife. Der Hotelbetrieb ist auf Feriengäste eingestellt. So verwundert es auch nicht, dass das Restaurant überwiegend von Hausgästen besucht ist.
Die Karte bietet vom feinen Süppchen (5 – 7 €) über Salate (ca. 10 €) bis hin zu Fisch- und Fleischgerichten (15 – 20 €) viel Ansprechendes. Ein Drei- bzw. Vier-Gänge-Menü (25/29 €) runden die solide Speisekarte ab.
Besonders zu empfehlen sind die leckeren Gerichte mit Fisch vom ortsansässigen Lieferanten (siehe Fischzucht Rosengarten). Die Frische ist garantiert und die Zubereitung ausgezeichnet. Dazu dann noch einen der hervorragenden Rieslingweine der Region und dem genussfreudigen Besucher bleibt nur noch der Wunsch, auch ein Bett im Haus zur Verfügung zu haben. *JR*

Karte 5 – 20 €
3-Gänge-Menü 25 €
4-Gänge-Menü 29 €
Täglich 12 – 14.30 u. 17 – 22 Uhr

Kirchstraße 6a
54441 Trassem
Tel.: 06581 9220
www.st-erasmus.de

Mannebacher Käse
Bestes aus Rohmilch vom Riedhof

Der Riedhof liegt an der Viezstraße im Mannebachtal zwischen den Flüssen Mosel und Saar. Riedhofbauer Peter Büdinger hat im elterlichen Betrieb, der ursprünglich nur auf Milchproduktion ausgerichtet war, die Käseherstellung eingeführt. Das Sortiment umfasst Bergkäse, Schnittkäse, Bärlauchkäse und Käse mit italienischen Kräutern. Die Spezialität des Hauses: ein Rohmilchcamembert. Wer Wert legt auf einen handwerklich sauber hergestellten Käse ohne chemische Zusatzstoffe oder Konservierungsmittel, der ist hier richtig. Der kleine Hofladen bietet neben dem Käse auch andere Produkte der Region: Viez und Edelbrände, Eier, Wurst und Schinken, Obst der Saison und frisches Brot aus dem Holzofen. Von Ostern bis Weihnachten ist samstags von 10 bis 16 Uhr das Hofcafé geöffnet. Dieses bietet sich als ideale Ausgangs-, Zwischen- oder Endstation für Fuß- und Radwanderer an: ein herzhaftes Frühstück, eine stärkende Vesperplatte oder ein köstlicher Hefekuchen nach Omas Rezept runden jeden Ausflug in die schöne Region ab. Besuchergruppen sind nach Voranmeldung zu einer kommentierten Käseprobe herzlich willkommen. *JR*

Hofladen:
Mo – Fr 14 – 19 Uhr, Sa 10 – 16 Uhr
Käsemarkt:
Ostern – Weihnachten:
Sa 10 – 16 Uhr

Riedhof
54441 Mannebach
Tel.: 06581 2376
www.mannebacher-kaese.de

Fleischerei Könen

Nicht nur Luftgetrocknetes und Kaltgeräuchertes

Viele sind unserer Empfehlung der letzten Jahre gefolgt. Diese Metzgerei bleibt eine der Adressen im Großraum! Die große Auswahl an Wurst aus eigener Produktion hat gereizt (mehr als 100 Sorten, besonders die luftgetrocknete Salami, Salami mit Fenchel nach toskanischer Art, Salami nach französischer Art). Sigi Könen ist stolz auf verschiedene Räucherarten für Salamis und Schinken. Ob im Kaltrauchverfahren hergestellt oder luftgetrocknet – wenn er Zeit hat, gibt er gerne Auskunft. Auch alles, was an Fleisch verkauft wird, entsteht in eigener Produktion. Das Fleisch stammt von Vieh aus der Umgebung und wird im benachbarten Greimerath geschlachtet. Aber nicht nur die Salamis und das Fleisch haben Anklang gefunden. Uns wurde berichtet von feinem Schinken (gekocht und roh), der so schön zu Spargel passt. Bemerkenswert die Schlangen von Menschen, die um die Mittagszeit für ein leckeres Wurstbrötchen anstehen. Wir haben in der näheren Umgebung noch weitere Tipps gesammelt, die sich zu einer schönen Einkaufstour verbinden lassen. Da kann man sich ruhig zwischendrin stärken oder eines der Restaurants aufsuchen. *HG*

Di – Fr 7.30 – 18 Uhr,
Mo und Sa 7.30 – 13 Uhr

Hauptstraße 21
54439 Saarburg
Tel.: 06581 2839
www.fleischerei-koenen.de

Forellengut Rosengarten

In einem Bächlein helle ...

Ja, die Wasserqualität spielt eine ganz große Rolle in der Forellenzucht. Wie das schöne Schubertliedchen schon sagt, fühlt sich der schmackhafte Fisch in klarem, sauerstoffreichem Wasser am wohlsten, da bleibt er gesund, das macht ihn lecker. Auf dem Forellengut Rosengarten findet die Forelle beste Bedingungen vor. Marc Rosengarten züchtet auch den Saibling, den „edelsten der Salmoniden", wie er schmunzelnd erläutert. Der Saibling ist noch viel anspruchsvoller als die Bachforelle, benötigt eine noch höhere Wasserqualität und wächst bedeutend langsamer heran, aber dafür ist sein Fleisch auch ein ganz besonderer Genuss.

Neben Forelle, Lachsforelle und Co. sind im Hofladen auf dem Gut saisonal auch Karpfen und Stör zu erwerben, außerdem diverse Flussfische, da neben der Fischzucht auch Flussfischerei betrieben wird an Saar und Mosel.

Von den verarbeiteten Produkten hat es mir persönlich die Lachsforellen-Frischkäse-Pastete besonders angetan, auch die geräucherte Lachsforelle ist hervorragend. Man könnte so fortfahren im Hervorheben leckerer Produkte. Was ich damit sagen will: Die Fahrt nach Trassem lohnt sich allemal. *JR*

*Do und Fr 10 – 12 und 14 – 17 Uhr,
Sa 8 – 12 Uhr*

Untere Neumühle 48 – 57
54441 Trassem
Tel.: 06581 91990
www.fisch-rosengarten.de

„Man muss nicht in der Bratpfanne gelegen haben, um über Schnitzel zu schreiben."

MAXIM GORKI

RACHE IST EIN GERICHT, DAS AM BESTEN KALT SERVIERT WIRD.

MAN NEHME:

1 Opfer, gegebenenfalls 2 (je nach Größe), 4 – 5 Verdächtige beiderlei Geschlechts (keine Tiefkühlware!), 1 Hauptkommissar (muss nicht aus dem Reformhaus sein), 1/2 Liebelei, 1 Bund Jerseyaner/innen, 10 Esslöffel Rache.

- - - - -

Das ausführliche Rezept finden Sie in:
Gudrun Maria Müller: „Rache ist Blutwurst"
Books on Demand GmbH, Norderstedt.
ISBN 978-3-8334-7233-6
(einfach über den Buchhandel oder
direkt bei: www.bod.de bestellen)

Landkreis Neunkirchen

Alte Nutztierrassen:
Glanrind und Hinterwälder Rind

Im Landkreis Neunkirchen, genauer: in Illingen-Hirzweiler, findet sich das erste Regionalbüro der GEH im Saarland. GEH steht für „Gesellschaft zur Erhaltung alter und gefährdeter Haustierrassen". Sie wurde 1981 in Niederbayern gegründet; zu ihren Mitgliedern zählen viele Landwirte, Nebenerwerbslandwirte und Züchter alter Nutztierrassen. Auch Slow Food versucht mit der „Arche des guten Geschmacks", lokale und regionale Nutztier- und Nutzpflanzenarten, die in Vergessenheit geraten, weil sie unter gegenwärtigen Bedingungen am Markt nicht bestehen oder schlicht „aus der Mode gekommen sind", zu fördern. Der Slogan ist „Erhalten durch Aufessen". Die Artenvielfalt ist nicht nur ökologisch enorm wichtig, die bedrohten Rassen haben auch sehr wohlschmeckendes Fleisch, Milch, ... Die meisten der ca. 53.000 saarländischen Rinder gehören zur Rasse der schwarz-bunten Holstein-Friesen (die wurden als besonders leistungsstarkes Milchvieh gezüchtet). Ein verschwindend kleiner Anteil sind Rinder bedrohter Rassen. Hier im Landkreis sind es ein knappes Dutzend Bauern, die Rinder der Rassen Glanvieh und Hinterwälder halten.

Gasthaus Rech
Auf dem richtigen Weg

Küche
Ambiente

Bernd und Carola Rech wissen genau, was sie wollen. Und was sie können. Letzteres ist eine ganze Menge. Vom täglichen Stammessen (Erbsensuppe mit Wiener für 4,50 € oder Ragout von Edelfischen für 7,50 €) über klassische Gerichte bis zu Kreationen aus der feinen Küche – hier stimmen die Qualität und das Preis-Leistungs-Verhältnis. Und großartig ist die Weinkarte – eine solche Auswahl (zu höchst fairen Preisen) hatten wir in diesem Landgasthaus wirklich nicht erwartet. Seit 1860 ist das Gasthaus Rech in Familienbesitz, inzwischen wirkt hier die fünfte Generation – und die Gäste sind zu Recht begeistert. Auch wir fühlten uns rundherum sehr gut aufgehoben, genossen schön rosa gebratene Schweinemedaillons und saftig-aromatisches Milchlamm, danach ein cremiges Kokosparfait und ein erfrischendes Quarktörtchen mit exotischen Früchten. Prima. Der Service ist freundlich und kompetent, man sitzt angenehm im Wintergarten oder bei schönem Wetter auf der großzügigen Terrasse. Der gute Ruf der Gastronomie in unserer Region ist zu einem ganz beträchtlichen Teil genau solchen sympathischen Adressen zu verdanken. Weiter so, Familie Rech! *TR*

Hauptgerichte 10 – 21 €
auf Anfrage Menü à 30 €
Mo und Di, Do – So
11.30 – 14 und 18 – 22.30 Uhr,
Mi Ruhetag

Zum Steinhaus 4
66571 Habach
Tel.: 06881 6708

LK Neunkirchen *Illingen* **Ambition**

Brasserie L'Aubergine

Mediterrane Aromen im Edelstahlambiente

Küche
Ambiente

Hier ist ein Kreativer mit eigener Handschrift am Werk: Warmer Stangenspargel mit Sauce vinaigrette und Basilikumcrêpes, frischer Fenchelsalat mit gegrillten Gambas und Aioli oder frische Aprikosen mit Crème-fraîche-Mousse. Da die „geule" sich hier so blendend amüsiert, können wir nicht mehr mit Gewissheit sagen, ob wir statt des Carpaccios angebrutzelte Filetspitzen auf mit Käseraspeln unterlegtem Lavendelblütenteppich bestellt hatten? Never mind! Das Gigabyte-Côte-de-boeuf mit seinen köstlichen, klitzekleinen, rosmarinierten, olivenölgetränkten Bratkartoffelwürfeln sowie die exzellente Weinkarte sind umwerfend. Bei genüsslich geschlossenen Augen wähnt man sich im Midi, während die Kulisse – der Illinger Zwiebelturm, die mit Frischkräutern bepflanzten Stahltöpfe, die die Terrasse vom angrenzenden Parkplatz abtrennen (was man den Lavendelblüten auf den ersten Biss aber nicht anschmeckt) – einen in die blitzeblanke saarländische Realität zurückholt. Bei provenzalischen Temperaturen darf man da auch schon mal Tische rücken oder die Reise nach Jerusalem antreten, da die Sonnenschirme unverschiebbar sind. *PvP*

Karte 18 – 23 €
Täglich ab 10 Uhr,
Sa ab 17 Uhr

Burgweg 4
66557 Illingen
Tel.: 06825 4999354

Zum Zeisweiler Hof
... *Apropos Gastlichkeit*

Küche
Ambiente

Man kennt sich im Zeisweiler Hof, und wenn Sie das erste Mal zu Gast waren, sind Sie beim Abschied auch schon ein bisschen bekannt. Die persönliche, freundliche Art und die unkomplizierte Form der Gastlichkeit haben uns besonders gefallen.

Nachdem wir eine wirklich fangfrische Forelle mit frisch zubereitetem Salat genossen haben, fand Margret Klein, die selbst in der Küche für das Wohl ihrer Gäste sorgt, noch die Zeit, persönlich nachzufragen, ob alles recht war – und das war es! Hier kann man deftige Biergartenspezialitäten wie „Zeisweiler Platte" und „Saumagen" genießen oder (in Erinnerung an Kindheitstage) gefüllte Pfannkuchen!

Übrigens Kinder: Die lieben Kleinen können unmittelbar gegenüber der Terrasse auf dem Spielplatz, umgeben von einer endlos großen Obstwiese, abseits von jedem Straßenverkehr spielen, hier geht keiner verloren! Sehr nett fanden wir, dass während der Sommerferien für Kinder jeden Tag ein spezielles Nudelgericht angeboten wird. Die Großen kommen aber auch nicht zu kurz: Donnerstags ist Schnitzeltag und freitags gibt es die schon erwähnten prima Forellen, außerdem einmal im Monat ein Schlachtfest. Schauen Sie doch mal vorbei! *KG*

Karte 4,30 – ca. 10 €
Mo und Di, Do – Sa ab 16 Uhr,
So 10 – 13 Uhr und ab 16 Uhr,
Mi Ruhetag

Zeisweilerweg
66557 Illingen
Tel.: 06825 41882

LK Neunkirchen **Mainzweiler** — *Klassisch* — 27

Zur Linde
Barockes und ein Beachclub

Küche
Ambiente

Flexibel muss man sein. Vor allem, wenn man einen Landgasthof im ruhigen Ottweiler Stadtteil Mainzweiler führt. Das Anwesen von Familie Keller an der namensgebenden Linde ist als „Haus der Festlichkeiten" und als Ausflugsziel beliebt, hierher kommt die Familie mit Kindern, hier stärken sich Wanderer oder Radfahrer oder es macht auch schon mal ein Reisebus Station. Entsprechend breit gestreut und preisgünstig ist das Angebot. Suppen und Salate, klassische Hauptgerichte vom Schwein, Rind, Kalb und Geflügel, ein bisschen Fisch und dazu eine Bistrokarte mit Gulaschsuppe, Schinkenteller oder Käsespätzle. Besonders beliebt ist die Linde bei schönem Wetter im Sommer: Dann sitzt man auf der großzügigen Terrasse und die Kinder können sich im Beachclub „Playa Linde" austoben. Wir genossen feinen Stangenspargel mit saftigen Filets von Lachs und Zander sowie ein knuspriges Kalbsschnitzel mit leckerem Salat. Und ein superbes Topfenmousse mit Erdbeeren und Rhabarber. Ab und zu gibt's Aktionen in Zusammenarbeit mit dem Projekt „Barockstraße Saarpfalz", die Linde darf sich „Sommerresidenz der Reichsgräfin Catharina von Ottweiler" nennen. Wir ziehen den Hut. *TR*

Karte 10 – 22 €
Menü nur an
Sonn- und Feiertagen
Täglich ab 17 Uhr

Hauptstraße 60
66564 Mainzweiler
Tel.: 06824 3112
www.ZurLinde-Mainzweiler.de

Villa Medici

Italienisches Dolce Vita in Neunkirchen

Küche
Ambiente

Wer die italienische Küche schätzt und ein kulinarisches Erlebnis anstrebt, der mache sich auf den Weg in die Villa Medici nach Neunkirchen. Dort findet der Genießer alles, was einen gelungenen Restaurantbesuch ausmacht: eine verspielte Jugendstilvilla mit angenehmem Ambiente und lauschiger Terrasse, einen zuvorkommenden Service und insbesondere eine gehobene, italienisch geprägte Küche, die durch Qualität und Frische überzeugt. Boris Jacopini, in der zweiten Generation Chefkoch des Familienbetriebs, verwöhnt seine Gäste mit ausgewogenen und delikat gewürzten Speisen. Uns gefielen besonders der Kaninchenrücken in grobem Senf gebraten mit wildem Spargel und die Jakobsmuscheln mit Steinpilzen in Proseccosauce. Der anschließende Lammrücken überzeugte ebenso wie die kross gebratene Dorade. Die Pastagerichte sind hausgemacht und werden mit raffinierten Beilagen wie roter Meerbarbe, wildem Spargel und frischen Trüffeln serviert. Empfehlenswert sind die beiden Menüs, die eine schöne Auswahl der interessantesten Kreationen des talentierten Küchenchefs bieten. Auch die Weinkarte mit überwiegend italienischen Gewächsen lässt keine Wünsche offen. Unser Kompliment! *GK*

Karte 12 – 29,50 €
Menü 46 €
So – Mi u. Fr 12 – 15 Uhr
und ab 18 Uhr,
Sa ab 18 Uhr,
Do Ruhetag
Zweibrücker Straße 86
66538 Neunkirchen
Tel.: 06821 86316
www.villa-medici-nk.de

LK Neunkirchen **Neunkirchen** — **Klassisch** 29

Wirtshaus Annelies

Das komplette Programm

Küche
Ambiente

Wir haben die schöne Annelies leider nicht gekannt. War vor unserer Zeit. Aber wir haben Fotos gesehen: Eine stolze Frau. Sie und ihr Gastronomiebetrieb sind legendär in Neunkirchen. Und seit knapp zwei Jahren gibt es jetzt wieder das Wirtshaus Annelies. Das Gebäude in der Spieser Straße wurde großzügig umgebaut und erweitert. Vorne ein großer Thekenbereich, hinten ein luftiger Neubau mit zwei Ebenen, das Ganze ist hell, freundlich und originell dekoriert. Im Annelies gibt es das komplette Programm. Berühmt sind das Frühstück (Teller von 4,90 bis 19,90 €!) und die vielen Kaffeespezialitäten, mittags wird ein Stammessen angeboten (5 bis 8 €). Ansonsten: knackige Salate und Pasta, Flammkuchen und Toasts, Deftiges wie Lyonerpfanne, diverse Schnitzel und Steaks und ein paar Fischgerichte. Wir labten uns zuletzt an einem saftigen, rosa gebratenen Kalbssteak mit etwas zu kräftiger Pfeffersauce und an einem frischen Wirtshaus-Salat mit Schnitzelstreifen. Im Sommer: Terrasse und Garten mit Spielmöglichkeiten für Kinder. Aufmerksamer Service, ausbaufähige Weinkarte mit guten „Italienern", schöne Bierauswahl. Ein Prosit auf die neue Annelies! *TR*

Hauptgerichte 10,90 – 23,90 €
Di – Fr ab 11 Uhr,
Sa ab 15 Uhr, So ab 9 Uhr
(Küche 11 – 14 und 17 – 22 Uhr,
Fr und Sa bis 23 Uhr),
Mo Ruhetag

Spieser Straße 21
66538 Neunkirchen
Tel.: 06821 9516633

Café Kanne

*Altbekanntes
an einer Farce d'Ironie*

Küche ▮▮▮
Ambiente ▮▮▮

Ich bin ehrlich. Einmal im Jahr überfällt mich die Lust auf eine Currywurst. Inbegriff präkebabscher Schnellimbisskultur. Meist verkneif ich's mir. Currywurst hatte was vom Fremdgehen. Prickelnder Seitensprung von Mutters Hausmannskost früher – heute gar Verrat am guten Geschmack. Wie auch immer, man möchte nicht unbedingt dabei erwischt werden. Gerd Erdmann bietet in seinem Café Kanne gleich zweifach Abhilfe: lauschiges Plätzchen im äußeren Winkel des Furpacher Hofguts und – jetzt kommt's – Speisekarte mit „Currywurst Royal". Es handelt sich hierbei nicht etwa um einen Ausrutscher. Denn nicht weniger balsamisch und mit einer Prise Ironie den Jargon der gehobenen Küche anwendend, werden bei weiterem Studium der Karte „Echte Matjes" an einer Crème-fraîche-Remouladencreme, warmer Ziegenkäse an Edelsalaten mit Blüten in Walnussöl-Himbeeressig und „Feinster Schwenker" in Aussicht gestellt. Unter der Etikette kulinarischer Neugier geht man hier also (als Feinschmecker, der man schließlich ist) in aller Offenheit seinen diskreten Gelüsten nach und – beim Fremdgehen nicht eben selbstverständlich (!) – wird kein bisschen enttäuscht. *JR*

*Karte 6,50 – 18,50 €
Di – Sa 16 – 24 Uhr,
So 15 – 24 Uhr,
Mo Ruhetag*

*Beim Wallratsroth 13
66539 Neunkirchen-Furpach
Tel. / Fax: 06821 22211
E-Mail: cafe.kanne@web.de*

LK Neunkirchen **Wustweiler** *Klassisch* 31

Gasthaus Bäcker

Die zwei Deko-Weltmeister

Küche
Ambiente

Happy Birthday! Zehn Jahre Gastronomie auf hohem Niveau: Seit 1998 wirken Patrik Stauner (Service) und Georg Hoffmann (Küche) im Gasthaus Bäcker in Illingen-Wustweiler. Die Inhaber haben sich ein treues Stammpublikum erobert. Uns gefallen das klare Konzept und ihr geschicktes Händchen. Die Einrichtung muss man gesehen haben. An der Grenze zum Überladen balancieren die beiden Deko-Weltmeister: keine Fensterbank, kein Treppenabsatz, kein Eckchen bleibt ungenutzt. Pflanzen und Stoffblumen, Holz, Ton und Glas, Vasen, Schälchen, Flaschen ... Alles sehr verspielt und liebevoll. Schnörkellos dagegen kommt die Küche in dem großen Haus an der Hauptstraße daher. Im opulenten Saal und im gemütlichen Restaurant mit der handgemachten lindgrünen Tapete aus Amerika werden Klassiker wie Schweinerückensteak oder -lendchen, Rumpsteaks oder Rinderfilets in vielen Variationen serviert – alle mit phantasievollen Namen. Auf den Punkt gebraten das Fleisch, knackig-frisch die Salate, dazu ein paar besondere Empfehlungen wie Tintenfisch mit Tagliatelle oder Seezungenröllchen in Hummerschaum. Günstige Weine. Das passt. Glückwunsch! *TR*

Hauptgerichte 9,50 – 22 €
Mo, Mi – Sa 17 – 1 Uhr,
So 10 – 14 und 17 – 24 Uhr,
Di Ruhetag

Lebacher Straße 11
66557 Wustweiler
Tel.: 06825 940972
www.gasthaus-baecker.de

Landwirt Rose
Strandpromenade in Mainzweiler

Was wollen diese Hühner eigentlich mit meinen Schnürsenkeln? Im Freilandhof von Bauer Rose haben sie sogar Strandsandpromenaden. Ja, wirklich! Seit vielen Jahren entwickelt Josef Rose (er ist auch Vorsitzender der saarländischen Geflügelhalter) seine Ställe weiter, damit sich die Hühner wohl fühlen. Die wollen nämlich bei strahlender Sonne oder wenn es draußen eisig kalt ist partout nicht ins Freiland. Was sie aber sollten, wenn die von ihnen gelegten Eier die Qualitätskategorie 1 erhalten. Deshalb entstand der überdachte Sandstrand. Auf jedem Ei ist ein Stempel, aus dem sich die Art der Haltung, das Bundesland und der Hof ermitteln lassen. Die erste Ziffer kennzeichnet die Art der Haltung: 0 heißt Biohaltung, 1 Freilandhaltung, 2 Bodenhaltung (immer im Stall), 3 ist Käfighaltung. Verkauft werden die Eier auf Bauernmärkten, mit zwei Verkaufswagen in den umliegenden Dörfern und vermehrt in Supermärkten, die sich „regional" auf die Fahne geschrieben haben. Auf den Märkten gibt's außerdem noch Nudelprodukte, Suppenhühner und auch eine Seltenheit: reine Rindersalami (der Hof hat auch Rinder). Ach ja, meine Schnürsenkel: Die Hühner halten sie für Regenwürmer. *HG*

Bauernmärkte in SB (Sa), HOM (Do), NK (Fr), und WND (Do)

Faulenberger Hof
66564 Mainzweiler
Tel.: 06842 3203
www.oekoland-rose.de

Il Gourmet Italiano
Italienische Spezialitäten

Seit fünfzehn Jahren verkauft Rosaria Rossi ihre italienischen Spezialitäten in ihrem kleinen Laden in Hosterhof, einem Ortsteil von Illingen. Ihre Stammkunden kommen aus der ganzen Region, denn dieser kleine Laden bietet einiges, was das Herz jedes Feinschmeckers höherschlagen lässt. Auch wenn es banal klingt, aber da wäre zunächst einmal ein überaus variantenreiches Angebot an Nudeln. Und zu jeder Nudel kennt Frau Rossi auch das passende italienische Gericht samt Rezept. Hier findet man auch feine Olivenöle und Balsamico sowie frisches Obst und Gemüse, wobei insbesondere die verschiedenen saisonalen Tomatensorten ins Auge fallen. Die Antipasti werden teilweise selbst zubereitet, Oliven und getrocknete Tomaten nach eigenen Rezepten eingelegt. Die Würste und Salami stammen aus allen Regionen Italiens, ebenso der Käse, alles da: Ricotta, Büffelmozzarella, Pecorino, Parmesan. Die luftgetrockneten Schinken werden durch luftgetrocknete Rinder- und Schweinefilets ergänzt.
Aus eigener Herstellung gibt's frische, gefüllte Nudeln (Ravioli, Tortellini – zur Sommerzeit auf Vorbestellung). Zum Schluss Espresso, Grappa und Gebäck: Der italienische Abend ist perfekt! *JR*

*Mo – Fr 8.30 – 12 und 14.30 – 18.30 Uhr,
Sa 8 – 13 Uhr*

*Illinger Straße 99
66557 Illingen-Hosterhof
Tel.: 06825 49495*

Zum

Essen
&
Trinken

empfehlen wir Ihnen
230 gute Adressen im Saarland.

Zum

Vergleichen
&
Sparen

nur eine

J L
1923

LEISMANN
DAS VERSICHERUNGSHAUS

www.leismann.de

Saarpfalzkreis

Viele Landkreise im Saarland bieten ein wunderschöne Landschaft. Einzigartig ist die geplante Bliesgau-Biosphärenregion. „Erfunden" wurden Biosphärenreservate 1974 als Teil des Programmes „Mensch und Biosphäre" der Weltkulturorganisation UNESCO. Damals stand der Schutz bedeutender Naturlandschaften im Vordergrund; mittlerweile liegt der Schwerpunkt bei dem Schutz, der Pflege und Entwicklung von Kulturlandschaften und nachhaltiger Regionalentwicklung. Im Bliesgau gibt es viele interessante Landwirte und Produzenten. Wir stellen im Nachfolgenden einige vor. Außerdem legen wir Ihnen hier die Wochenmärkte ans Herz. Insbesonders gefallen haben uns St. Ingbert und Zweibrücken (ja, wir wissen, dass das schon in Reinland-Pfalz ist!).

Termine und Standorte

Bexbach	Aloys-Nesseler-Platz	Mi, Sa	8 – 12.00
Ormesheim	Theo-Carlen-Platz	Di	8 – 13.00
St. Ingbert	Marktplatz	Mi, Sa	7 – 12.30
Blieskastel	Paradeplatz	Mi, Sa	8 – 13.00
Homburg	Historischer Marktplatz	Di, Fr	8 – 13.00
Bauernmarkt Homburg	Talstraße	Do	9 – 13.00
Zweibrücken	Alexanderplatz	Di, Do, Sa	8 – 13.00

Italienisch familiär — Bexbach *Saarpfalzkreis*

Osteria da Bacco

Das Einfache ist das Beste ...

Küche
Ambiente

... sagt Patron Vincenzo Lico über seine „Osteria" – fragen Sie ihn, was das Wort eigentlich bedeutet oder noch besser: Erleben Sie es als sein Gast!
Das kleine, einfach gehaltene Lokal hat nur neun Tische, an denen äußerst lecker gespeist wird, traditionelle Gerichte aus Kalabrien, so zum Beispiel das beste Lamm, das wir seit langem probiert haben oder ein sehr leckeres Perlhuhn mit Pfifferlingen. Mein lieber „Mittester" ist sonst nicht leicht von italienischen Restaurants zu überzeugen, aber mit der Vorspeise „Pfifferlinge Trifolati" ging es ganz schnell.
Die Karte bietet eine gute Auswahl an Standardfleisch- und Fischgerichten, Pasta und Pizzen. Viel spannender ist die wöchentlich wechselnde Karte mit frischen Angeboten der Saison, unter anderem in Restaurants nur noch selten zu findende Eintopfgerichte (wir freuen uns jetzt schon auf den Winter, da soll es Grünkohl auf kalabrische Art geben!).
Jeden Sonntagmittag gibt es ein kleines, preiswertes Menü – für Familien sehr zu empfehlen! Die Weinkarte wird „mündlich" übermittelt, die Auswahl ist gut und die Preise stimmen.
Sie müssen nicht extra nach Italien fahren, versuchen Sie es mal in Bexbach! *KG*

Vorspeisen 6 – 11 €
Hauptgerichte 10 – 18 €
Mo – Fr Mittagstisch ab 6,80 €
Sonntagmittag Überraschungsmenü (3 Gänge) ab 12,50 €
Täglich 11.30 – 14 und 18 – 23 Uhr, Mi Ruhetag

Rathausstraße 34a
66450 Bexbach
Tel.: 06826 50194

Hämmerle's Restaurant

Edles im Barrique

Küche
Ambiente

Cliff und Stephanie Hämmerle geben weiter Gas. Ihr Schritt für Schritt erweitertes Haus in Webenheim ist seit Jahren eine Vorzeigeadresse der saarländischen Gastronomie. Ihre klassische, von Frankreich geprägte Küche mit starken regionalen Einflüssen ist zu Recht weithin bekannt und beliebt. Hochwertige einheimische Produkte wie Bliesgau-Lamm, Ballweiler Saibling, Ziegenfrischkäse oder Wild werden auf leichte, moderne und raffinierte Art zubereitet – ein Genuss. Jetzt hat Familie Hämmerle erneut einen mutigen Schritt unternommen: Neben dem freundlich-hellen, mediterran angehauchten Restaurant Landgenuss wurde Anfang August nach aufwändigem Umbau das Restaurant Barrique eröffnet. Barrique? Ja, wegen der edlen Landhausdielen Eiche Barrique und der großen, gläsernen Vinothek sei er auf diesen Namen gekommen, erklärt Cliff Hämmerle. Elegant und sehr geschmackvoll ist das Ambiente, einfallsreich und handwerklich auf hohem Niveau die Gerichte. Hier kommen Feinschmecker auf ihre Kosten, beispielsweise mit saftigem Steinbutt, zartem Rehrücken, aromatischer Taubenbrust oder einer vorzüglichen Lamm-Variation. Sehr fachkundiger, charmanter Service, großartige Weinauswahl, moderate Preise – das gibt die Höchstwertung. Glückwunsch! *TR*

Hauptgerichte 15 – 24 €
Menüs „Landgenuss" 28 – 34 €,
„Barrique" 52 – 63 €
Di – Fr mittags ab 12 und abends
ab 18 Uhr, Sa und Mo abends
ab 18 Uhr, So Ruhetag

Bliestalstraße 110a
66440 Blieskastel
Tel.: 06842 52142
www.haemmerles-restaurant.com

Historischer Bahnhof
Sport, Spiel, ... Speisung!

Küche
Ambiente

Das Gebäude ist stilgerecht restauriert und schön gestaltet. Der Bahnsteig bildet die Terrasse des Restaurants. Dort erlebten wir an einem warmen Abend das Publikum: verschwitzte Sportler, die Weizenbier zischten, Franzosen aus der Nachbarschaft, die knobelten neben Leuten, die nur einen Salat aßen und schicken Gästen, die drinnen speisten. Eine erstaunliche Mischung! Nach einem kreativen Hausaperitif nahmen wir einen Gartensalat und Knoblauch-Garnelen, dann Dorade royale mit mediterranem Gemüse und argentinisches Roastbeef unter Pommery-Senfkruste mit frischem Gemüse. Geschmeckt hat's, was Herr Muth in seiner Miniküche zauberte. Wir spürten seine Lust am Kochen. Die Karte (wenn viel los ist, eine kleine) bietet eine große Bandbreite: Suppen, Vorspeisen, kleine Gerichte, Sandwichs, Vegetarisches, Salate, Pasta, Fisch (z. B. schottischer Wildlachs!), Fleischgerichte, Desserts. Alles hausgemacht, frisch zubereitet, Brot selbst gebacken. Seit März 2007 betreiben Frau und Herr Muth dieses angenehme Bistro-Restaurant. Am Wochenende gibt's Kuchen, im Sommer eine umfangreiche Eiskarte. Das alles zu einem guten Preis-Leistungs-Verhältnis. Das lohnt den Ausflug! *MMG*

Hauptgerichte 10 – 16 €
Vorspeisen, Salate 3,20 – 8,20 €
Mi – Fr u. So ab 11 Uhr, Sa ab 15 Uhr,
Sommer: Di – So ab 10 Uhr
(Mo und Di Ruhetage,
im Sommer nur Mo)
Bahnhofstraße 3
66453 Gersheim
Tel.: 06843 902055
www.historischer-bahnhof-gersheim.de

Saarpfalzkreis Gersheim — **Ambition** 37

Restaurant Quirin

120 Jahre in Familienhand

Küche
Ambiente

Ein Familienbetrieb, wie wir ihn schätzen. 120 Jahre Restaurant Quirin in Gersheim. Derzeit lenkt die vierte Generation die Geschicke: Andreas Quirin in der Küche und Lebenspartnerin Birgit Weber im Service. „Und die fünfte Generation schläft oben", meint der Hausherr mit einem Augenzwinkern. Von außen ist das Gasthaus nicht gerade attraktiv, aber innen präsentiert es sich mit der weißen Holzverkleidung, warmen Farben, Röschen in der Vase und Kerzen auf den Tischen freundlich und einladend. Quirin versucht, Tradition und Moderne zu verbinden, arbeitet mit regionalen Produkten und internationalen Spezialitäten.

Wir probierten erfrischend-leichte Scheiben vom roten Thunfisch mit einer Gurkenvinaigrette und staunten über die folgende Kombination: Geräucherte Entenbrust auf Eichblattsalat und Spargel mit Holunderblütendressing und gerösteten Pinienkernen. Ein kontrastreiches Gericht, das uns überzeugte. Knusprig und zart kam das gebratene Wolfsbarschfilet daher, aromatisch und saftig Keule und Rücken vom Maiböckchen, dazu gab's lecker-luftige handgeschabte Bärlauchspätzle. Die Weinkarte ist ausbaufähig, ein Schwerpunkt sind deutsche Bio-Weine. Weiter so! *TR*

Vorspeisen 3,50 – 12,50 €
Hauptgerichte 8,50 – 17,50 €
Di – Fr und So 11.30 – 14 Uhr,
Di – So 18 – 22 Uhr,
Mo Ruhetag

Bliesstraße 5
66453 Gersheim
Tel.: 06843 315
www.restaurant-quirin.de

Landhaus Rabenhorst

Viel Platz drinnen und draußen

Küche ▮▮▮
Ambiente ▮▮

Erst Wochenendhaus, dann Ausflugsgaststätte, heute Hotel-Restaurant mit viel Platz. Drinnen und draußen. Fünf verschiedene Räume stehen zur Verfügung, jeder mit eigener Terrasse. 1930 baute ein Industrieller namens Rabe das Haus mitten im Wald. Heute treffen sich hier Wanderer und Radfahrer, Gesellschaften und Fußballmannschaften. Und Leute, die eine gediegene Atmosphäre und eine solide Küche schätzen. Familie Pinl führt das Haus im 16. Jahr, hat zuletzt wieder kräftig investiert (neue Terrasse und Außenanlage), beschäftigt 22 feste Mitarbeiter, darunter sieben Azubis. Die fleißigen Raben sind freundlich und kompetent, allerdings macht es das Angebot mit drei Restaurants und drei Speisekarten (Bliesgau- und Landhausstube sowie Toscana) dem Gast nicht so einfach. Eine Karte und mehr Konzentration auf die regionale und saisonale Küche würden bestimmt nichts schaden. Denn sowohl die gekochte Ochsenbrust vom Bliesgaurind mit Meerrettichsauce und Bratkartoffeln wie auch das Rührei mit frischen Pfifferlingen und Salat waren tadellos. Für Feinschmecker werden Gerichte wie Entenstopfleber und Jakobsmuscheln angeboten. Und im Sommer wird draußen gegrillt. *TR*

Hauptgerichte 8,50 – 26,50 €
Menüs ab 29,50 €
Täglich 11 – 14.30 und
17.30 – 23 Uhr
(Küche 11.30 – 14 u. 18 – 22 Uhr)

Am Rabenhorst 1
66424 Homburg
Tel.: 06841 93300
www.landhaus-rabenhorst.de

Homburg-Schwarzenbach **Ambition**

H.P.'s Restaurant „Die Linde"

Ungezwungen und überraschungsfrei

Küche ▰▰▰
Ambiente ▰▰

Hartmut Pfeiffer geht auf Nummer sicher. Für Leute, die es unkompliziert mögen. Und auf Bewährtes setzen. Da gibt's gebeizten Lachs mit Kartoffelpuffer, Tafelspitz mit Meerrettichsauce, Rumpsteak mit Sauce béarnaise, Lammkrone an Knoblauchsauce oder Fisch-Variation. Verlässliche Qualität – ohne Überraschungen. Auf der Bistrokarte finden wir Salate und Pasta-Gerichte sowie die mancherorts einfach nicht ausrottbaren Froschschenkel. Muss ja nicht sein. Wir waren im Wonnemonat Mai zu Gast bei H.P. und seiner Lebenspartnerin und routinierten Servicekraft Waltraud Keil. Bestellten einmal Putenbrust mit Spargel und zum anderen Kalbsrücken mit Bärlauchsauce. Beides sehr ordentlich, solide Grundprodukte, frisch zubereitet – ohne Überraschungen. Der offene Grauburgunder für 5,30 € dazu präsentierte sich etwas blass. Weniger gelungen war auch zuvor die Bärlauchcremesuppe, erfreulicher Abschluss dagegen ein Rhabarberparfait auf Fruchtspiegel. Stammgäste mögen die ungezwungene Atmosphäre im Restaurant mit den roten Lederstühlen. Und bei schönem Sommerwetter sitzt man gemütlich und bequem im Garten unter großen Schirmen. *TR*

Hauptgerichte 15,50 – 22,50 €
Drei-Gänge-Menü 26,50 €
Di – Fr 12 – 14 u. 18.30 – 23 Uhr,
Sa 18.30 bis 23 Uhr,
So 12 – 14 Uhr, Mo Ruhetag

Einöder Straße 60
66424 Homburg-Schwarzenbach
Tel.: 06841 2694
www.hps-dielinde.de

Italienisch familiär — Homburg-Schwarzenbach

Nico's Restaurant

Klassisches Italien an der Barockstraße

Küche ▰▰
Ambiente ▰▰

Die Erfolgsgeschichte geht weiter! Nach mehr als zehn Jahren am gleichen Ort verdient das Restaurant an der erst jüngst eröffneten Barockstraße weiterhin die Aufmerksamkeit einer Klientel, die gut gemachte italienische Klassik zu schätzen weiß. Neben einer wenig aufregenden Speisekarte findet sich zum Glück eine saisonale Karte, die für jeden Monat neu gestaltet wird. Hier gibt es die spannenden Angebote! Das Agnello Tonnato: ein toller Auftakt! Frisch und pikant ersetzte das Lamm das übliche Kalbfleisch. Die Involtini von der Hühnerbrust kamen fein gewürzt und auf den Punkt gegart und von feinem Gemüse begleitet. Auch das Dessert punktete: zart-duftige Panna Cotta mit nicht zu süßen, feinsten Erdbeeren. A la carte begeisterten der Schafskäse Peperonata und die Pappardelle all'Osso Buco. Auch die Parfait-Variation enttäuschte nicht. Die Weinkarte bot die zum Menü passenden „Weine des Monats". Kennen Sie eigentlich den weißen Critone aus Kalabrien schon? Der aufmerksame Service und die kompetente Weinberatung durch die Chefin trugen zum gelungenen Abend viel bei. *FM*

Vorspeisen 3,50 – 11 €
Hauptspeisen 15 – 20,50 €
Menüs 29 – 34 €
Di – Fr u. So 12 – 14 u. 18 – 23 Uhr,
Sa 18 – 23 Uhr,
Mo Ruhetag

Einöder Straße 5a
66424 Homburg-Schwarzenbach
Tel.: 06841 170839

Petit Château
Lohnende Landpartie

Küche
Ambiente

Versteckt am Ende der Alten Reichsstraße in Homburg-Schwarzenbach erwartet Küchenmeisterin Rita Huber ihre Gäste in ihrem „Petit Château" mit freundlichem Gastraum, Wintergarten, Terrasse und Gästehaus. Doch verstecken muss sie sich nicht. Die Nähe zum Gast und dessen Wohlbefinden sind Frau Hubers Anspruch und Philosophie, zu deren Umsetzung ihr eine gehobene Küchenqualität nicht genügt. Sie sucht persönlich jeden Gast am Tisch auf, um zu erfahren, ob er zufrieden war. Sie ist flexibel und bietet auch außerhalb der Karte individuell dem kleinen Gast, dem Allergiker, dem Vegetarier oder dem Veganer ein passendes Gericht an. Selbst ein Raucherzimmer hält sie vor. Neben Fisch-, Fleisch- und Wildgerichten sowie häufig wechselnden Menüvorschlägen werden saisonale Gerichte angeboten. Die Weinkarte ist sehr umfangreich, wobei wir uns ein größeres Angebot an kleinen Flaschen (0,375 l) gewünscht hätten. Uns überzeugten die Rotbarbenbeignets an Tomaten-Mozzarella-Törtchen, die Lammkoteletts vom Grill mit Prinzessbohnen und Rosmarinkartoffeln und die Crème brûlée als Beigabe zum Espresso. *HGH*

Vorspeisen 10,50 – 16,50 €
Hauptgerichte 25 – 28,50 €
Menüs 48 – 64 €
Mo – Fr 12 – 15.30 und
18.30 – 00.30 Uhr,
Sa 18.30 – 00.30 Uhr, So Ruhetag

Alte Reichsstraße 4
66424 Homburg-Schwarzenbach
Tel.: 06841 15211
www.petit-chateau.de

Kloster Hornbach

Sinnesfreuden im Kloster

Küche
Ambiente

Eine halbe Stunde von Saarbrücken entfernt liegt idyllisch das ehemalige Kloster in Hornbach bei Zweibrücken. Im letzten Guide orange war dieses „Gesamtkunstwerk" so einladend beschrieben, dass wir neugierig waren. Störche am Wegesrand, malerisch! Dann: Herzlicher Empfang, schön restaurierte alte Gemäuer mit modernem Design und Gemütlichkeit gepaart, viel zu schauen und zu entdecken. Wir wollten besonders das Restaurant Refugium kennen lernen. Es befindet sich im eleganten, eher schlicht eingerichteten Kreuzgewölbe (ehemaliges Refektorium). An warmen Abenden kann man auch im Hof speisen. Auf der Karte stehen ein kleines und ein großes Klostermenü, wir nahmen das „Große" und waren begeistert. Kreativ, interessant und köstlich, z. B. „roh marinierte Langustinos mit Schweinebäckchen und Meerrettich-Schnittlauch-Vinaigrette" oder „Etouffé-Taube und Gänseleber auf Selleriemousseline und marinierten Brombeeren". Vom jungen, fachlich durchaus kompetenten Servicepersonal wünschten wir uns mehr Schwung, mehr Charme und Herzlichkeit. In dieser Hinsicht könnten sie sich „eine Scheibe abschneiden" vom Frühstückspersonal. Insgesamt ein schönes Genusserlebnis! *MMG*

5-Gänge-Menü 91 €
7-Gänge-Menü 109 €
Mi – Sa ab 18.30 Uhr,
So ab 12 Uhr,
Mo und Di Ruhetage

Im Klosterbezirk
66500 Hornbach
Tel.: 06338 910100
www.kloster-hornbach.de

Ressmann's Residence

Feines auf dem Land

Küche
Ambiente

Der Tiroler Ressmann mit seinem Küchenchef Paul Zürn ist auch über die Grenzen des Saar-Pfalz-Kreises hinaus eine feste Adresse, wenn es um eine feine Küche geht. Hier werden mediterrane, österreichische und asiatische Akzente gekonnt aufeinander abgestimmt. Die Karte bietet für die Region Ausgefallenes wie Tatar vom Angus-Rinderfilet mit Kräuter-Piniencreme und gebackenen Kapernkirschen oder hausgemachte Zicklein-Bratwürstchen auf sautiertem Rahmwirsing, 12 Stunden geschmorte Kalbsbäckchen auf Frühlingszwiebel-Risotto oder Lotte-Medaillons mit gebratenem Spargel. In keinem Falle auslassen sollte man zum Abschluss etwas Süßes, z. B. die Crème brûlée mit einer Beerenvariation. Alle Gerichte, die wir versucht haben, waren exzellent zubereitet, die vielfältigen Gemüsebeilagen überwiegend al dente. Leider hält der zwar überaus freundliche, aber phasenweise unaufmerksame Service die hohe Qualität der Küche nicht. Eine fundierte Weinberatung sollte der Gast vom Service nicht erwarten, sondern Herrn Ressmann hinzuziehen. Die Weinkarte ist sehr vielfältig mit einem großen Angebot an kleinen Flaschen überwiegend älterer Jahrgänge. *HGH*

Vorspeisen 9,50 – 16,50 €
Hauptgerichte 19 – 21 €
Menüs 39 – 58 €
Mo, Mi – Fr, So 11.30 – 14 Uhr,
Mo, Mi – Fr, Sa 19 – 22 Uhr,
Di Ruhetag

Kaiserstraße 87
66459 Kirkel
Tel.: 06849 90000
www.ressmanns-residence.de

Rützelerie Geiß

Im siebten Saucenhimmel ...

Küche
Ambiente

Eine Unsitte gibt es, bei der der Spaß aufhört, nämlich die selbst in „besseren Häusern" überaus verbreiteten Convenience-Produkte. In der Rützelerie fanden wir das perfekte Gegenbild: Die abwechslungsreich komponierten Menüs sind „schmeckbar" aus frischen Zutaten zubereitet, die wirklich hervorragenden Saucen zeugen von köstlichen, selbst gekochten Brühen und Fonds. Rudi Geiß serviert Edles und Schlichtes liebevoll dekoriert, aber stets noch als das zu erkennen, was es ist und das alles zu – bei diesem Niveau – sehr fairen Preisen. Wir haben zwei Menüs für Sie „Probe-genossen", besondere Highlights: Salat mit gebratenen Jakobsmuscheln (mit einem Sößchen ...) oder Gänsestopfleber in Süßweinsauce und dann noch das wunderbare Pistazieneis ...

Die Weinkarte ist sehr gut sortiert, Bekanntes und (noch) Unbekanntes, ob aus Deutschland, Frankreich oder Italien, erfreulicherweise auch ein gutes Angebot an halben Flaschen.
Das Haus selbst bietet mit seiner gemütlich-intimen Atmosphäre einen schönen Rahmen, sehr einladend ist auch die Sommerterrasse.
Darf ich Ihnen verraten, was ich mit meinem bescheidenen Autorenhonorar mache? Wird gespart für zwei Pfauenradmenüs! *KG*

Vorspeisen 6 – 19 €, Hauptgerichte 20 – 25 €, Menüs 29 – 85 €, Terrassenkarte ab 10 €
Di – Sa 18 – 1 Uhr
(Küche bis 22 Uhr),
So und Mo Ruhetage
Blieskasteler Straße 25
66459 Kirkel
Tel.: 06849 1381
www.ruetzeleriegeiss.de

Gräfinthaler Hof

Einkehren und Wohlfühlen

Küche
Ambiente

Grundlage für gutes Essen sind gute Produkte, die gut schmecken und möglichst nachhaltig und in der Region erzeugt worden sind. Jörg Künzer verarbeitet am liebsten Produkte aus der Biosphärenregion Bliesgau. Seine sonstigen Lieferanten wählt er sorgfältig nach der Qualität der Ware und der Art der Herstellung aus. In Verbindung mit der romantischen Kulisse des alten Klosters – eingebettet in alten Baumbestand, aber auch Palmen, Oleander und Wandelröschen – bietet Familie Künzer, insbesondere wenn sich ein Platz im Bier- oder Wintergarten findet, beste Voraussetzungen für ein nicht nur kulinarisches Erlebnis. Das Angebot ist vielfältig und reicht von der selbstgemachten Sülze bis zum Bliestalmenü. Wir probierten die raffinierte Karotten-Ingwersuppe (7,50 €), die gemeinsam mit einer Melonenkaltschale und luftgetrocknetem Schinken serviert wurde, eine hervorragende Lammquiche mit Rucolasalat (6,50 €) sowie das sehr aromatische Kotelett vom Iberico-Schwein (16,50 €). Der Service sucht lässig freundlich die Nähe zum Gast, wodurch die hohe Qualität der Küche unterstrichen wird. *HGH*

Vorspeisen 6,50 – 15 €
Hauptspeisen 13,50 – 22,50 €
Menüs 25 – 45 €
Mi – So 11 – 23 Uhr,
Mo und Di Ruhetage

Gräfinthal 6
66399 Mandelbachtal
Tel.: 06804 91100
www.graefinthaler-hof.de

Asia-Bistro
Vietnam – Thailand – China

Küche	███████
Ambiente	████

Asia-Bistros findet man zuhauf. Meist sind sie recht ordentlich, aber austauschbar. Nur selten gibt es ein Aha-Erlebnis wie beim Asia-Bistro in St. Ingbert. Dort führt die aus Vietnam stammende Familie Nguyen seit 2005 ein Bistro, das sich wohltuend abhebt. Frau Nha ist für den Service verantwortlich, ihr Mann Tri steht an Herd bzw. Wok.
Schon die Vorspeisen für 1,80 € entlocken ein Staunen: Die Frühlingsrollen (und noch besser: die vegetarischen Herbstrollen!) sind aus frischen Zutaten und machen Appetit auf mehr. Der Glasnudel-Salat mit saftigen Garnelen ist eine Offenbarung, der Sonderwunsch nach ein wenig mehr Zitronensaft zur Abrundung wird umgehend erfüllt. Man ist gut beraten, die vietnamesischen Gerichte denen aus Thailand und China vorzuziehen, denn hier liegen die Stärken des Kochs.
Das Ambiente mit seinen grasgrünen Plastik-Tischdecken und dem fahlen Licht lädt nicht unbedingt zum längeren Verweilen ein, ist aber tipptopp sauber. Auf Hochglanz auch die Küche. Fazit: Eine sehr preiswerte, leckere Bistro-Kost, die sich erfreulich von anderen unterscheidet. *FR*

Vorspeisen 1,80 – 5,90 €
Hauptspeisen 4,80 – 13,90 €
Mittagstisch Mo – Fr 4,60 – 7,70 €
Täglich 11.30 – 14.30 u. 17.30 – 22.30 Uhr (So ab 17 Uhr),
Mittwochabend geschlossen

Ludwigstraße 17
66386 St. Ingbert
Tel.: 06894 920832

St. Ingbert — **Bistro** 47

Bistro Krempels
Bistroküche mit Charme

Küche
Ambiente

In einer ruhigen Nebenstraße nahe der City liegt dieses gemütliche, mit allerlei Krempel stilsicher eingerichtete, kleine Bistro. Vorspeisen sucht man hier (fast) vergebens, aber bei den üppigen Portionen ist das kein Wunder. Ein bisschen fühlte ich mich wie in den guten französischen Bistros, wo die Gäste mit ordentlichen und schmackhaften Tellergerichten verwöhnt werden. So gab es hier knusprigen Spanferkelrücken mit Majorankartoffeln, einen gebratenen Zander und einen Klassiker der Bistroküche, die geschmorte Lammhaxe mit Gemüsecouscous. Die war zwar butterzart, man konnte sie mit der Gabel zerteilen, aber leider hatte das Fleisch jeden Geschmack verloren. Ich hätte sicher besser das Lammcarrée genommen, das zwar nicht auf der Karte stand, aber am Nebentisch serviert wurde und perfekt aussah. Hervorragend war die rosa gebratene Entenbrust, die wir probierten, mit einer wunderbaren Sauce und kräftig abgeschmecktem Lauchgemüse. Die als Dessert offerierte Crème Brûlée war zwar frisch karamellisiert, kam aber aus dem Kühlschrank und war viel zu süß. So blieb ein zwiespältiger Eindruck, den der freundliche Service nicht wettmachen konnte. *GR*

Karte 16,50 – 20 €
Di – Sa 18 – 23 Uhr,
So und Mo Ruhetage

Seyenstraße 34
66386 St. Ingbert
Tel.: 06894 80394

Die alte Brauerei

Französische Küche am Stadtpark

Küche
Ambiente

Dort wurde einmal Bier gebraut. Aber schon lange beherbergen die Mauern des malerischen Gebäudes aus dem 18. Jahrhundert ein Restaurant (es gibt inzwischen auch 6 Zimmer). Seit 2002 betreibt das Ehepaar Dauphin (er kocht, sie leitet das Restaurant) dieses elegant-rustikale Haus mit Engagement. Man gelangt durch einen schönen Innenhof in den großzügigen, angenehm dekorierten Gastraum oder auf eine wunderschöne Terrasse mit Blick auf den Stadtpark. Die Speisekarte macht interessante Angebote, wir fanden sie etwas unübersichtlich. Der gemischte Teller gab einen interessanten Überblick über die Vorspeisen. Es folgten Scampi-Chorizo-Spieß auf Couscous, Saltimbocca vom Wolfsbarsch und eine Rolle vom Stubenküken mit Gänseleber und Gemüse. Besonders gut schmeckte uns das ungewöhnliche Saltimbocca. Das Mandel-Birnen-Törtchen mit Vanilleeis war so buttertriefend, dass wir nur einen Löffel packten. Uns hat es insgesamt gut geschmeckt, mit kleinen Streifen drin, wir hörten aber schon Kritischeres. Die Weinkarte ist vielfältig und informativ, die Preise moderat gestaltet. Sehr freundlicher, kompetenter Service, sehr angenehmes, gemütliches Ambiente. *MMG*

Menüs 31 – 33 €
Mo, Mi – Fr, So 12 – 14.30 Uhr,
und 19 – 22.30 Uhr,
Sa 19 – 22.30 Uhr,
DI Ruhetag

Kaiserstraße 101
66386 St. Ingbert
Tel.: 06894 92860
www.diealtebrauerei.com

Goldener Stern

„Spitzen"-Spargel und andere Gaumenfreuden

Küche
Ambiente

Wenn Sie dies lesen, ist der Herbst ins Land gezogen und Sie müssen ein halbes Jahr auf die nächste Spargelsaison warten! Chefkoch Ludwig Braun kann Sie aber sicher mit anderen saisonalen Leckereien verwöhnen ...
Der Reihe nach: Das von außen etwas unscheinbare Hotel-Restaurant überrascht mit einem einladenden, von Christel Klein liebevoll gestalteten Ambiente. Nicht nur für Raucher gibt es eine hübsche Terrasse.
Die Speisekarte bietet außer den „Stern-Klassikern" lauter Köstlichkeiten der Saison. Als Menü oder à la carte werden u. a. Perlhuhn, Lamm, Fisch und Wild serviert, ergänzt durch eine viel versprechende Tafel mit Tagesangeboten.
Wir haben für Sie Kaninchenterrine, Steinbeißer, Maibock mit Pfifferlingen und einen Dessertteller probiert, alles sehr gut, die Kaninchenterrine noch besser. Vor allem begeisterten uns die aromatischen Spargelkreationen, insbesondere Spargelsalat mit Jakobsmuscheln und Riesengarnelen oder ein Spargelrisotto mit Trüffeljus, das seinesgleichen suchen kann.
Die gut sortierte Weinkarte mit allein sechs Seiten deutscher Weine passt bestens zu dem aparten Stil der Küche. Gönnen Sie sich einen Besuch! *KG*

Hauptgerichte 12 – 23 €
Salate u. ä. ab 9 €
Menüs 34 – 44 €
Tagesmenü ca. 27 €
Di 18 – 22 Uhr, Mi – So 12 – 14 und 18 – 22 Uhr, Mo Ruhetag

Ludwigstraße 37 – 39
66386 St. Ingbert
Tel.: 06894 92620
www.hotel-goldenerstern.de

Italienisch
familiär

St. Ingbert

La Trattoria del Postillione

Ein Stück Toscana in St. Ingbert

Küche
Ambiente

Zur Einstimmung sollten Sie einen kleinen Rundgang machen, vorbei an duftenden Kräuterbeeten, üppigen Zitronenbäumen und sogar Pinien. Am schönsten speist es sich auf der Terrasse, aber auch im Restaurant selbst pflegt man ein liebevolles Ambiente.

Frische Dinge von Hand zuzubereiten: Das ist das Credo des Hauses. Ob Pasta oder Salsiccia, alles ist „fatto in casa". Im angrenzenden Gehege gibt es freilaufende Hühner, die die Zutaten zu den sehr beliebten Omeletts liefern.

Die monatlich neue Speisekarte präsentiert sich abwechslungsreich. Uns haben am besten die Vorspeisen gefallen. So hoben sich die hübsch angerichteten Antipasti misto wohltuend vom üblichen Einerlei ab, eindeutig selbst hergestellt und einfach lecker, sehr gut auch „piatto di pesce azzurro", eine köstliche Variation von Sardellen.

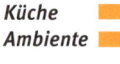

Die Auswahl an Weinen ist beeindruckend: Alle großen und – so weit gut – auch kleinen Regionen Italiens sind vertreten, und abgesehen von Spitzenweinen wie Sassicaia gibt es auch ein sehr gutes Angebot von 20–40 €.

Und wenn es noch ein bisschen mehr Ambiente sein darf: Wie wäre es mit einer Weinprobe im schönen Gewölbekeller? *KG*

Vorspeisen 7 – 13 €
Hauptspeisen 16 – 22 €
Menüs 36,50 – 48,50 €
Mo – Sa 11 – 15 und 18 – 23 Uhr,
Küche 12 – 14 und 18 – 22 Uhr,
So Ruhetag

Neue Bahnhofstrasse 2
66386 St. Ingbert
Tel.: 06894 381061
www.postillione.de

St. Ingbert **Gourmet** 51

Sengscheider Hof

*Wie geht es denn weiter,
Herr Toussaint,*

Küche
Ambiente

fragte ich ihn, den eher publikumsscheuen Inhaber und Küchenchef des Ganzen. Die „Franziska-Stube" war geschlossen worden, der Service hatte gewechselt, alles war renoviert worden. Nach so viel Veränderung und einer Orientierungsphase, antwortete Herr Toussaint, bliebe alles anders. Spaß beiseite. Er besinne sich auf das, was er am besten könne, nämlich Hochwertiges für Feinschmecker zu kochen. Da bin ich aber froh, Herr Toussaint, wo ich doch schon lange ein Fan Ihrer Küche bin, ohne Sie wirklich persönlich gekannt zu haben. Also, das Gourmetrestaurant bleibt. Allerdings gibt es jetzt für Hotelgäste oder Leute, die „was Kleines", einen Salat, eine Pasta oder etwas Preisgünstiges möchten, auch eine „kleine Karte" parallel. Die eigentliche Restaurantkarte bietet zeitgenössische französische Küche mit mediterranem Einschlag. Man sitzt elegant, gemütlich im großen Speiseraum oder (ich noch lieber) im kleinen „Wintergarten" und bei warmem Wetter im idyllischen Garten unter großen alten Bäumen. Schon lange bieten Herr Toussaint und sein Team den Gästen konstante Leistung zu angemessenen Preisen bei relativ großen Portionen. Ich freu' mich drauf! *MMG*

*Vorspeisen 12 – 19 €
Hauptgänge 19 – 29 €
Menüs 29, 38, 48 und 65 €
Mo – Sa 18 – 22 Uhr,
So Ruhetag*

Zum Ensheimer Gelösch 30
66386 St. Ingbert
Tel.: 06894 9820
www.sengscheiderhof.de

Anstadt

Ciabattas je nach Jahreszeit

Wenn er über seine Brote und Torten spricht, ist Josef Anstadt mit Feuereifer bei der Sache. Kein Wunder, denn der gelernte Bäcker und Konditor lässt sich immer wieder Neues einfallen, mit dem er seine Kunden überraschen kann. Bei seiner Spezialität, den mediterranen Broten, probiert er neue Zusammenstellungen aus, wobei er sich nach dem richtet, was die Saison so bietet. Denn das, was er in seinen Ciabattas verbackt, ist alles frisch. Im April dieses Jahres präsentierte er Ciabatta mit Bärlauch, im Mai gab er dem Teig grünen Spargel hinzu. Berühmt ist Anstadt auch für seine Torten. Besonders beliebt: die Schwarzwälder Torte. Sein Geheimnis hat er mir verraten: Statt dunklem Biskuitteig nimmt er Sacher-Boden.

Neben der Bäckerei in Blieskastel-Aßweiler und einer weiteren Filiale in Hassel verkauft der Bäcker aus Leidenschaft seine Produkte noch in seinem Café in St. Ingbert, in dem man alle Spezialitäten in Ruhe bei einer Tasse Kaffee genießen kann. *AK*

Mo und Di, Do und Fr 5 – 18 Uhr,
Mi und Sa 5 – 12.30 Uhr,
So und Feiertage 7 – 16.30 Uhr

Saar-Pfalz-Straße 44
66440 Aßweiler
Tel.: 06803 981755

Weller

Bioland-Metzgerei der ersten Stunde

Seit 1987 betreibt die Familie Weller ihre Biolandmetzgerei. Sie beliefert eine ganze Reihe von Naturkostläden im Saarland und betreibt einen kleinen Laden in Aßweiler, der neben den eigenen Fleisch- und Wurstwaren ein kleines Naturkostangebot bereitstellt. Geschlachtet wird im eigenen Schlachthaus. Rinder, Schweine und Kälber stammen alle aus der Region, sodass keine langen Transportwege anfallen. Die Wurst wird ausschließlich mit natürlichen Gewürzen, Meersalz und Kräutern hergestellt. Phosphate werden als Bindemittel für Wasser und Fett verwendet. Das Weglassen von Phosphaten macht einen erheblich niedrigeren Fettanteil notwendig. Die Fleischtheke ist dem gewandelten Verbraucherverhalten angepasst. Große Bratenstücke werden kaum noch verlangt, dafür allerdings Kurzgebratenes in jeder Form, mariniert oder natur. Vor allem im Sommer findet man ein großes Angebot an unterschiedlichen Grillwürsten und delikaten Fleischspießen. Wurst ohne Konservierungsstoffe sollte möglichst zügig verzehrt werden. Zur Vorratshaltung ist ein großes Sortiment an Wurst im Glas im Angebot. *JR*

Mi 11 – 16 Uhr,
Fr 10 – 12 und 15 – 18.30 Uhr,
Sa 9 – 12.30 Uhr

Jahnstraße 12
66440 Aßweiler
Tel.: 06803 1424

Wildgehege Schäfer
Alles aus einer Hand

Aus eigener Metzgerei hervorgegangen, zählt das Wildgehege Schäfer heute zu den größten Wildproduzenten der Region. Der Vorteil: von der Zucht beziehungsweise Jagd über die Verarbeitung bis hin zum Handel liegt alles in einer Hand. Wildfleisch erfüllt nur dann gehobene Ansprüche, wenn es von Jungtieren stammt. Dem Fleisch selbst sieht man in verarbeitetem Zustand allerdings nicht mehr an, ob das wirklich der Fall ist. Und so kann man schon einmal an ein Stück Jagdwild von niederer Qualität geraten. Das kann einem bei Schäfer nicht passieren. Hier kommt kein anonymes Wildfleisch in den Verkauf. Jedes der über 200 Stück Wild, die jährlich in den Handel gelangen, wurde auch lebend gekannt und gesehen. Rot- und Damwild aus der eigenen Zucht. Schwarzwild und Rehe aus der eigenen Jagd. Frischfleisch, das nicht den hohen Ansprüchen genügt, wird zu Wurst und Schinken (sowie zu Lyoner und Bratwurst) verarbeitet. Neben dem Wildfleisch bietet Schäfer auf den Marktständen in Saarbrücken und St. Ingbert als Spezialitäten das Fleisch der zotteligen schottischen Hochlandrinder und das besondere, weil fast fettfreie, Bisonfleisch an. Beides ebenfalls aus eigener Zucht. *JR*

Von 1.9. – 1.5.
Samstag:
Bauernmarkt Saarbrücken,
Markt St. Ingbert
Freitag:
Bauernmarkt Zweibrücken

Alte Steige 22
66440 Blieskastel
Tel.: 06803 391750

Michael Stumpf

Feiner Bliesgau-Bachsaibling

„Die sind zu schnell heute, keine Chance", meint Michael Stumpf. Er legt das Netz mit dem langen Stiel weg. „Ich muss die Anglerhose, das große Netz und die Leiter holen." Und dann rein ins Wasser. Stumpf zieht das Netz durch den Teich, wir packen am Rand mit an – und schließlich zappeln sechs Saiblinge in den Maschen. Seit gut fünf Jahren züchtet Familie Stumpf die festfleischigen und wohlschmeckenden Fische. „In Bayern haben wir zum ersten Mal Saiblinge gegessen", erzählt der Betriebswirt. „Wir waren begeistert und kamen auf die Idee, es in Ballweiler mit einer naturnahen Zucht zu probieren." Zu Familie Stumpfs Grundstück gehören drei Weiher, durch die ein Bach fließt, und eine Quelle. Beste Bedingungen also, denn die anspruchsvollen Fische aus der Familie der Forellenarten lieben sauerstoffreiches, klares und kaltes Wasser. Inzwischen kommen Privatkunden aus vielen Teilen des Saarlandes nach Ballweiler und etliche Gastronomen wie Hämmerles Restaurant, der Gräfinthaler Hof oder der Goldene Stern kaufen bei Familie Stumpf ein. Auch uns hat das fangfrische Prachtexemplar, zart in Butter gebraten, hervorragend gemundet. Das schmeckt nach mehr! *TR*

1 Kilo kostet ca. 12 €
Verkauf nach telefonischer
Vereinbarung,
die Saison geht von etwa Mitte
März bis vor Weihnachten

Biesinger Straße 138
66440 Blieskastel-Ballweiler
Tel.: 06842 2288
www.bliesgau-saiblinge.de

Neukahlenberger Hof

Wie im Käsehimmel

Imposant das Geweih. Na gut, es sind nur Hörner, aber die sind beachtlich. Kühe mit solch langen Hörnern bekommt man heute in der Haupterwerbslandwirtschaft nur noch selten zu sehen. Und dann der stoische Gleichmut, mit dem diese Fleckvieh-Kühe das Grünfutter zermahlen. Da muss doch was Gutes bei rauskommen. Stimmt! Aus der Milch der 30 Kühe, die alle auf dem Neukahlenberger Hof stehen, wird ausschließlich Käse gemacht, und zwar das ganze Programm: vom Frischkäse über den Gollensteiner Weichkäse nach Münsterart bis hin zu dem milden Schnittkäse Sonnenrad und dem Neukahlenberger Bergkäse, der bis zu zwei Jahre im Keller reift. Für das ungestörte Reifen des Käses sorgen auf dem Demeter-Betrieb, der mit zur anthroposophischen Lebens- und Erziehungsgemeinschaft Haus Sonne gehört, rund 30 Leute, von denen 14 geistig behindert sind.

Vermarktet werden die Käse über Bauernmärkte in Saarbrücken (St. Johanner Markt), Zweibrücken und über Bioläden. Aber auch auf Empfängen im Saarbrücker Schloss weiß man die Käsespezialitäten vom Neukahlenberger Hof zu schätzen.

AK

Hofladen: Fr 16 – 18 Uhr
Saarbrücken, St. Johanner Markt: Sa 8.30 – 14 Uhr
Bauernmarkt Zweibrücken, Hallplatz: Fr 9 – 14 Uhr

66440 Blieskastel-Böckweiler
Tel.: 06842 92380
www.haussonne.de

Saarpfalzkreis Bliesmengen-Bolchen — **Bäckerei** 57

Ackermann's
Die Dorfbäcker

Es gibt viele Gründe, ins Mandelbachtal zu fahren. Einer davon ist die Dorfbäckerei Ackermann. Ja, es gibt Menschen, die fahren von Saarbrücken nach Bliesmengen-Bolchen, um dort die echten Ackermänner zu kaufen. Ackermänner? Was das ist? „Das sind halt unsere Standardweck", sagt der eine der beiden Chefs (die Brüder Ackermann). Das klingt vergleichsweise bescheiden für dieses mehrfach ausgezeichnete Brötchen. Aber so sind sie halt, die Ackermänner ... bodenständig und qualitätsbewusst. Denn die Leute auf dem Dorf wissen noch, wie ein gutes Brot zu schmecken hat. Und die Ackermanns wissen, wie man es backt. Sehr zu empfehlen auch das kräftige Kastenweißbrot. Überhaupt liegt die Stärke dieser Dorfbäckerei in den rustikalen Backwaren: kernige Brote (Bärlauchbrot ist schon seit 15 Jahren im Angebot, nicht erst seit es Mode ist), Kränze und Hefegebäck. Und wenn Ihnen der Weg zurück nach Saarbrücken zu weit ist, können Sie auch gleich im Laden probieren. Dazu wird Ihnen auf Wunsch an einem Stehtisch ein echter Wiener Feinschmeckerkaffee von Zumtobel serviert. Na? *JR*

*Mo – Fr 6.15 – 12.30 und 14.30 – 18.15 Uhr,
Mi und Sa 6.15 – 13 Uhr*

*Bliestalstraße 63
66399 Bliesmengen-Bolchen
Tel.: 06804 204*

Dieter Schwitzgebel

Die Metzgerei Schwitzgebel an der stark befahrenen Hauptstraße in Einöd übersieht man schnell. Dabei ist es ein Familienbetrieb, der schon seit fünf Generationen qualitativ hochwertige Fleisch- und Wurstwaren herstellt. Bereits mehrfach wurde Juniorchef Dieter Schwitzgebel für seine Wurstsorten Lyoner, Schwartenmagen sowie Blut- und Leberwurst prämiert. Stolz erzählt Seniorchef Willi Schwitzgebel, dass das gesamte Wurstsortiment, außer vier Salamisorten, nach eigenen Rezepten hausgemacht ist. Auch die Leberknödel und der Saumagen sind bei den Kunden sehr beliebt und finden reißenden Absatz. Ihr Fleisch bezieht die Familie Schwitzgebel ausschließlich bei den Bauern aus der Region. Man kennt sich persönlich, weiß, wie die Tiere aufgezogen werden und wo geschlachtet wird – ein sicherer Garant für die hohe Fleischqualität. Auch Wildspezialitäten aus eigener Jagd werden je nach Saison angeboten. Der Laden bietet außerdem eine kleine Käseauswahl an. Ein hauseigener Partydienst und insbesondere der freundliche und kompetente Service runden das überzeugende Angebot des Hauses ab. Es lohnt sich, nach Einöd zu fahren! *GK*

*Mo – Fr 6 – 18.30 Uhr,
Sa 6 – 13 Uhr*

*Hauptstraße 58
66424 Einöd
Tel.: 06848 529*

Hof am Römerturm

*Schmackhafte Ziegenkäse
in Demeter-Qualität*

Die Ziegen sind neben den Schafen die ältesten Haustiere. Ihre Domestikation begann wahrscheinlich vor etwa 9000 Jahren. Noch nicht ganz so lange halten Stefan Haupt und Marion Kledtke ihre 150 Ziegen auf ihrem Hof im schönen Mandelbachtal. 80 – 90 davon sind für die Milchproduktion zuständig. Der Rest dient hauptsächlich der Nachzucht; Böcke werden vor Ablauf ihres ersten Lebensjahres geschlachtet und ihr köstliches Fleisch gelangt in den Verkauf. (Bis dahin gelten sie noch als Lämmer; kommen sie erst einmal in die Pubertät, sind sie ungenießbar, man kennt das!)
Die nahrhafte Ziegenmilch (übrigens auch eine Alternative für Kuhmilchallergiker!) wird auf dem Hof zu einer Reihe ebenso nahrhafter wie auch schmackhafter Käse verarbeitet. Im Hofladen und auf mehreren Märkten im Saarland (siehe unten) sind sie käuflich zu erwerben.
Die Haltung der Tiere und die Käseherstellung erfüllen die hohen Ansprüche der Demeter-Qualitätskriterien. Dennoch bewegen sich die Preise für die hochwertigen Produkte auf einem für diese Qualität vollkommen angemessenen Niveau! Es gibt viele Gründe für einen Ausflug ins Mandelbachtal. Der Hof am Römerturm ist einer davon! *JR*

*Hofladen:
Do – Fr 16 – 18.30 Uhr,
Sa 10 – 12 Uhr
Märkte:
HOM (Fr), SB (Sa), IGB (Sa),
St. Arnual (Do)*

Straße am Römerturm 26
66399 Erfweiler-Ehlingen
Tel.: 06803 984921

Hof Hochscheid

Dynamische Wegstärkung

Wer eine Wandertour rund um den Berg Hochscheid unternimmt, stößt fast unweigerlich auch auf den Hof Hochscheid. Dieser zwischen Oberwürzbach und St. Ingbert-Hassel gelegene Bauernhof wird biologisch-dynamisch, also nach anthroposophischen Richtlinien, bewirtschaftet und bietet dem Wanderer an Sonn- und Feiertagen eine kräftige Wegstärkung an: bei Sonnenschein an Bierzeltgarnituren auf der Wiese vor dem Hof und bei unfreundlichem Wetter im umgebauten alten Schweinestall. Von den Rohessern über die Bratkartoffeln mit Kräuterquark bis zur Hausmacherwurstplatte stammt hier alles aus eigenem Anbau bzw. aus eigenem Stall. Der Musikfreund bekommt hier an etlichen Wochenenden neben Kulinarischem auch Jazz aus der Region kredenzt.
Die Erzeugnisse des Hofes, Gemüse, Kartoffeln, Rindfleisch, Schweinefleisch, Wurstwaren und Honig, werden zum größten Teil auf den Wochenmärkten der umliegenden Ortschaften verkauft: Ormesheim (Di), St. Ingbert (Mi und Sa), Blieskastel (Do), Auersmacher (Fr).
AK

So und Feiertage 11 – 19 Uhr,
Verkauf Wochenmärkte
Ormesheim (Di),
St. Ingbert (Mi und Sa),
Blieskastel (Do),
Auersmacher (Fr)

66386 Hassel
Tel.: 06894 88530
www.hof-hochscheid.de

Fisch Flatter

Große Auswahl – kleine Preise

„Tilapia und Pangasius sind die Renner, aber auch Dorade und Wolfsbarsch gehen sehr gut." Melanie und Wolfgang Flatter sind zufrieden. Ihr Geschäft brummt. „Im Sommer lief's hervorragend", erzählt Wolfgang Flatter, „die Leute haben uns überrannt". Da war auf der Terrasse und im extra angelegten Fischgarten mit 40 Plätzen ständig Betrieb. In den Herbst- und Wintermonten stehen bei Flatter (Fischgeschäft, Restaurant, Partyservice) 26 Plätze zur Verfügung. Da kann man vom belegten Fischbrötchen über Feinschmeckersalate bis zum Edelfisch-Grillteller hervorragend essen – für wenig Geld. Familie Flatter arbeitete früher im Fisch-Handel, heute kaufen sie direkt in Bremerhaven, Holland oder Dänemark, entsprechend günstig sind die Preise. Wenn wir zu Hause Gäste erwarten, dann fahren wir zum Einkauf zu Flatters. Vor der großen Theke fällt die Wahl schwer: Bio-Lachs, Meeresfrüchte-Cocktail, Räucherfisch und Terrinen, Jakobsmuschelfleisch, Riesengarnelen und grätenfreie (!) Forellen, Sardinen und Schwertfisch, Salm, Seeteufel, Zander und vieles mehr. Und dann so hausgemachte Leckereien wie Herzogintürmchen (aus Lachsmousse) oder Edelfisch-Pralinen. Lecker! *TR*

*Mo – Fr 8 – 18.30 Uhr,
Sa 8 – 16 Uhr*

*Untergasse 4
66424 Homburg
Tel.: 06841 2878*

Russello
Italienische Lebensart

Was die italienische Küche auszeichnet, ist der Verzicht auf allerlei komplizierte und aufwendige Kombinationen. Das setzt voraus, dass man Grundprodukte von höchster Qualität zur Verfügung hat, die durch ihren Eigengeschmack eine schonende und zurückhaltende Bearbeitung nahelegen. Glücklicherweise ist es mittlerweile auch in unseren Breiten kein Problem, an viele dieser qualitativ hochwertigen Grundprodukte zu gelangen. Eine gute Adresse in Homburg stellt diesbezüglich Russello dar, der freundliche Laden am Rande der Einkaufsmeile. Eine breite Auswahl an Pasta in den Regalen, die Frischetheke mit leckeren Antipasti, Schinken, Wurst und Käse – das erwartet man sowieso. Darüber hinaus finden sich hier viele Pasten, Senfsorten und weitere kleine Köstlichkeiten, die einen italienischen Abend kulinarisch erst richtig abrunden. Täglich ist ein größeres Angebot an frischen Broten vorhanden. Und ebenfalls sehr beliebt: Sizilianisches Olivenöl zum Selbstabfüllen – zu einem Literpreis von 10 €. Wollen Sie vielleicht gar nicht selbst kochen und suchen nur etwas zum Schenken oder Mitbringen? Kein Problem. Man bereitet Ihnen gerne Präsentkörbe in jeder Preisklasse. *JR*

Mo – Fr 9 – 18.30 Uhr,
Sa 9 – 14 Uhr

Talstraße 13
66424 Homburg
Tel.: 06841 174966

Olk's Vollkornbackhaus

*Von Experimenten
in der Bio-Backstube ...*

Olk's Vollkornbackhaus in Oberwürzbach ist seit mehr als 20 Jahren saarlandweit bekannt als erstklassige Bio-Bäckerei. Zum 1.1.2006 hat die langjährige Besitzerin Ute Olk das Geschäft an Bäckermeister Serge Momper verkauft. Dieser ist in der Branche kein Unbekannter, hat er doch zuvor 18 Jahre in einer Bio-Bäckerei gebacken. Olk-Fans können beruhigt sein: Die Bioland-zertifizierte Bäckerei arbeitet weiterhin ohne Backmischungen und chemische Backmittel, die Sauerteige werden selbst angesetzt. Momper liebt es, immer etwas Neues auszuprobieren. Im Dezember landete er seinen ersten Coup mit einem Bio-Lebkuchen, der zum Kassenschlager wurde. Eine der Kreationen dieses Jahres ist das „All'arrabbiata-Brot" mit Hirse, Chili und Tomaten. Neu ist außerdem, dass nun auch Kuchen und Feingebäck statt mit Weizen- mit Dinkelmehl gebacken werden. Gesüßt wird ausschließlich mit Bio-Honig und Agavensaft. Gerade hat Momper herausgefunden, dass vermahlene Aprikosenkerne geschmacklich das häufig verwendete Nussmehl ersetzen können – gut für Nuss-Allergiker. Ein Ende der Entdeckungen ist nicht in Sicht: Man darf gespannt sein, was dem umtriebigen Bäcker noch so alles einfällt. *AB*

*Mo und Di, Do und Fr 6 – 12 und
14.30 – 18 Uhr,
Mi und Sa 6 – 12 Uhr*

Hauptstraße 54
66386 Oberwürzbach
Tel.: 06894 998830
www.baeckerei-olk.de

Bliesgau-Molkerei Ommersheim
Bio-Milchprodukte aus der Region

Bis vor kurzem gab es im Saarland keine Molkerei, die Bio-Milch vor Ort weiterverarbeitete. Bis im Oktober 2005 fünf saarländische Bio-Landwirte die Bliesgau-Molkerei gründeten, darunter Familie Wack vom Eichelberger Hof in Ommersheim und Daniel Spinner aus Mittelbach. In der Molkerei auf dem Eichelberger Hof wird die Bio-Rohmilch pasteurisiert, teilweise weiterverarbeitet, verpackt und täglich an die Kunden ausgeliefert. Zum Produktsortiment gehören neben Bio-Milch Joghurts in den Sorten Erdbeer, Sauerkirsch, Heidelbeer und Vanille sowie Quark und Frischkäse. Auf Farb- oder Konservierungsstoffe wird verzichtet, natürliche Aromastoffe sind allerdings enthalten. Die Früchte stammen ebenso wie der sparsam verwendete Zucker aus ökologischer Erzeugung. Geschmack: hervorragend! Schön für uns Verbraucher ist, dass es die Produkte nicht nur in Bioläden gibt, sondern auch in Supermärkten wie Globus oder Accord. Das bisherige Sortiment wird gut angenommen, für die Zukunft sind weitere Produkte geplant. Allein wegen der tollen Qualität sollte jeder Saarländer die Milchprodukte mit der grünen Kuh mal probieren – ein bisschen Lokalpatriotismus schadet nicht!
AB

Eichelberger Hof
66399 Ommersheim
Tel.: 06803 984896
www.bliesgaumolkerei.de

Bliesgau Lammwochen
Ess-Kultur. Nachhaltigkeit. Koch-Kunst.

Vom 17. – 26. Oktober 2008 finden – bereits zum sechsten Mal – die Bliesgau Lammwochen statt. Verbunden mit der „Biospährenregion Bliesgau", etablieren sich die Lammwochen immer mehr als ein eigenständiges Projekt mit dem Anspruch, bundesweit die regionale Mottowoche mit dem höchsten kulinarischen Niveau zu werden. Dazu tragen auch in diesem Jahr wieder grenzüberschreitend 11 Spitzenköche mit zahlreichen Michelin-Sternen, Michelin-Bip-Gourmand- und Eurotoques-Chefkoch-Auszeichnung bei. Während der Bliesgau Lammwochen bereiten sie in ihren Restaurants raffinierte Kreationen und köstliche Menüs rund um das Thema Lamm zu. Dabei versteht es sich von selbst, dass die Köche auf höchste Produktqualität mit regionalem Bezug achten. So werden ausschließlich Bliesgau-Weidelämmer der Rasse „Merino-Landschaf" verwendet, denn das Fleisch dieser Schafsrasse zeichnet sich durch eine besonders hohe Qualität aus. Durch die artgerechte, ausschließliche Weidehaltung tragen die Tiere auch zu einer nachhaltigen Landschaftspflege im Sinne der Biosphärenregion Bliesgau bei.

Die Bliesgau Lammwochen zeigen die Vielfältigkeit und die Lebensqualität des Bliesgaus auf und verstehen sich auch als ein themenübergreifender Impulsgeber für andere Lebensbereiche. Dazu zählt die Begegnung der Koch-Kunst mit der Bildenden Kunst. Kunstschäfer Rudolf Schwarz, Initiator der Bliesgau Lammwochen, möchte die Themenwoche an sich als ein bundesweites Gesamtkunstwerk etablieren. Gäste und Genießer der Bliesgau Lammwochen sollen den Akt des Essens also nicht nur als ein Füllen des Magens begreifen. Ihnen und auch den beteiligten Köchen soll Koch-Kunst und Ess-Kultur als ein Ereignis der Bildenden Kunst nahegebracht werden – gemäß dem Motto des Wiener Avantgarde-Filmers Peter Kubelka: „Die Tätigkeit des Kochens hat dieselbe Wertigkeit wie Bildhauern, Malen, Dichten oder Musizieren." *JH*

Bliesgau Lamwochen
17. – 26. Oktober 2008

Beteiligte Köche und ihre Restaurants
Ludwig Braun, Restaurant Goldener Stern,
Ludwigstraße 37, 66386 St. Ingbert, Tel.: 06894 92620

Erik Dauphin, Restaurant Alte Brauerei,
Kaiserstraße 101, 66386 St. Ingbert, Tel.: 06894 92860

Klaus Erfort, Restaurant Gästehaus,
Mainzer Straße 95, 66121 Saarbrücken, Tel.: 0681 9582682

Jörg Glauben, Romantik Hotel Landschloss Fasanerie,
Fasanerie 1, 66482 Zweibrücken, Tel.: 06332 9730

Cliff Hämmerle, Hämmerles Restaurant,
Bliestalstraße 110a, 66440 Blieskastel-Webenheim, Tel.: 06842 52142

Lutz Janisch, Restaurant Le Strasbourg,
24, Rue Teyssier, F-57230 Bitche, Tel.: 00333 87960044

Jörg Künzer, Restaurant Gräfinthaler Hof,
Gräfinthal 6, 66399 Bliesmengen-Bolchen, Tel.: 06804 91100

Alexander Kunz, Restaurant Kunz,
Kirchstraße 22, 66606 St. Wendel-Bliesen, Tel.: 06854 8145

Wolfgang Quack, Restaurant Villa Weismüller,
Gersweiler Straße 43a, 66117 Saarbrücken, Tel.: 0681 52153

Stéphan Schneider, Auberge Saint-Walfrid,
58, Rue de Grosbliederstroff, F-57200 Sarreguemines-Welferding,
Tel.: 00333 87984375

Hermann Wögebauer, Hostellerie Bacher,
Limbacher Straße 2, 66539 Neunkirchen, Tel.: 06821 31314

Informationen zu den Bliesgau Lammwochen
Rudolf Schwarz, Kunstschäfer,
Erfweilerstraße 6, 66440 Ballweiler,
Tel.: 06842 1693, www.kunstschaefer.de

Regionalverband Saarbrücken

Saarbrücken, Regionalverband

*Als Kind, im Heimatkundeunterricht, stellte ich mir die Frage, was ein „Stadtverband" ist. Landkreis war klar, aber „Stadtverband"? Dass es heute Regionalverband heißt, verstehe ich zwar, aber schön klingt es nicht gerade. Im Regionalverband pochen die Städte, Gemeinden und Regionen auf ihre Eigenständigkeit. Und diese haben schon einiges zu bieten. Ein Beispiel: der Warndt. Wanderer, Radfahrer, Wald- und Naturfreunde sowie Pilzsucher kommen hier auf ihre Kosten. Die Vermarktungsinitiative „WarndtProdukte" setzt auf „regionale Kreisläufe für naturnah erzeugte Nahrungsmittel aus Feld und Wald" (www.warndt-produkte.de). Mit Veranstaltungen wie den Glanrindwochen (September), den Heidschnucken-Lammwochen (November) und Wildwochen (Dezember) bieten Produzenten und Gastronomen Abwechslungen. Schreiben Sie uns, wo Sie kulinarisch interessante Höhepunkte gefunden haben und was wir weiterempfehlen sollen: **info@guide-orange.de.** Besonders empfehlen wir den interessantesten Markt im Saarland, den Internationalen Gourmetmarkt im Mai in St. Arnual (www.gourmetmarkt.org).*

Die Anfänge der italienischen Gastronomie im Saarland

Wer in den 70ern in Saarbrücken lebte und wohnte, erinnert sich vielleicht noch an ein sonderbares Gefähr: die „Tante". Das war ein vierrädriges Fahrrad mit Werbeaufschrift für das „San Marino". Es stand angekettet vor der Pizzeria in der Betzenstraße. Mitarbeiter des Hauses konnten damit eine Werbefahrt durch Saarbrücken machen. Einer davon war Santoro Carmine. Ich lernte ihn kennen anlässlich eines Tests im „Riccione" in Diefflen. Nach 30 Jahren hat er dieses im August 2008 an Mimo Valenti übergeben. Santoros Geschichte hat mich berührt, weil auch ich ein Teil dieser Geschichte bin. Auch für mich begann mit „Pizza marinara", „Combinazione" und „Rigatone" mein Kontakt mit der italienischen Küche. 1969 waren wir beide 15. Ich war mehr mit den Rolling Stones und schnöder schulischer Bildung beschäftigt. Santoro Carmine kam als Bauhelfer ins Saarland. Nach einigen Monaten wurde er 1970 Tellerwäscher im „San Marino". In seinen acht Monaten als Tellerwäscher übte er heimlich im Keller Pizza backen. Und dann kam seine Stunde. Der eigentliche Pizzabäcker kehrte aus dem Urlaub in Italien nicht mehr zurück. Santoro behauptete einfach, er könne Pizza backen, weil sein Onkel in Italien eine Pizzeria habe. Natürlich frei erfunden, aber er bekam den Job. Seine Unerfahrenheit war schnell vorbei, das Geschäft mit der Pizza brummte und zwar so, dass Anfang der 70er drei Pizzabäcker ständig beschäftigt waren. Sie backten Pizza fürs Restaurant und Pizza zum Mitnehmen. Immer mehr Mitarbeiter wurden gebraucht, schließlich waren es 1974 21 Mitarbeiter (bei 24 Tischen!). Aus allen möglichen Landesteilen Italiens kamen neue Kellner, Köche und Hilfskräfte. Die meisten wohnten im Haus in wenigen Zimmern. Als der Platz zu eng wurde, erlaubte ihnen der Chef und Hausbesitzer Marcello Banci, zwei Zimmer im Dach auszubauen. Der Patrone stellte das Material und nach der Arbeit bauten die Küchenhelfer, Bäcker,

Köche, Bedienungen die Zimmer aus. Alle waren todmüde, die Füße glühten. Als Abkühlung in der Nacht diente der Brunnen vorm Rathaus. Sie arbeiteten rund um die Uhr. Aber Santoro erinnert sich gerne daran. Viele der Mitarbeiter, die im San Marino arbeiteten und in diesen Zimmern lebten, blieben im Saarland, machten selber Pizzerien auf, verfeinerten die angebotene Küche und trugen italienische Kochkultur ins Saarland.

Nun hat sich Santoro ein Haus in Riccione an der Adria gekauft. Dort, wo immer die Sonne scheint, will er hin. Da tun die müden Knochen nicht so weh, es herrscht gute Laune. „Wer will nicht wieder in die Heimat?"

Hier eine Auswahl der ersten italienischen Restaurants der 60er und 70er Jahre:

San Marino, eröffnet von Marcello Banci. Sein erster Geschäftsführer war Bruder Libero, den es kurze Zeit später wieder zurück in seine Heimatstadt Riccione zog.
Das **Roma**, bis heute im Besitz der Familie Del Fa, war zunächst in der Heuduckstraße ansässig, heute in der Klausenerstraße (siehe Beitrag 95).
Da Mario, Schopenhauerstraße, wurde von Mario Origano aus Sizilien eröffnet. Er zeichntete sich insbesondere durch seine Umtriebigkeit aus und war offen für die Jüngeren in der „Szene".
Nico Patanise eröffnete **Da Nico** in der Großherzog-Friedrich-Straße und in den Folgejahren weitere Restaurants, darunter z. B. die Pizzeria Da Nico in der Bahnhofstraße. Zu seinen besten Zeiten führte er insgesamt fünf Restaurants, die alle mit den Saucen aus dem „Hauptrestaurant" beliefert wurden. Später eröffnete Nico Patanise das Da Nico in Quierschied, jahrelang ein Magnet für Fans italienischer Küche.
Das **Porto Vecchio**, in Saarbrücken gegenüber dem Staatstheater, sowie das **Milano** (siehe Beitrag 94) gab es schon in den 70ern und sie existieren bis heute.
La Gondola in der Mainzer Straße wurde von Pasquale aus Kalabrien aus der Taufe gehoben.
Hotel Martini, ein Hotel-Restaurant in der Heuduckstraße, wurde von zwei Brüdern aufgemacht, die ebenfalls aus Riccione stammten und Cousins von Marcello Banci sind (siehe San Marino).
Palais Royal, gegründet in den 70ern von Michele Airo, war nicht nur ein Völklinger Restaurant, sondern auch Diskothek, Veranstaltungsort und Treffpunkt vieler italienischer Schlagersänger.

Wir würden die Reihe gerne weiter fortsetzen, schicken Sie uns doch Fakten und Ihre persönlichen Geschichten an *info@guide-orange.de*

Italienisch familiär — Dudweiler RV Saarbrücken

Massimo

Pizza. Italienisch?

Küche
Ambiente

In einer Nebenstraße in Dudweiler belauscht Kressmann den Dialog zweier Knaben. „Pizza is deutsches Essen. Weiß doch jedes Kind!" „Gar nicht wahr. Pizza is italienisch!" „Quatsch! Dann würde ich ja fünfmal in der Woche italienisch essen." „Wenn du fünfmal Pizza isst, dann ist das so." „Du spinnst! Pizza ist deutsch und damit basta!" „Isses nicht! Mein Opa is nämlich Italiener und der weiß es genau." „Und mein Opa is der Kaiser von China!" „Willste jetzt behaupten, Spagettis wär was Chinesisches!?" Die Stimmchen verklingen in der Abenddämmerung. Guido Kressmann schaut ihnen nach, gerührt von dem Gedanken, dass es doch gar nicht so schlecht bestellt sei um unsere Jugend. Unversehens findet er sich vor der hell erleuchteten Fassade des Ristorante Massimo wieder. Wenn das kein Zeichen ist! Francesca und Massimo Marchese bieten eine ausgezeichnete italienische Küche, der Patrone selbst steht am Herd und die Signora leitet den Service charmant und kompetent. Die Zutaten sind frisch und von hoher Qualität. Fleisch- und Fischgerichte zwischen 15 und 20 €, Pasta zwischen 7 und 10 €. Die saisonal abgestimmte Tageskarte ergänzt das Angebot. Klar, Pizza gibt's auch. *JR*

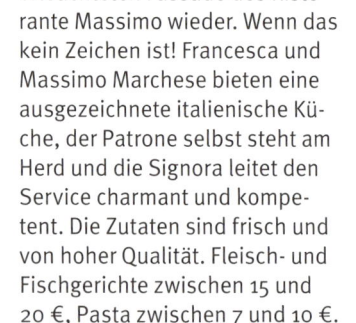

Tellergerichte 17 – 27 €
Pasta 8 – 13 €
Pizza 7 – 11 €
Di – Sa 11 – 14 und 18 – 23 Uhr,
So 11 – 14.30 Uhr,
Mo Ruhetag

Beethovenstraße 17
66125 Dudweiler
Tel.: 06897 9522126

RV Saarbrücken Gersweiler — **Italienisch** 68
Ambition

Vecchia Stazione

Stazione Casa

Küche
Ambiente

Seit August 2008 ist die Familie de Masi mit ihrem Restaurant in den toll restaurierten Gersweiler Bahnhof umgezogen. Der respektable Bau bietet einem Friseurladen, einem Antiquitätenhandel und dem Restaurant eine Heimat. Im Erdgeschoss gibt es eine kleine Bar (Prosecco/Kaffee), einen Laden für Weine und italienische Spezialitäten. Durch große Glasscheiben sieht man in die Küche, wo Küchenchef Franco Chierra in gewohnter Souveränität zaubert. Zum neuen, zeitgemäß und stilsicher eingerichteten Restaurant führt die Treppe ins Obergeschoss. Wir nahmen Spargelsalat mit geräuchertem Kochschinken und Pinienkernvinaigrette, Peperonata mit Minze, Ziegenkäse und gebratenen Jakobsmuscheln als Vorspeisen. Köstlich! Spinat-Ricotta-Caramelle alla Panna und Adlerfisch gegrillt. Wunderbar! Dann die Desserts: Erdbeersüppchen mit Pistazieneis und Mango-Passionsfrucht-Törtchen mit Chili-Banane und Himbeermark. Tipp: saisonale Karte beachten! Die Weinkarte ist vorbildlich erläutert. Der Service von Frau Chierra und der Familie de Masi ist kompetent, freundlich und angenehm. Das ehemalige „Casa de Masi" soll als Pizzeria erhalten bleiben. *HP*

Vorspeisen ab 4,50 €
Hauptgänge 29 €
Überraschungsmenü 39 €
Di – Sa 12 – 14 und 18 – 22 Uhr,
(Geschäft 10 – 18 Uhr),
So und Mo Ruhetage

Hauptstraße 22
66128 Gersweiler
Tel.: 0681 3798222
www.CasaDeMasi.de

Italienisch familiär — Güdingen RV Saarbrücken

Veni, Vidi, Vivi

Pasta bei Parla

Küche ▮▮
Ambiente ▮▮

Luglio heißt auf Italienisch Juli. Das erfahren wir, als wir uns nach dem Menü Luglio erkundigen – mit der Erklärung, dass es jeden Monat ein anderes Menü gibt, mit anderen Gängen und anderem Namen. Wie der aktuelle Monat eben. Das ist eine schöne Idee und nicht die einzige im „Veni, vidi, vivi". Kommen, sehen und, ja, erleben, was die Karte bietet: klassische italienische Küche mit Pasta und Pizza aus dem Holzofen oder Antipasti, davor und danach Pikantes als Primi und Secondi Piatti. Nicht zu vergessen die Tagesempfehlungen, von der sympathischen und agilen Chefin persönlich vorgetragen. Wir stellen aus allem unsere Menüs zusammen und genießen marinierte Sardinen, natürlich Vitello Tonnato, Fisch-Scampi-Spieße auf Olivenölreis und Spaghetti mit Krabben. Dazu aus der abwechslungsreichen Weinkarte einen Sizilianer, Regaleali 2007. Wir sitzen draußen, gewissermaßen im Dorfkern, und erleben einen schönen Abend, der mit einem sehr angenehmen Gespräch mit der Chefin endet. Wir kommen wieder, versprechen wir. *SO*

Karte 3,30 – 29,50 € (Monatsmenü)
Mo – Sa 12 – 14.30 u. 18 – 22 Uhr, So Ruhetag

Kanalstraße 1
66130 Güdingen
Tel.: 0681 8838998

Veni, vidi, vici.

Er kam, sah und zückte – seine Schlaue-Stromer-Karte. Lohn der klugen Tat: ein prickelnder Prosecco von Chefin Rosa. Und das noch kostenlos, weil er als wahrer Sieger seine Schlaue-Stromer-Karte stets griffbereit bei sich trägt ...

www.schlauerstromer.de

Klassisch — *Kleinblittersdorf RV Saarbrücken*

Bliesgersweiler Mühle
Kulinarisches unter dem Teddybär

Küche
Ambiente

Das alte „Mühlchen" hat sich herausgemacht: Frank Ackermann verbindet traditionelle französische Küche und regionale Spezialitäten – und das Konzept überzeugt.

Das Spektrum reicht von Flammkuchen über deftige Aufläufe bis hin zu klassischen Fisch- und Fleischgerichten und Königinpastetchen (aus frisch zubereitetem Blätterteig!).

Zusätzlich zur sehr abwechslungsreichen Speisekarte gibt es saisonale Angebote und Themenabende. Uns haben die Gambas mit Spargel und die Froschschenkel „Maison" besonders gut geschmeckt. Weil die Augen mal wieder größer waren als der Magen, haben wir die liebevoll angerichteten Desserts leider nur noch bewundern können – schon optisch ein besonderer Genuss. Großes Lob verdient die gut sortierte und preislich faire Weinkarte, vor allem, weil sämtliche guten Tröpfchen auch glasweise zu haben sind!

Das kleine Restaurant wurde mit individuellen Ideen gemütlich gestaltet, Teddybären und andere Kuscheltiere sorgen für leicht humoristische Akzente. So entstand der richtige Rahmen für entspanntes Genießen in freundlicher Atmosphäre.

Tischreservierung wird empfohlen! *KG*

Hauptgerichte 9 – 18 €
Menüs nur an bestimmten Tagen
Di – Sa ab 17 Uhr,
So und Feiertage 11 – 14.30 Uhr
und ab 17 Uhr,
Mo Ruhetag

Im Bruch 1
66271 Kleinblittersdorf
Tel.: 06805 943933

Bistro im Bahnhof
Ankommen und Abfahren

Küche
Ambiente

Am 29. September 1985 fuhr der letzte Zug von Völklingen nach Lebach. Der schöne preußische Musterbahnhof von Püttlingen wurde nutzlos – bis das eigens gegründete Kulturforum das Gebäude restaurierte und zum Kulturzentrum mit Gastronomie ausbaute. Seither bestimmen die Sommer/Winter-Fahrpläne das Musikprogramm auf dem Bahnsteig oder in der alten Stückguthalle. Und auch die Karte des Bistros: in den warmen Monaten schmecken Rumpsteak mit Ziegenkäsehaube oder krosse Doradenfilets auf Oktopus-Fenchel-Ragout sommerlich-mediterran, über Winter kocht Jörg Stuhlsatz auch gerne klassisch-bistro bis saarländisch-deftig. Egal wie, Inhaber Frank Hens hat immer einen passenden Wein dazu, auch vom Bio-Winzer.

Ein einfaches Stammessen ergänzt mittags günstig die Karte, etwas Zeit sollte man doch mitbringen. Auch für Radfahrer, die nun statt der Züge auf der ehemaligen Köllertalstrecke verkehren, ist das Bistro ein lockendes Etappen-Ziel. Zwei Güterwaggons auf den Gleisen, die alten Aufschriften in der Lagerhalle und ein Original-Exemplar des letzten Fahrplans bewahren die authentische Bahnhofsatmosphäre, für's Abfahren sorgen gute Küche und gute Live-Konzerte. *SH*

Karte 5,90 – 24,90 €, Salate / Pasta 8,90 – 16,90 €, Stammessen 6,90 €, Antipasti 7,90 €
Mo 11 – 15 Uhr, Di – Fr u. So 11 – 15 und 17 – 1 Uhr, Sa 17 – 1 Uhr

Bahnhofstraße 74
66346 Püttlingen
Tel.: 06898 63637
www.bistro-puettlingen.de

Forsthaus Neuhaus

Speisen,
wo einst die Fürsten sich labten

Küche
Ambiente

Inmitten des Saarkohlewaldes befindet sich auf einem Hügel im historischen Gebäude, dem einstigen Jagdschloss Graf Philipp's III., das Restaurant Forsthaus Neuhaus. Durch die Umgestaltung entstanden ein Innenhof, der als Biergarten genutzt wird und ein architektonisch gelungenes Restaurant. Hier verwöhnt das Ehepaar Annette Krautkremer und Khalid Arabe seit 2004 seine Gäste. Mittelpunkt des Biergartens ist eine große Platane, unter der man kleine Gerichte von der Wanderkarte (bis 14.30 Uhr), wie Gulaschsuppe vom einheimischen Wild, genießen kann. Im beidseitig von Licht durchfluteten Restaurant, welches mit unterschiedlichen heimischen Hölzern ausgestattet ist, wird man von dem aufmerksamen und unaufdringlichen Service mit raffinierten Kreationen an Speisen verwöhnt. Der Küchenchef präsentiert wechselnde Gerichte auf hohem Niveau. So findet man einen marinierten Thunfisch als Vorspeise, eine geschmorte Kaninchenkeule mit Rosmarinjus oder einen vorzüglichen Seeteufel auf mediterranem Gemüse zum Hauptgang. Ein Tipp: Das marokkanische Couscous gibt es nur auf Vorbestellung. *MS*

Karte 4 – 26 €
Menü 58 €
Im Sommer Di ab 18 Uhr,
Mi – So ab 11 Uhr
(Küche 12 – 14.30 und ab 18 Uhr),
Mo Ruhetag

Forsthaus Neuhaus
66115 Neuhaus
Tel.: 06806 994566
www.forsthaus-neuhaus.de

Restaurant Altes Pförtnerhaus

Feine Küche
in liebevollem Rahmen

Küche
Ambiente

Ein kleines Schmuckstück erwartet den Gast beim Besuch des Alten Pförtnerhauses in Quierschied. Ein liebevoll dekorierter Gastraum mit Bildern und Blumen lädt zum angenehmen Sitzen und Genießen bei Kerzenschein ein. Bei gutem Wetter sitzt man auch schön auf der Terrasse. Eine Tischreservierung insbesondere am Wochenende ist empfehlenswert, da das Restaurant nur Platz für 30 Gäste bietet. In angenehmem Ambiente, begleitet von einem schönen Aperitif, macht die Speisekarte neugierig auf die ideenreichen Kreationen von Küchenchef Uwe Schäfer. Uns gefielen als Vorspeise das temperierte Kräuterbrot mit Braeburn-Apfel und Ziegenkäse-Bûche überbacken mit Orangenschale-Rosmarin-Honig sowie der Cocktail von Flusskrebsschwänzen mit Mango und Frühlingslauch an Mango-Vanille-Dressing. Auch das Perlhuhnbrüstchen an getrockneten Tomaten und Pinienkernen sowie der gebratene Wolfsbarsch auf Äpfeln und Lauchnudeln waren frisch und fein aromatisiert zubereitet. Überhaupt serviert Uwe Schäfer aus frischen, saisonalen Produkten eine bodenständige Küche, die er mit kessen Akzenten belebt. Mit der kompetent kommentierten Weinkarte findet man auch das passende Gewächs zum Essen. *GK*

Karte 6,50 – 24,50 €
4-Gänge-Menü 34,80 €
(nur Di und Do)
Di – Fr u. So 11.30 – 14 u. 18 – 24 Uhr,
Sa 18 – 24 Uhr, Mo Ruhetag

Fischbacher Straße 102
66287 Quierschied
Tel.: 06897 6010665
www.altes-pfoertnerhaus.de

Italienisch — Rockershausen RV Saarbrücken
familiär

Da Carlo
Rendezvous mit Berta

Küche
Ambiente

Das Besondere an diesem Abend bei Carlo war Berta. Berta ist 19 Jahre alt und wurde uns vorgestellt, nachdem wir zuvor köstlich gespeist hatten ... Das tun zumindest wir immer bei Da Carlo, unserem „Lieblings-Italiener" im Raum Saarbrücken. Und das nicht nur, weil es dort so herrliche Pizzas und die beste selbst gemachte Pasta weit und breit gibt, sondern weil wir bei Carlo immer wieder kulinarische Überraschungen erleben und genießen: an ganz wenigen Tagen im Jahr Pasta mit weißem Trüffel (!) oder, wie dieses Mal, Kalbsleber, nach unserem Wunsch „auf Züricher Art" mit Apfelspalten und gerösteten Zwiebeln. Kurzum: Da Carlo hat eine wunderbar abwechslungsreiche Tafel! Und einen Weinkeller, der locker und lecker mithält.

Fragen Sie einfach Signore Carlo Pistone nach einem guten Begleiter (der nicht auf der Weinkarte steht), und er wird in den Keller steigen und Ihnen den passenden servieren. Nebst Geschichte über Weingut, Anbau und Jahrgang. Der von Berta ist 1989. Berta ist einer von vielen, ebenfalls außergewöhnlichen Grappas bei Carlo. Am besten testen Sie beide: Da Carlo und Berta. *SO*

Karte 5 – 22,50 €
Di – Fr 11.45 – 14 und 18 – 23 Uhr,
Sa 18 – 23 Uhr,
So 11.45 – 14 und 18 – 23 Uhr,
Mo Ruhetag

Provinzialstraße 57
66126 Rockershausen
Tel.: 06898 82650
www.ristorante-da-carlo.de

Cuisine Philipp

Am liebsten kreativ

Küche
Ambiente

„Was mögen Sie nicht?", fragt Ellen Philipp, Inhaberin und Köchin der gleichnamigen Cuisine in Saarbrücken. Nach Fleisch war uns an diesem Abend nicht. Wir einigten uns auf Fisch und viel Gemüse und ansonsten wollten wir uns überraschen lassen – froh, uns durch keine Karte kämpfen zu müssen. Die Gänge, die uns peu à peu kredenzt wurden, erwiesen sich als originelle Überraschungen. Mit ihren Gewürzen ging die Köchin zu unserer Freude sehr kreativ um. Unser kulinarischer Höhepunkt war der dritte Gang: grüner Spargel mit Krabben an einer karamellisierten Chili-Ingwer-Sauce.
Die Köchin ist froh darüber, dass sich viele Gäste für ein nur durch die Anzahl der Gänge festgelegtes Menü entscheiden, so dass ihr Ideenreichtum gefragt ist. „Sonst hätte ich auch eine Schnitzelwirtschaft aufmachen können." Was nicht heißt, dass man bei ihr nicht auch ein Rumpsteak bekommt.
Das mit Kunstwerken dekorierte Lokal weiß durch eine eigene Note zu überzeugen. Wenn man sich mit einem lieben Menschen über die Hochs und Tiefs des Lebens unterhalten will, bietet die Cuisine dazu den idealen Rahmen. *AK*

Karte 5 – 21,50 €
Mittagsmenü 9,80 €
Menüs am Abend 20 – 40 €
Di – Fr 12 – 14 Uhr und
Di – Sa ab 19 Uhr,
Mo Ruhetag

Saargemünder Straße 104
66119 Saarbrücken
Tel.: 0681 9703433
www.cuisine-philipp.de

El Paso
Mexican Grill

Küche
Ambiente

Seit 1995 betreibt Familie Olsommer in der Heuduckstraße den Mexican Grill El Paso. Hinter der Fassade mit ihren dunklen Scheiben verbirgt sich feine mexikanische Küche, die ohne Convenience-Produkte auskommt. Familie Olsommer hat den Gastraum mit einigen originellen Accessoires, die die Brücke von Saarbrücken nach Mexiko schlagen, aufgewertet. Zur Anregung bei der Lektüre der Speisekarte empfiehlt sich einer der zahlreichen angebotenen Cocktails, vorzugsweise eine Margarita. Als Appetizer serviert Frau Olsommer, stets freundlich, jedem Gast Tacos mit Bohnenmus und einem feurigen, rot warnenden Dip. So ausgestattet lässt sich in Ruhe in dem großen, ausschließlich mexikanischen Angebot an Tacos, Tortillas, Suppen, Fleisch- und Fischgerichten auswählen. Auf der Weinkarte dominieren mexikanische und spanische Weine. Alle Speisen sind optisch und geschmacklich ansprechend zubereitet. Spätestens beim Füllen und Rollen der Tortillas, Frau Olsommer erklärt gerne, wie es funktioniert, kommt mexikanischer Lifestyle auf. So verwundert es nicht, dass insbesondere am Wochenende ohne Reservierung kaum ein freier Tisch zu finden ist. *HGH*

Vorspeisen 2,60 – 12,80 €
Hauptspeisen 12,80 – 18,80 €
Menüs 21,50 – 31,50 €
Di – Fr, So 11.45 – 14 Uhr,
Di – So 18 – 23 Uhr,
Mo Ruhetag

Heuduckstraße 63
66117 Saarbrücken
Tel.: 0681 51546

Fruits de Mer

Das beste Saarbrücker Bistro

Küche
Ambiente

Manchmal muss ich einfach hin. Die Klassiker auf der kleinen Karte reizen einfach, wobei der Name des Lokals in die Irre führt. Es gibt Innereien wie Kalbsnieren in Senfsauce, Kalbsleber in Balsamico, Tête de Veau oder Fleisch wie Lammfilet in Estragon, Confit de Canard, Entenbrust mit rosa Pfeffer, Entrecôte à l'Échalote oder Rinderfilet. Dazu Entrées wie Salat mit Edelkrebsen oder Pfifferlingen und immer ein 3-gängiges Plat du Jour und Wechselndes von der Tageskarte. Oliver Schmitt und sein Kompagnon Vivian Ghironzi in der Küche führen seit vielen Jahren erfolgreich das kleine, versteckt gelegene Restaurant in der Bleichstraße unweit des St. Johanner Marktes. Die Einrichtung vermittelt beim Betreten des sehr übersichtlichen Gastraums (der Tresen und 6 Tische!) das Gefühl, tatsächlich eher in einem Bistro in Paris als in Saarbrücken zu sein. Dies liegt zum einen an der Einrichtung sowie einigen Art-Déco-Stücken und zum anderen natürlich am Essen. Seit Jahren erfreut sich das Stammpublikum an der gleichbleibenden Qualität der Bistroküche. *HG*

Karte 6,50 – 25 €
Di – Sa 12 – 14 und 18 – 22 Uhr,
So und Mo sowie an Feiertagen
geschlossen

Bleichstraße 28
66111 Saarbrücken
Tel.: 0681 31416

Gaststätte Gemmel

*Pariser Bistroatmosphäre
in der Kappegass'*

Küche
Ambiente

In den 70ern standen im Gemmel dichtgedrängt lange Holztische mit Papiertischdecken. Darauf wurde mit dickem Bleistift die Rechnung geschrieben, die der Gast einfach abriss. Trotz seiner wechselvollen Geschichte ist das Gemmel zu einer gastronomischen Institution in Saarbrücken mit zahlreichen Stammgästen geworden. Heute präsentiert sich die „Gaststätte" eleganter, aber immer noch mit dem Charme eines Pariser Bistros. Das spiegelt sich auch auf der monatlich wechselnden Speisekarte wider, die mit zahlreichen Klassikern der französischen Küche aufwartet, wie gebratener Gänsestopfleber oder Tatar vom Rinderfilet. Aber auch neue Tendenzen, beispielsweise aus der Thai-Küche, fließen in die Zusammenstellung der Speisen mit ein. Zu den Klassikern zählt die perfekt auf den Punkt abgeschmeckte Fischsuppe Marseiller Art mit Rouille (subtil: die dezente Safran-Note), Croutons und geriebenem Käse. Das Entrecote mit Cafe-de-Paris-Butter war zart und saftig, die hausgemachten, dünn geschnittenen Fritten hervorragend. Beim Salat hätten wir uns ein leichteres Dressing gewünscht, die Froschschenkel dürften durchaus mutiger mit etwas mehr Knoblauch abgeschmeckt werden. *JH*

*Vorspeisen 7 – 16,50 €, Hauptgang 17 – 25 €, Mittagstisch:
8,50 € – 13,50 €, Mo – Sa 11.30 – 14.30 u. 18 – 23 Uhr, Sa im Sommer 11.30 – 23 Uhr, So und Feiertage im Sommer 18 – 23 Uhr*

*Kappenstraße 2 – 4
66111 Saarbrücken
Tel.: 0681 9507870
www.gaststaette-gemmel.de*

Hashimoto

Einzigartig in Saarbrücken

Küche
Ambiente

Seit 1993 führen Herr und Frau Hashimoto dieses japanische Restaurant in der Innenstadt am Rande des Nauwieser Viertels. Von außen unscheinbar, präsentiert es sich im Inneren landestypisch, elegant, zurückhaltend und mit wohltuender Ruhe. Man kann sich aussuchen, wo und wie man essen möchte: an Tepanyaki-Tischen, wo der Koch geschickt japanische Speisen vor ihren Augen zubereitet, an der Sushi-Bar oder an „normalen Tischen". Wer mit japanischen Speisen nicht so vertraut ist, der benötigt schon etwas Zeit, aus dem umfangreichen und interessanten Angebot der Karte seine Wahl zu treffen. Freundliche Japanerinnen bringen dann die sehr schön präsentierten Speisen. Das Auge isst mit! Da sollte auch für jeden etwas zu finden sein:

Fleisch, Fisch, Gemüse, Salate, große Auswahl an Sushi und Sashimi, alles frisch, knackig, fettarm, appetitlich und sooo gesund! Es gilt, die unterschiedlichsten Zubereitungsarten und Gewürze zu entdecken! Mittags gibt es ein preiswertes Menü mit Miso-Suppe oder Salat, ein paar nette Kleinigkeiten und ein „Hauptgericht" (z. B. Fischfilet mit Algen und Reis). Schön, dass wir in Saarbrücken ein japanisches Feinschmeckerrestaurant haben. *MMG*

Menüs 26 – 42 €
Sushiplatte 13,50 – 19,50 €
Di – Fr, So 12 – 14.30 und
18.30 – 22.30 Uhr,
Sa u. Feiertage 18.30 – 22.30 Uhr,
Mo Ruhetag

Cecilienstraße 7
66111 Saarbrücken
Tel.: 0681 398034

Quelle des guten Geschmacks.

GMQ in veritas.

GMQ – mit allen Sinnen genießen. Natürlich niedrig mineralisiert und natriumarm. Fein und zurückhaltend im Geschmack passt sich dieses reine Mineralwasser jedem edlen Wein an. Exklusiv nur in der guten Gastronomie.

Saarbrücken **Italienisch**

Ambition

Il Gabbiano
Die Möwe ist gelandet!

Küche
Ambiente

Seit Mai 2008 befindet sich das Il Gabbiano in neuen Räumen. Die Freunde des einstigen Wohnzimmercharmes sollten sich nun auf das elegant glänzende Granitinterieur umstellen. Unser Amuse-Gueule war mit Melone und Schinken wohl nicht für jeden originell, aber mit Balsamicocreme, Tomatenwürfelchen und Parmigiano ausgesprochen fein abgestimmt und wohlschmeckend. Die Nudelvariationen (tre paste degustazione, 3 Gänge für 22 €) waren durchweg gut kombiniert (mit Fisch und Muscheln, Pesto, Hackfleisch oder Auberginen), doch hätte der Pastateig noch etwas Salz vertragen. Köstlich waren die Fischgerichte, wie der gebratene Seewolf mit rohem Fenchelsalat, hauchdünn geraspelt (Vorspeise 13,50 €). Auch der Steinbutt mit aufgeschäumter Spargelcreme war wunderbar (Hauptgang 20 €). Wir vertrugen im Sommer keinen Fleischgang mehr, doch ist das Angebot interessant (gefüllte Kaninchenkeule mit Vin-Santo-Sauce für 13 €, Spanferkelkotelett mit Thymian aromatisiert für 13 €).
Es werden 6 Menüs angeboten. Die Weinkarte bietet einen guten Querschnitt. Der Service ist freundlich. Eine Terrasse ist in der Planung. *HP*

Vorspeisen 9,50 – 13,50 €
Hauptspeisen 13 – 21 €
Menüs ab 12,50 €
Täglich 12 – 14 u. 19 – 22.30 Uhr

Goebenstraße 18
66117 Saarbrücken
Tel.: 0681 52373

Il Porcino
Frische Morcheln! Im April!

Küche ██ ██
Ambiente ██ ██

Kressmann war außer sich. Vor Begeisterung. Die Morchel ist ein Frühlingspilz, wer hätte das gedacht? Er jedenfalls nicht. Ob sein Hochgefühl mehr vom Geschmack der frischen Morcheln mit Frühlingskräutern herrührte oder von der erhebenden Erkenntnis, wieder etwas Nützliches gelernt zu haben, hätte er gar nicht sagen können. Wie fand er doch kürzlich so treffend formuliert: „Lernen ohne Genießen verhärmt, Genießen ohne Lernen verblödet."* Wieder einmal war Kressmann auf schmackhafteste Weise dem Stumpfsinn entronnen! Zu verdanken hatte er beides Vincenzo Barbara, der persönlich den köstlichen Pilz in den hiesigen Wäldern aufstöbert und den Signora Ruzica auf unterschiedliche Art zuzubereiten weiß: im Süppchen, auf Pasta oder am Filetsteak, welches der Patrone am Tisch flambiert. Der Morchel folgen im Laufe des Jahres schwerpunktmäßig der Pfifferling, der Trompetenpilz und schließlich der Steinpilz. Letzterer auch Namensgeber der überschaubaren, freundlich-hellen Lokalität in Alt-Saarbrücken. Ansonsten bietet die Speisekarte alles, was man in einem guten italienischen Restaurant erwarten darf. *JR*

*Richard David Precht, Wer bin ich – und wenn ja, wie viele?

Karte 10 – 20 €
Täglich 12 – 14.30 u. 18 – 23 Uhr

Deutschherrnstraße 3
66117 Saarbrücken
Tel.: 0681 70546

Krua Thai
Köstlichkeiten im Blütenzauber

Küche
Ambiente

Spätestens nach fünf Minuten erliegen wir der thailändischen Gastfreundlichkeit. Die charmante Vichuta hat im Herbst 2007 das ehedem erste Thai-Restaurant in Saarbrücken übernommen. Die Einrichtung aus den 80ern ist heute eindeutig fernöstlich inspiriert, mit leuchtenden Stoffen, üppigen Blüten und Kerzenlicht. So fühlen wir uns schnell entrückt und verzückt, spätestens wenn aus Wurzelgemüse filigran geschnitzte Paradiesvögel am Tisch willkommen heißen. Die Karte ist überschaubar und typisch für die thailändische Küche, die Schärfe der Gerichte oder die vegetarische Variante bestimmt der Gast selbst. Wählen Sie als Aperitif unbedingt Crémant mit frischem Ingwer. Das Auge isst immer mit, denn alles wird auf zierlichen, mit taufrischen Blütenblättern geschmückten Tabletts präsentiert. Der Pinot „Fleur de Lotus" ergänzt namentlich und geschmacklich hervorragend die Krabben in rotem Curry. Regelrecht inszeniert wird die leckere Dessertvariation mit fritiertem Eis, butterzartem Kürbiskuchen, exotischen Früchten auf rosengeschmückter Etagère, eingehüllt im Tüllschleier. Der thailändische Kaffee ist die Vollendung. Buddhas Geist senkt sich über uns. *CH*

Karte 7 – 19 €
Mittagsmenüs 5 – 8 €
Di – Fr und So 11.30 – 14.30 und 17.30 – 23 Uhr, Sa 17.30 – 23 Uhr, Mo Ruhetag

Mainzer Straße 71
66121 Saarbrücken
Tel.: 0681 64695
www.kruathai-sb.de

Kuntze's Handelshof

Stengel

Küche
Ambiente

Es gibt doch tatsächlich Leute, die essen hier, ohne danach einen Kaffee zu bestellen! Dazu gibt es nämlich seit vielen Jahren ein Stückchen Apfeltarte. Ein Genuss! Wir wollten mal schauen, ob sich was verändert hat im ältesten Gourmetrestaurant von Saarbrücken. Seit 1980 residieren Kuntzes in dem wunderschönen alten Barockgebäude in der Wilhelm-Heinrich-Straße (zu den Zeiten Stengels tatsächlich ein Handelshof in der zentrale Straße von der Ludwigskirche zu den Kirchen in St. Johann, damals mit einer Brücke genau in dieser Flucht). In den stilecht restaurierten, hellen Räumen gibt es nach wie vor feine Gourmetküche, immer abwechslungsreich mit häufig wechselnder Karte. Wir nahmen „zweierlei Tatar (Lachs und Rind) mit Reibeküchlein" und „Kalbszunge mit Tomaten-Pinienkern-Vinaigrette", danach im Hauptgang „Kalbsbäckchen auf Kräuterpüree" und „Täubchen am Stück gebraten mit Gänseleber". Das war gut zusammengestellt, fein gewürzt und köstlich. Der „Handelshof" wird von vielen Stammgästen geschätzt, von Jüngeren manchmal zu Unrecht unterschätzt! Probieren Sie doch auch mal freitagabends die „Gourmet-Reise" mit begleitenden Weinen (5 Gänge à 75 €)! *HG*

Vorspeisen 15 – 28,50 €
Hauptgänge 24 – 29,50 €
4-Gänge 49 €, 5-Gänge 65 €
Di – Fr 12 – 14 und 19 – 22 Uhr,
Sa 19 – 22 Uhr, So 12 – 14 Uhr,
Mo Ruhetag

Wilhelm-Heinrich-Straße 17
66117 Saarbrücken
Tel.: 0681 56920
www.kuntzes-handelshof.de

La Bastille

Allons enfants ...

Küche
Ambiente

Mit viel Holz und Stein erinnert die am Rande des St. Johanner Marktes gelegene Bastille an die berühmte, zeitweise als Gefängnis genutzte Stadttorburg im Osten von Paris, von der die französische Revolution ihren Lauf nahm. Damit aber sind die Gemeinsamkeiten mit jener berühmten historischen Stätte schon erschöpft. Statt karger, eintöniger Gefängniskost hat der Gast hier die freie Wahl zwischen einer Vielzahl frischer Salate (z. B. Löwenzahnsalat mit Bratkartoffeln), Nudel-, Kartoffel- und Fleischgerichten sowie Crêpes. Dibbelabbes wird frisch zubereitet und erfordert deshalb etwas Geduld, die man gerne aufbringt. Die kleine Portion Froschschenkel ist üppig und nicht knoblauchlastig gewürzt. Dagegen wirkte und schmeckte der Flammkuchen nach industrieller Fertigung. Die überschaubare Weinkarte bietet vornehmlich französische und italienische Gewächse, die erfreulicherweise ganz überwiegend auch glasweise (0,1 + 0,2 l) angeboten werden. Statt rauer Kerkermeister trägt ein freundlicher, unaufdringlicher und aufmerksamer Service dazu bei, dass der Gast sich sofort wohlfühlt. *HGH*

Vorspeisen 2,90 – 11,50 €
Hauptspeisen 7,90 – 15,90 €
Menü 18,50 €
Mo – Fr 12 – 15 und 17 – 24 Uhr,
Sa 12 – 24 Uhr,
So 17 – 24 Uhr

Kronenstraße 1b
66111 Saarbrücken
Tel.: 0681 31064

La Cantina

Tapas-Bar für unkomplizierte Genießer

Küche
Ambiente

Die Saarbrücker sind um einen Ort spanischer Ess- und Trinkkultur reicher! Seit Sommer 2006 gibt es dieses Restaurant in St. Arnual. Da können Sie auch mal im Schaufenster sitzen (ehem. Ladenlokal)! Originell, gemütlich und hübsch gestaltet haben es Herr Junge und Frau Pawlik, die dort kocht und alles sehr fein zubereitet. Sie finden über 30 verschiedene kalte und warme Tapas. Weil man „ohne zu essen nicht trinken kann" (altes span. Sprichwort), gab es in Spanien früher und manchmal immer noch zu den Getränken Tellerchen mit Kleinigkeiten zu essen. Die Getränke wurden mit diesen bedeckt serviert (tapar = bedecken). Ist das nicht eine schöne Sitte?! Die Speisekarte ist gleichzeitig ein Bestellzettel. Man kann Einzelnes bestellen, viel Einzelnes bestellen, gemischte Platten für eine oder zwei Personen, die Naschplatte oder die Fischplatte. Mmh, lecker, diese Hackbällchen (Albóndigas) in Joghurt-Minz-Soße, die gebratenen Sardinenfilets mit Zitrone, die Marsala-Butter-Möhrchen, gebratenen Hähnchenschenkel in Honigsoße, gratinierten Grünschal-Muscheln ... Manchmal gibt es Paella. Auch bei Ihnen zuhause zubereitet möglich, wie auch Tapas-Catering. *MMG*

Tapas 1,50 – 4,50 €
Mi – So ab 19 Uhr,
Mo und Di Ruhetage

Saargemünder Straße 83
66119 Saarbrücken
Tel.: 0681 9604260
www.la-cantina-tapasbar.de

Saarbrücken **Bistro** 86

Le Bouchon
Eine feine Adresse

Küche
Ambiente

„Bouchons" heißen die Traditions-Bistros mit deftiger Hausmannskost in der Altstadt von Lyon. Drei Herleitungen stellt die Speisekarte zur Auswahl – und dazu leckere Klassiker der französischen Regionalküche. Eindeutig liegt der Akzent auf Südfrankreich, vor allem im Sommer: Salat „Niçoise", Hühnchen „Basquaise", Quiche mit Ratatouille und Ziegenkäse, Kalbskopf Sauce Ravigote. Kein Wunder – der Chef kommt vom Tarn. Auch Bouillabaisse gibt's (auf Vorbestellung) und klassische Bistroküche wie gebratene Geflügelleber mit Rotwein-Schalottensauce. Dazu hausgemachte Frites und die passenden Weine aus dem Languedoc oder der Ardèche. Klar, dass auch die Käse kompetent ausgesucht und die Desserts köstlich sind. Mit seiner traditionell-französischen Küche in konstanter Qualität, dem herzlichen „acceuil" durch die Patronne und dem freundlichen Ambiente im hellen Souterrain bietet uns „Le Bouchon" ein Stück Frankreich mitten in Saarbrücken. Die Sommerterrasse mit Blick in die Stadenanlage und der Charme es alten Villenviertels geben für Geschäftsessen wie romantische Tête-à-Têtes den geeigneten Rahmen ab. *SH*

Hauptgerichte 10,50 – 19,80 €
Menüs 16,90 – 29,50 €
Di – Fr 12 –14 Uhr,
Mo – Sa 18 – 22 Uhr,
So Ruhetag

Am Staden 18
66121 Saarbrücken
Tel.: 0681 6852060
www.lebouchon.de

Le Noir
Klein, aber oho!

Küche	███
Ambiente	███

Um es gleich vorweg zu schicken: Hier gehe ich ganz besonders gerne hin. In Saarbrücken gibt es ja nicht gerade viele Gourmetrestaurants. Ein solches in modern-urbanem Stil und auf diesem Niveau sucht hier seinesgleichen (von Erfort mal abgesehen!). Seit Februar 2007 kochen Herr Jakob und Herr Stopp wunderbare Gerichte in ihrer sehr kleinen Show-Küche. Als Gast sitzt man stilvoll im kleinen, dezent beleuchteten Gastraum, an der Fensterfront oder an der Theke und kann dem Treiben in der Küche durch die Glasscheibe oder über Monitor zuschauen. Es gibt eine Art Transparenz und Fluss zwischen Arbeit und Genuss. Qualität ist oberstes Gebot, der alles, auch manchmal der höhere Einkaufspreis, untergeordnet wird. Auf den Tellern erleben Sie moderne französische Küche, einfach, köstlich, frisch. Für meinen Geschmack könnte mutiger gewürzt werden. Es gibt eine kleine Gourmetkarte, mittags auch eine Bistro-Karte und ein „plat du jour". Ganz besonders zu erwähnen ist auch der exzellente Service von Eugen Kononjuk, der kompetent, sympathisch, ja sogar herzlich eine lockere, angenehme Atmosphäre schafft. Also, keine Schwellenangst, Sie werden sich gut aufgehoben fühlen. *MMG*

Vorspeisen 14 – 22 €
Hauptgerichte 26 – 29 €
3-Gänge-Menü 55 €, 5 Gänge 75 €
Mo ab 18.30 Uhr,
Di – Sa 12 – 14.30 Uhr und
ab 18.30 Uhr, So Ruhetag

Mainzer Straße 26
66111 Saarbrücken
Tel.: 0681 4038933
www.lenoir-restaurant.de

Le Resto
Im Ruder-Club-Saar

Küche
Ambiente

Wo man ursprünglich vielleicht einmal abgekämpften Ruderern und Tennisspielerinnen Erfrischungen und Stärkung bot oder Vereinsfeiern und -treffen durchführte, hat sich unterdessen und darüber hinaus ein empfehlenswertes Restaurant etabliert. Eine Wochenkarte bietet ein täglich wechselndes zweigängiges Menü für etwa 10 € und ein Businessmenü für 20 €. Kressmann entschied sich für letzteres: Er genoss nach einem Amuse-Bouche die Feigen mit Mozzarella, diesen folgte ein andalusisches Gazpacho. Vor dem Hauptgang wurde noch ein Sorbet gereicht. Das Rotbarbenfilet an provenzalischem Gemüse und Rosmarin-Kartoffeln und das anschießende Dessert lassen den Menüpreis mehr als angemessen erscheinen. Ansonsten hat die sehr umfangreiche Speisekarte viel zu bieten: Zu einer traditionsbewussten regionalen und französisch angehauchten Küche gesellen sich viele weitere internationale Einflüsse. Für Gruppen und auf Vorbestellung werden beispielsweise Paella oder Couscous zubereitet. Verantwortlich für die Küche zeichnet David Nussbaum, seines Zeichens Lothringer und dem ein oder anderen vielleicht noch aus dem Restaurant Wölflinger ein Begriff. *JR*

Businessmenü 19,80 €
Tageskarte 6 – 12 €
Di – Fr u. So 11.30 – 14.30 und
17.30 – 22.30 Uhr,
Sa 16.30 – 22.30 Uhr,
Mo Ruhetag

Hindenburgstraße 65
66119 Saarbrücken
Tel.: 0681 9545095
www.le-resto.de

Leib & Seele
„Für jeden iss ebbes dabei"

Küche
Ambiente

Hohe Ziele hat sich Jessica Dilworth, die Leiterin von Leib & Seele, gesetzt. Der Gast soll das bestellen, auf was er gerade Lust hat! Und wenn man die Speisekarte überfliegt, so mutet es erst einmal seltsam an, dass Gerichte wie Tapas neben dem original Wiener Schnitzel, die Jakobsmuscheln neben der Rinderroulade und die Saté-Spieße neben der Currywurst Rot-Weiß zu finden sind. Aber genau dies ist die Philosophie des Hauses! Bestell und iss das, auf was du gerade Lust und Laune hast! Und wir kennen das doch alle: verabrede dich zum Essen und die unterschiedlichsten Wünsche werden geäußert. So möchte der eine eben Speisen wie „dahemm", andere lassen sich gerne mit asiatischen Gerichten verwöhnen. An dem Mittag bekamen wir alle unsere Wünsche „unter einen Hut", genossen ein europäisiertes Thai-Curry sowie einen Ziegenfrischkäse mit Feigencarpaccio und süßem Pesto. Sehr kreativ! Gleichzeitig konnten wir den reichhaltigen und wohl duftenden Mittagstisch unserer Nachbarn bewundern; denn wie heißt es doch so schön: Ein gutes Essen hält eben Leib und Seele zusammen. *MS*

Karte 5 – 24 €
Mo – Sa 12 – 14 Uhr,
So 17 – 23 Uhr
(Küche 12 – 14.30 und 18 – 22 Uhr,
am Wochenende bis 23 Uhr)

Nauwieser Platz 5
66111 Saarbrücken
Tel.: 0681 5953557
www.leibundseele-sb.de

Saarbrücken — **Italienisch 90**
Ambition

Osteria I Latini

In vino simplicitas

Küche ▰▰▰▰▰▰▰▰
Ambiente ▰▰▰▰▰

Dass die schöne, aber verkehrsbelastete Paul-Marien-Straße wieder zur gesellschaftsfähigen kulinarischen Adresse geworden ist, ist der Osteria I Latini zu verdanken. Stolz prangt die Cucina Italiana im grün-weiß-roten Wappenschild und die Küchen-Philosophie „vom Guten nur das Beste" erinnert an die Wilde'sche Einfachheit des guten Geschmacks. In der Tat braucht es für gute Fleisch-, Fisch- oder Pastagerichte keine besonders raffinierten Kochkünste, sondern in erster Linie frische und hochwertige Produkte. Zur Bestätigung werden sie dem neugierigen Gast schon mal im Rohzustand vor die Nase gehalten. Auch die feine und große Auswahl italienischer Weine kann sich sehen – und schmecken – lassen, denn auch für den vino hat man beste Quellen: Der Weinimport liegt in der Familie und so finden die feinen Tröpfchen ohne großen Umweg ins Holzregal an der Stirnwand. Bereitwillig und Osteria-gemäß überlässt die zurückhaltende Einrichtung den Flaschen die Hauptrolle und „Andern das Ambiente". Nur die Akustik wird schwierig, wenn viele angeregte Stimmen mit der bisweilen überpegelten Loungemusik wetteifern. Neu und auch wie in Italien: Rauchen auf der Hofterrasse. *SH*

Karte 7 – 23 €
Stammessen (mittags) 6,80 €
So – Fr 11.30 – 14.30 u. 18 – 23 Uhr,
Sa 18 – 23 Uhr

Paul-Marien-Straße 26
66111 Saarbrücken
Tel.: 0681 9685538
www.osteria-i-latini.de

Pablo

**Wein und Tapas
am St. Johanner Markt**

Küche
Ambiente

Wie schön, dass sich „Pablo" (Picasso ist gemeint und eine kleine Kunstgalerie gleich daneben) inzwischen zu einer Institution der Gastronomie am St. Johanner Markt entwickelt hat. Herr Feist legt großen Wert auf Qualität der Zutaten und Speisen. Wir gehen immer wieder gerne dorthin, um spanische Ess- und Trinkkultur in lockerer Atmosphäre zu genießen. Entweder eins, zwei, drei Tapas für den kleinen Hunger bestellen, viele Tapas ergeben aber auch ein „richtiges" Essen, oder mit Freunden vieles bestellen und alles probieren. Es gibt eine Menge feiner Kleinigkeiten (Tapas), Delikatessen wie Lammleber oder Gänseleber, und auch größere spanische Gerichte stehen auf der Karte. Da findet jeder etwas, worauf er Lust hat, und kann gleichzeitig Neues entdecken. Dazu trinkt man schönen spanischen Wein (gute Weinkarte!), auch offen, oder gute Sherrys, die in Andalusien das Essen begleiten. Wir fühlen uns wohl im modernen, ansprechenden Ambiente des hellen Gastraums, der sich schmal entlang der großen Theke erstreckt. Samstags mittags und an so manchem Abend ist es auch mal eng, laut und lustig. *MMG*

*Gerichte 5 – 9,50 €
Di – Fr 17 – 24 Uhr,
Sa ab 12 Uhr,
Küche bis 22.30 Uhr,
So und Mo Ruhetage*

St. Johanner Markt 49
66111 Saarbrücken
Tel.: 0681 3798279

Saarbrücken — **Italienisch** 92
Ambition

R1 Giuseppe

**Handsigniertes
aus der italienischen Küche**

Küche ▬▬▬▬
Ambiente ▬▬▬

Das Nauwieser Viertel ist Anziehungspunkt für Kreative. Warum also nicht am Ende, oder je nach Sicht aufs „Viertel" am Eingang, eine Nobelgastronomie.
Das R1 verdankt dem stylischen Vorgänger Makassar sein elegantes Ambiente. Schnörkellose hell-dunkel-Kontraste stehen für die großstädtische Bar-Restaurant-Kombination, mit Außenterrasse unter der großen Platane.
Frühe Gäste dürfen einen Blick auf die essentiellen Ausgangsprodukte der Küche werfen: perfekt abgehängtes Fleisch, frischer Fisch vom Marché Couvert Metz. Die Chefin, der Koch, der Kellner, ein unkonventionelles Team, überraschen uns kulinarisch und unterhaltsam. Hervorragende hausgemachte Nudeln finden sich auf der Karte, etwa die Strozzapreti mit Rinderfiletstreifen in Veste Rosa. Auch vor Pizza hat man keine Scheu, befördert sie auf Feinschmeckerniveau mit Rindercarpaccio in Trüffelöl. Steaks, butterzart und handsigniert, werden mit bissfestem Sommergemüse und bissigem Humor serviert.
Sämtliche italienische Anbaugebiete sind auf der Weinkarte vertreten. Über 50 Grappas stehen für den passenden Abschluss bereit, und die köstlichen Desserts und ... also echt 1a oder besser R1. *CH*

*A la carte 12,50 – 28,50 €
Täglich 12 – 14.30 und
18 – 23 Uhr (warme Küche),
nach 23 Uhr kleine Karte für
Verzehr an der Theke*

*Schmollerstraße 1a
66111 Saarbrücken
Tel.: 0681 91005636*

Saarbrücken

RiLounge
Barkultur mit Lebenslust

Küche
Ambiente

Saarbrücken, St. Johanner Markt: Man steht. Man sitzt. Man isst, man trinkt, man redet miteinander. Drinnen und draußen. Im Schatten oder in der Sonne. Auf dem Platz. In den Gassen. Hier wurzelt die Mär vom Saarländer, der sich auf's „Savoir-vivre" versteht.

Kressmann hat Besuch aus Chemnitz. Zur frühen Abendstunde führt er seine Gäste in die RiLounge. Gepflegte Bar-Atmosphäre, ideale Kulisse für den Aperitif. Man hätte hier auch schon eines der preiswerten Mittagsmenüs einnehmen können, aber zu diesem Zeitpunkt befand man sich noch im Weltkulturerbe Alte Völklinger Hütte.

Nach den dritten Pernod lechzt der Magen nach Substanz. Und da sich der Besuch aus den neuen Bundesländern vor Ort recht wohl fühlt, wird kurzentschlossen der Thekenplatz gegen einen Bistrotisch im lauschigen Innenhof eingetauscht. Die kleine, aber gut sortierte Karte bietet für jeden Geschmack und in jeder Preislage etwas: von der Fischsuppe für 5 € bis zum Lammcarrée für 21 €. Zum Dessert: Crème Brûlée und/oder eine Käsevariation mit Feigensenf. Danach etwas Bewegung: zurück zur Theke. Absacker im Stehen, damit er auch gut sacken kann. Voilà. Das ganze „Savoir-vivre" auf engstem Raum. *JR*

Karte 5 – 25 €
Mittagsmenü 7 – 10 €
Di – Fr 12 – 14.30 Uhr,
Mo – Fr 18 – 22.30 Uhr,
Sa 12 – 23 Uhr,
So und Feiertage geschlossen

Kappenstraße 12
66111 Saarbrücken
Tel.: 0681 9591101
www.hotel-fuchs.net

Saarbrücken **Italienisch** 94
familiär

Ristorante Milano
Anhaltende Tradition

Küche
Ambiente

Lang sind sie her, die 70er Jahre, doch im Milano leben sie weiter, zumindest im konservativ-gediegenen Charme des Ambientes: Wände mit Mailänder Monumentalidylle und orangefarbenen Glaslampen. Die Karte ist ebenfalls den 70ern verbunden: Italienischer Salat, Pizza (seit 20 Jahren von Amaajit gebacken), Saltimbocca alla Romana, klassische Standards, ganz wie früher, als wir mit gespartem Taschengeld chic Pizza essen gingen. Abwechslung bringt die „Wochenkarte" mit Hauptgängen, Vor- und Nachspeisen. Konsequent auch die Präsentation der Speisen auf schlichten weißen Tellern, die Spaghetti auf ovalen Cromarganplatten. Wer's mag und die Preise nicht scheut, „isst" hier richtig. Die Kalbsleber in frischer Salbeibutter (Wochenkarte) ist zart und auf den Punkt gebraten, das Aroma perfekt abgestimmt, die Spaghetti al dente, das Rindercarpaccio herzhaft angerichtet mit reifem Parmesan und Champignonscheibchen. Sehr gut der Pinot Grigio. Leider ist der Service nicht so aufmerksam wie erhofft. So gelangte die Spaghettiplatte zum Nachlegen erst am Ende der Mahlzeit an unseren Tisch, nach dem Dessert wurde gar nicht erst gefragt. Vielleicht ein andermal.
CH

A la carte 13 – 21 €
Menü 28 €
Mo, Mi – So 11.30 – 14
und 18 – 23 Uhr,
Di Ruhetag

Saaruferstraße 13
66117 Saarbrücken
Tel.: 0681 57853

Italienisch Saarbrücken
Ambition

Ristorante Roma
Cucina Italiana

Küche
Ambiente

Das Roma, seit ca. 30 Jahren in der ruhigen Klausenerstraße gelegen, ist eine Institution in Saarbrücken. Unzählige Geschäftsabschlüsse wurden hier vorbereitet und Beziehungen angebahnt. Liebe geht bekanntlich durch den Magen. Der Gast wird freundlich begrüßt und auf seiner Reise durch die italienische Küche aufmerksam begleitet, die zahlreichen Stammgäste mit besonderer Herzlichkeit. Reicher Blumenschmuck und viele ansprechende Bilder an den Wänden verwöhnen das Auge in einem gepflegten, nicht dem Zeitgeist huldigenden Ambiente. Auf der Karte und der Tageskarte finden sich zahlreiche klassische italienische Fisch- und Fleischgerichte. Wir haben uns zunächst für den Tintenfischsalat und den leider nur noch selten auf einer Karte zu findenden Kalbskopf, sodann für die Dorade, gegrillt mit Olivenöl und Zitrone, sowie die Kalbsleber, in Salbei und Butter gebraten, entschieden. Alle Gerichte waren mit frischen Produkten geschmacklich und optisch ansprechend zubereitet, wobei etwas Butter der zarten Kalbsleber nicht geschadet hätte. Die opulente italienische Weinkarte lässt keine Wünsche italienischer Weinfreunde offen. *HGH*

A la carte 11 – 26 €
Menüs 29 – 52 €
Di – Fr, So 12 – 14 und 18.30 – 22.30 Uhr,
Sa 18.30 – 22.30 Uhr,
Mo Ruhetag

Klausenerstraße 25
66115 Saarbrücken
Tel.: 0681 45470
www.roma-saarbruecken.de

Savoir Vivre
(Noch) ein Geheimtipp

Küche
Ambiente

Savoir manger? Aber ja! Im Savoir Vivre in Saarbrücken am Fuße des Eschbergs. Doch aufgepasst: Es ist gut möglich, dass Sie daran vorbeifahren, so unscheinbar liegt dieses kleine, feine Restaurant ein wenig abseits der Straße. Und irgendwie passt dieses äußere Erscheinungsbild zu dem bescheidenen und ruhigen Auftritt von Ramin Redjal, der Sie mit viel Aufmerksamkeit bedient und berät. Zuallererst gibt es immer ein Amuse-Gueule, eine frische, leckere Vorfreude auf das, was kommt. Zum Beispiel ein Rumpsteak oder „was vom Lamm" – hier sind sowohl der Rücken wie die Koteletts sehr zu empfehlen. Oder aber man bleibt gleich bei der „Tages-Tafel" hängen, die Herr Redjal von Tisch zu Tisch bringt und die er auch über Mittag anbietet: heute Pfannkuchen gefüllt mit Spargel oder panierte Mozzarellasticks an frischem Salat. Zwei Gerichte für Vegetarier (Zitronenspaghetti!), eine eigene Schnitzelkarte und kostengünstige „Freitag-Specials" machen das Savoir Vivre zu einem empfehlenswerten Ort für viele Geschmäcker. Dazu trägt auch die Weinkarte bei, die gleichermaßen mit viel Sachverstand und Sorgfalt zusammengestellt wurde. *SO*

Karte 6 – 17 €
Küche:
Mo – Fr 11.30 – 14.30 Uhr,
Di – Sa ab 18 Uhr,
So Ruhetag

Peter-Zimmer-Straße 13
66123 Saarbrücken
Tel.: 0681 8307853
www.restaurant-savoir-vivre.de

Schnokeloch

De Hans im Schnokeloch hett alles was er will

Küche ▮▮
Ambiente ▮▮

So wird's in Straßburg besungen vom Liedermacher Roger Siffer. *Schnokeloch*, das spricht sich auch gemütlich und genau so geht's hier zu.
Die freundliche kleine Gaststätte in der „Fressgasse" am St. Johanner Markt ist hier schon länger als die Fußgängerzone und war wichtiger Anlaufpunkt im einstigen Studentenleben. Dunkel gebeizte Holzverkleidung, alte Emaillewerbeschilder, Bierfässchen auf der Theke, Stehtische, weiß eingedeckte Tischchen, enge Holzbänke mit bunten Kissen in typisch elsässischer Tradition. Alles ist im Laufe der Jahrzehnte liebevoll erhalten geblieben, auch die Gäste. Wir fragen uns nicht, wann wir das erste Mal hier waren. Die hauskreierte Pizza schmeckt immer noch hervorragend. Die Speisekarte hat genau 6 Gerichte: Pizza, Flammkuchen, Flamme gratinée (auf Wusch auch mit Münster), Spaghetti, überbackener Schafskäse, Salat. Die Portionen in klein oder groß. Die Weine ab 1,80 €, nicht nur Elsässer, auch Spanier, Italiener und Südfranzosen, eine kleine und preiswerte Auswahl. Fehlt nur noch das Amerbierchen. Die umsichtige Wirtin wird's richten. *CH*

Preise 4,10 – 6,90 €
Stammessen 12 – 18 Uhr
Mo – Do 17.30 – 24 Uhr,
Fr 17.30 – 1 Uhr,
Sa 12 – 1 Uhr,
So und Feiertage geschlossen

Kappengasse
66111 Saarbrücken
Tel.: 0681 33397
www.schnokeloch.de

Star of India
Authentische indische Küche

Küche
Ambiente

Die indische Küche ist vielfältig, abwechslungsreich und spannend. Schade, dass es in unserer Region diese Art Restaurant nur selten gibt. Eines der wenigen ist das Star of India in Saarbrücken. Dort wird authentische nordindische Küche geboten. Für Nichtkenner sei bemerkt, dass indische Küche generell sehr vielfältig und scharf gewürzt ist, die nordindische allerdings am moderatesten. Mitteleuropäische Gaumen kommen damit gut zurecht. Erfahrenen Indien-Reisenden wird es beim Star of India gefallen: Die Gerichte spiegeln die typischen Standards wider. Im hauseigenen Tandoori, ein Lehmofen mit Holzkohle, werden Grillgerichte und das leckere Naan gegart. Dieses Fladenbrot ist allein schon einen Besuch wert. Vegetarier finden eine gute Auswahl an Gerichten aus Linsen (Dal), Spinat, Kartoffeln oder Blumenkohl. Serviert werden die Gerichte originell in kleinen Kupfertöpfen über Stövchen. Der Service ist freundlich und hilfsbereit. Die Qualität der Speisen entspricht gutbürgerlichem Niveau. Der anspruchsvolle Genießer – indische Küche kann großartig sein – wird hier die Finesse vermissen. *FR*

Vorspeisen 3,50 – 6 €
Hauptspeisen 10 – 15,50 €
Di – So 18.30 – 23.30 Uhr,
Mo Ruhetag

Johannisstraße 17
66111 Saarbrücken
Tel.: 0681 31168
www.star-of-india.de

Viva Zapata
Eine kleine Revolution

Küche
Ambiente

Das Viva Zapata in der Saarbrücker Innenstadt ist ein Restaurant mit spanischer Küche. Was nicht ganz passt, denn der Namensgeber Zapata war ein mexikanischer Revolutionär des 19. Jahrhunderts. Spanisch also, nicht mexikanisch. Was dem Genuss keinen Abbruch tut. „El amor entra por la cocina" ist eine spanische Weisheit, die sich das Zapata auf die Fahnen geschrieben hat. Nicht zu Unrecht, denn das Essen hat uns begeistert! Ein Feuerwerk kleiner Gaumenfreuden in Form vieler verschiedener Tapas, klein im Preis, groß im Geschmack – das muss man einfach mal probiert haben! Das Ambiente des Lokals ist szenig, Stehtische, Esstische und eine Sitzecke bilden zusammen mit der großen Theke ein angenehmes Ensemble, das zum Essen ebenso einlädt wie zum Trinken. Es ist toll, bis spät in einer lauen Sommernacht im lauschigen Hof des Zapata zu sitzen und es sich gut gehen zu lassen! Die Cocktailkarte kann sich sehen lassen, und die guten spanischen Weine sind wirklich preiswert. Und wenn der Wein noch ein wenig kühler gewesen wäre, dann wäre es perfekt gewesen, ihr Revolutionäre! Weiter so! *MF*

Tapas 3 – 8 €
Karte 8 – 19 €
Mo – Do 18 – 1 Uhr,
Fr – Sa 18 – 3 Uhr,
So 17 – 1 Uhr

Mainzer Straße 8
66111 Saarbrücken
Tel.: 0681 375647
www.vivazapata.de

Saarbrücken **Bistro** 100

Weinbistro Archipenko
Launische Kunst

Küche
Ambiente

Eines meiner Lieblingsbistros in Saarbrücken – weil man von Kunst umgeben mitten in der Stadt auf einer großzügigen, teakholz-bestuhlten Terrasse im Grünen sitzen und hervorragenden deutschen Sekt oder Kaffee trinken kann. Wahrscheinlich nirgendwo sonst in Saarbrücken findet man ein so außergewöhnliches Weinsortiment an (nicht nur) deutschen Weinen vor. Niemand kann besser als Herr Nickels bei der Weinauswahl beraten und über seine Weine und Gerichte erzählen. Schade nur, dass Herr Nickels nicht immer da ist! Vornehmlich regionale Produkte von ausgesuchten Erzeugern werden in der Küche verarbeitet. Auch wer Gerichte vom schwäbisch-hällischen Schwein nicht zu schätzen weiß, sondern vegetarische Kost vorzieht, kommt hier mit ausgefallenen Kompositionen wie Parmesan-Crème-brûlée und Quittenbrot oder Urdinkel-Spaghetti mit lombardischem Gorgonzola dolce, Blattspinat und Birnen auf seine Kosten. Zum Abschluss sollte man die Schokoladeneisterrine aus 55%iger Valrhona-Schokolade und 99%iger Schokolade von Michel Cluizel mit Orangenragout nicht verpassen. Was man dazu trinkt, verrät Herr Nickels. Die sehr puristische Ausstattung betont Speisen und Getränke. *HGH*

Karte 8 – 20 €
Di – Fr 11.30 – 24 Uhr,
Sa und So 11.30 – 18 Uhr,
Mo Ruhetag

Bismarckstraße 11 – 15
66111 Saarbrücken
Tel.: 0681 9964230
www.weinbistro-archipenko.de

Weismüller

Kulinarische Genüsse in stilvoller Villa

Küche
Ambiente

Schon auf den ersten Blick wirkt das Restaurant Quack in der Villa Weismüller sehr einladend. Zur Begrüßung schlägt der freundliche Service vor, den Aperitif im schönen Biergarten einzunehmen. Im Innern des Hauses setzt sich die angenehme Atmosphäre fort: stilvoll eingedeckte Tische vor großen Panoramafenstern sorgen für das richtige Ambiente inklusive Blick über die Stadt. Auch das kulinarische Angebot lässt nichts zu wünschen übrig. Wolfgang Quack kocht auf elegante Art modern. Neben den klassischen Gerichten wie Kalbsnieren in Pommery-Senfsauce, Rindertafelspitz in Meerrettichsauce oder Charolais-Rinderfilet auf Bohnenpanaché überzeugen auch seine asiatisch angehauchten Kreationen wie Lachssteak mit Zitronengras und Ingwer oder Tatar und Sashimi von Lachs und Thunfisch mit Wasabi-Joghurtsauce und Apfelfenchelsalat, die auch als Augenschmaus serviert werden. Überhaupt wird hier mit hochwertigen Grundprodukten und frischen Kräutern je nach Saison und Marktangebot gekocht – zum Wohle des Gastes. Der Nachwuchs ist herzlich willkommen und wird Freitag- und Samstagabend sowie Sonntagmittag professionell betreut, damit auch Eltern entspannt genießen können. *GK*

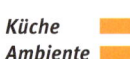

Karte 6 – 29 €, Menüs 29,50 – 58 €
Extra-Kinderkarte
Mo – Fr 12 – 15 und 18 – 23 Uhr,
Sa 18 – 24 Uhr, So 12 – 15 Uhr

Gersweilerstraße 43a
66117 Saarbrücken
Tel.: 0681 52153
www.weismueller-restaurant-quack.de

REGITZ
Polstermöbel

Nur feinste Zutaten:

Bretz Brühl Erpo Fatboy Jori Rolf Benz
Stressless Werther Classic

Kaiserstraße 51
66133 Saarbrücken-Scheidt

Tel.: 0681-812030
regitz-polstermoebel.de

Wongar
Traumpfad Altneugässchen

Küche ▇▇
Ambiente ▇▇▇

„Wongar" ist ein Wort aus der Sprache der australischen Ureinwohner, es wird gewöhnlich mit „Traumzeit" übersetzt. Traumzeit ist aber nicht die Zeit, die man mit Träumen verbringt, anstatt beispielsweise etwas Vernünftiges zu tun, wie Kartoffelschälen oder eine Scholle entgräten. Traumzeit müssen wir Kalendermenschen uns vorstellen als die völlige Abwesenheit von Zeit … „Oh, wir müssen uns beeilen", sagt Kressmann, „ich habe für acht Uhr einen Tisch im Wongar bestellt." Aus esoterischer Sicht geht hier ein Riss durchs Universum! Aber Kressmann möchte ja auch keine spirituellen Erfahrungen machen, sondern australisch essen. Und da tut er gut daran, zu reservieren, denn die wenigen Tische in dem kleinen Restaurant sind schnell besetzt. Nimmt man die Fleischlieferanten (Känguru, Strauß und Krokodil) aus, so bietet die australische Küche eher Vertrautes. Kressmann fühlt sich in der Art der Zubereitung an gute mediterrane Bistro-Küche erinnert.
Das farbenfrohe Ambiente, die freundliche Bedienung, echtes Lager-Bier oder ein guter australischer Wein zu einem passablen Preis lassen die Zeit zwar nicht völlig verschwinden, nehmen ihr aber jede Trägheit. *JR*

Vorspeisen 4,50 – 7,50 €
Hauptgerichte 11,50 – 25,50 €
Di – So ab 18 Uhr,
Mo Ruhetag

Altneugasse 19
66117 Saarbrücken
Tel.: 0681 5897215

Saarbrücken **Klassisch**

Zauners Restaurant

Kulinarischer Brückenschlag zwischen Frankreich und Österreich

Küche
Ambiente

Bereits der erste Blick auf die Speisekarte verrät, dass der Küchenchef ein Faible für die französische Küche hat. Neben den klassischen Weinbergschnecken und Froschschenkeln nach Art des Hauses verheißen auch die frischen Austern und die Kalbsnierchen in Senfsauce französische Lebensart. Überhaupt bietet Zauners Restaurant eine schöne Auswahl an saisonalen Produkten, die durch Frische und Qualität überzeugen. Das gilt auch für die Auswahl an Fischgerichten, die einfach, aber perfekt zubereitet sind und je nach Marktangebot variieren. Empfehlenswert ist das ständig wechselnde Drei-Gänge-Menü mit gutem Preis-Leistungs-Verhältnis. Walter Zauner, ein gebürtiger Österreicher, trumpft außerdem mit einem Geheimtipp auf: Wer Lust auf ein perfektes Wiener Schnitzel hat, ist hier an der richtigen Adresse. Saftig und zart, perfekt paniert und gebraten wird es mit Röstkartoffeln und einem knackigen, bunten Salat serviert. Überhaupt kocht der Hausherr schnörkellos mit frischen und hochwertigen Grundprodukten. Auf der Weinkarte findet der Gast den passenden Begleiter, einige davon im offenen Ausschank. Bei schönem Wetter lädt eine Terrasse zum Genießen ein. *GK*

Karte 5,50 – 25,50 €
Menüs 32 – 34 €
Mo – Fr 12 – 14 und
18.30 – 22 Uhr,
Sa 18.30 – 22 Uhr,
So Ruhetag

Gersweilerstraße 39
66117 Saarbrücken
Tel.: 0681 372312

Zum Adler
Eine Wieder-Entdeckung

Küche
Ambiente

Wir geben es zu: Wir hatten „den Adler" seit Jahren nicht mehr aufgesucht – und waren entsprechend neugierig auf dieses Gasthaus „aus Studentagen". Als wir es betraten, fühlten wir uns sofort wieder erinnert – und wohl. Beides lag vor allem daran, dass sich „im Adler" eigentlich nichts verändert hat: liebevolle Accessoires an den Wänden, alte Holztische (auch große runde für mehr als vier Personen) und, natürlich, Kerzen! Der früheren Zeit gedenkend wählten wir denn auch die Klassiker: Fischsuppe, Froschschenkel und Flammkuchen. Alles köstlich, vor allem die selbst gemachte Rouille. Die Speisekarte ist jedoch mehr als nur klassisch und bietet, ein wenig frankophil, feine Salate, kleine Gerichte wie zum Beispiel Scampipfännchen und Hauptgerichte nicht über 17 €. Eine Tafel neben der Theke ergänzt aktuell das Angebot (Maischolle!), auch das der Weinauswahl. Offeriert und serviert wird alles von einem äußerst aufmerksamen Service, der von Annie Jehl umsichtig und mit viel Charme geleitet wird. „Der Adler": eine Wieder-Entdeckung, die wir gerne weiterempfehlen. *SO*

Karte 6,50 – 17 €
Täglich ab 18 Uhr

Deutschherrnstraße 2
66117 Saarbrücken
Tel.: 0681 52841

Zum Deutschhaus
Tolles Rumpsteak und ...

Küche ▬▬▬
Ambiente ▬▬

Wir wissen es ja inzwischen. Man soll sich nicht täuschen lassen vom ersten Eindruck. Von außen zunächst eine gewöhnliche Kneipe, eine unspektakuläre Karte. Aber hier gibt es Leber, Rumpsteak, Cordon bleu und Schnitzel zu kleinem Preis und vom Feinsten. Wenn man zum ersten Mal hier ist, dauert es etwas, bis man mit der Mischung aus Kitsch und rauem Charme zurechtgekommen ist. Fragen werden knapp beantwortet. Was es denn heute Empfehlenswertes gäbe? Alles, was uff de Kaat steht! Sind Sie die Köchin? Was soll ich'n sonscht hier mache! Aber Familie Karrer wird locker und freundlich, wenn sie sieht, dass es schmeckt. Herrlich der frische Vorspeisensalat, auf den Punkt das Rumpsteak! Seit den 60ern betreibt die Familie das Lokal. In den „Daarler Wiesen" haben sie eine Herde von Angusrindern und auch Schweine, die natürlich aufwachsen. Im Lokal wird nur dieses Fleisch angeboten. Alles ist liebevoll gemacht, auf vorgewärmten Tellern, mit frischen Zutaten, selbst gemachten Pommes frites, und die Portionen sind reichlich. Es gibt nicht nur außergewöhnlich gute Produkte, hier weiß man auch, wie sie richtig zubereitet werden! Gutbürgerlich vom Feinsten! *HG*

Karte 4 – 14 €
Di – Sa 10 – 14 und ab 17 Uhr,
So 10 – 14 Uhr,
Mo Ruhetag

Moltkestraße 50
66117 Saarbrücken
Tel.: 0681 54927

Bisttalstube
Gutbürgerliches vom Feinsten

Küche
Ambiente

Am Ortsrand von Schaffhausen ist die Küche dieses einfachen, wenig anheimelnden Wirtshauses eine echte Überraschung. Als wir dort ankamen, verblüffte zunächst die Speisekarte mit einem Angebot, das vom Preis-Leistungs-Verhältnis schwer zu toppen ist. In den Sommermonaten gibt es ein Degustationsmenü mit drei Gängen für 2 Personen mit Getränken für nur 40 €. Aber auch à la carte ist das Angebot bei dieser Qualität erstaunlich preiswert. Das Gleiche gilt für die Weinpreise auf der gut sortierten Karte. Die Gäste wissen die frische Küche von Michael Strasser zu schätzen, dementsprechend ist eine Reservierung ratsam. Wir probierten die zarten Schnecken in einer hausgemachten Kräuterbutter, eine aromatische Gurkensuppe, ein hervorragendes Rumpsteak mit kräftiger Rotweinsauce und einen, leider etwas zu trockenen, frischen Salm. Frischer Fisch ist immer im Angebot, aber auch Innereien wie Kalbsnieren in Moselsauce oder Kalbszunge. Die Fonds sind selbstgemacht und künstliche Aromastoffe sucht man hier vergebens. Donnerstag ist „Schnitzeltag", die gibt es dann auch ausschließlich in 16 Variationen für 7,60 €. *GR*

Karte 7,60 – 15 €, Menü für 2 Pers. 40 € (inkl. Getränken, nur imSommer), Do Abend nur Schnitzel in vielen Variationen für 7,60 €, Di – Sa 11.30 – 14 und 18 – 24 Uhr, So 11.30 – 14 Uhr, Mo Ruhetag

Am Rothenberg 32
66787 Schaffhausen
Tel.: 06834 47801

Völklingen **Italienisch**

familiär

La Bettola

Viva la famiglia

Küche
Ambiente

Uns wurde die Pizzeria empfohlen, sonst hätten wir den Weg hierher nie gefunden! La Bettola, was so viel heißt wie: „Das Kneipchen". Von außen unscheinbar, die Inneneinrichtung gleich einer Gaststube, empfängt uns „La Mama", namentlich Lina di Muro. Sie ist für die gutbürgerliche italienische Küche verantwortlich und vertritt heute Abend ihren Mann Salvatore im Service. Seit 12 Jahren ist die ganze Familie auf dem Völklinger Heidstock im Einsatz und ist auch auf Fotos hinter der Theke präsent. Auf der Karte entdecken wir alleine 26 unterschiedliche Pizzen. Einige sind nach den Enkelkindern, wie Gianluca, Larissa, Michelle und Adriano, benannt. Wir entscheiden uns für Rosario, eine Pizza mit allem, was die Küche zu bieten hat. Ein hauchdünner Teig, saftig belegt und dampfend serviert; mit Genuss verspeisen wir die gut gewürzte Pizza, die mit 28 cm Durchmesser und 5,20 € ihren Preis mehr als wert ist. Anschließend bekommen wir ein köstliches Scaloppina vino bianco, ein paniertes Schweineschnitzel, welches so richtig noch in der Küche geklopft, in der Pfanne gebraten und mit Weißwein abgelöscht wurde. Bezüglich Sonderwünschen zwinkert die Chefin schelmisch und behält Oberhand. Schließlich ist sie „La Mama"! Zum Schluss noch einen Grappa auf das Haus und sie verabschiedet sich mit einem herzlichen „Salute". *MS*

Preise von 2,80 € bis 12,50 €
Mo – So 17.30 – 23 Uhr

Gerhardstraße 277
66333 Völklingen
Tel 06898 8630

Italienisch Völklingen
familiär

La Pulia

Hier bedient der Patron persönlich!

Küche
Ambiente

Wir fühlen uns gleich wie im sonnigen Italien! Keine übertriebenen Dekorationen und dennoch ganz italienisch. Der Chef des Hauses begleitet uns zum Tisch und wir können dabei schon die reichhaltige Auswahl an edlen Destillaten in den schönen alten Vitrinenschränken bewundern. Mit der reichhaltigen Speisekarte sind wir fast schon überfordert. Deshalb lassen wir uns gerne von Luciano Scazzari beraten und fühlen uns dabei bestens aufgehoben. Zuerst genießen wir köstliche, frittierte Sardinen mit frischem Knoblauch und Olivenöl. Die Entenleber zum Salat war genau auf den Punkt gebracht, heißt also zart und, wie man es von der italienischen Küche erwartet, nicht übertrieben gewürzt. Anschließend das Osso Buco, das Kaninchen in Rotwein, die gebratene Dorade und die Pizza mit Edelfischen – Andrea Scazzari in der Küche überzeugte uns damit alle am Tisch. Die Portionen waren sehr üppig dimensioniert. Achtung: Das zu den Speisen gereichte ofenwarme Brot hat Suchtpotential! Im Ausschank werden die klassischen italienischen Weine angeboten. Bei schönem Wetter bietet sich die Terrasse auf der Vorderseite des Lokals an. *MS*

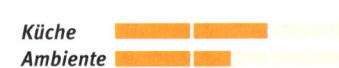

Karte 3,50 – 23,50 €
Mo, Mi – So 11.30 – 14 und 18 – 22.30 Uhr,
Di Ruhetag

Gerhardstraße 82
66333 Völklingen
Tel.: 06898 80199
www.lapulia.de

Der Guide

Wir schreiben möglichst offen und nachvollziehbar, was wir erlebt haben. Natürlich können der Geschmack, die Erfahrung und Erwartung der Leser/innen ganz anders sein. Deshalb interessieren uns auch andere Meinungen, um tendenziell für möglichst viele zu schreiben. Schicken Sie uns Ihre persönlichen Tipps, Kommentare und Anregungen an: *info@guide-orange.de*

Restaurant-Kategorien
Gourmet, Ambition, Klassische Küche, Szene, Bistro, Winstub, urige Lokale, Ausflug, internationale Küche und italienische Küche (familiär bzw. Ambition)

Restaurant-Bewertungen
Alle Restaurants sind bewertet in den Bereichen Küche und Ambiente jeweils innerhalb der entsprechenden Kategorie. Es gibt Punkte von 0,5 bis 3,0. Ambiente bedeutet für uns, was dem Gast Wohlbefinden verschafft. Für die Bewertung der Küche waren uns auch der Umgang mit den Produkten sowie Kreativität und Originalität wichtig.

Unsere redaktionelle Unabhängigkeit
Um es noch mal klar zu sagen: Wir schreiben für Sie, unsere Leser/innen, und nicht für die Anbieter. Kein Restaurant, kein Geschäft hat sich seine Empfehlung erkauft. Nur durch diese Unabhängigkeit ist eine Empfehlung und Bewertung möglich. Unser Ziel war es, den Leser/innen dieses Buches Informationen zu geben, die hilfreich, unterhaltsam und interessant sind.

Wie bekommt ein Restaurant einen ?
Wir haben am Schluss jede/n Tester/in gebeten, seinem/ihrem Lieblingslokal – vollkommen unabhängig von der Restaurantkategorie – seinen/ihren persönlichen Guido zu geben.

Das Guide-Farbschema
Um Ihnen das Navigieren durch den Guide orange zu erleichtern, sind die Beiträge innerhalb der einzelnen Landkreise nach folgendem Farbschema sortiert:

- ▬ = Restaurants
- ▬ = Einkaufsadressen
- ▬ = weitere Tipps

Saarbrücker Wochenmärkte

Kulinarischer Einkauf am St. Johanner Markt und an der Ludwigskirche

Da sind wir jetzt unterschiedlicher Meinung. Fips sagt, die Saarbrücker Wochenmärkte hätten sich, was Vielfalt, Angebot und Präsentation angeht, zum Besseren entwickelt, nachdem sie lange nicht dem „Savoir-Vivre" der genussfreudigen Saarländer entsprochen hätten. Ich hingegen vermisse noch einiges: lothringische Käsestände, elsässische Fleisch- und Wurststände, Stände von Pilzsammlern, Marmeladenproduzenten ... Ich bin nämlich ein Fan von Märkten und besuche sie gerne, auch in Frankreich, in der Pfalz, in Baden und überall, wo ich in Urlaub bin. Aber vielleicht schauen Sie mal selber. Übrigens sind auch einige der Selbstvermarkter im Guide orange 2009/2010 präsentiert. HG

Sowohl auf dem St. Johanner Markt (Montag, Mittwoch, Freitag, Samstag der Bauernmarkt) als auch samstags auf dem Markt an der Ludwigskirche zeigen sich wieder mehr und gute Stände und offerieren ihre vorwiegend selbst produzierten Waren. Vieles stammt aus biologischem Anbau und Aufzucht und braucht den Vergleich mit unseren französischen Nachbarn nicht zu scheuen.

So bereitet ein Bummel über die Märkte durchaus Plaisir und bietet eine kommunikative Einkaufsatmosphäre, wenn man sich von den Produzenten über Herkunft, Art und Qualität der Waren informieren lässt und auch genügend Vergleichsmöglichkeiten vor Ort bestehen. So hat sich mit dieser attraktiven Wiederbelebung und dem erfreulicherweise – leider bei einem immer noch zu geringen Kreis der Fast-Food-Gesellschaft unserer Mitbürger – zu verzeichnenden verbesserten Ernährungsbewusstsein („Man ist, was man isst!") eine zahlreiche

Stammklientel herausgebildet, die persönlichen Kontakt und qualitätsorientierte Beratung schätzt und gegenüber dem anonymen Einkauf im Supermarkt bevorzugt.

Auch ist – gerade unter dem Aspekt der leider allenthalben hoffähig gewordenen Schnäppchen-Mentalität – das gerne zitierte Preis-Leistungs-Verhältnis in Anbetracht der offerierten Qualitäten und deren Vielfalt als überdurchschnittlich und durchaus angemessen zu bewerten und oftmals sogar besser als bei den Discountern. Nebenbei schafft auch die bunte Zusammenstellung von individuellen Persönlichkeiten nach Art der Schauspieler der „Comédie française", die zum Teil schon seit Jahren und Jahrzehnten auf den Märkten tätig sind, das Lokalkolorit und die beteiligten üblichen Verdächtigen können bei Bedarf und Muse das ein oder andere Anekdötchen im Saarbrücker Mikro- und Makrokosmos mit weltstädtischem Flair zum Besten geben. Unter insgesamt positiven Aspekten lohnt sich allemal der Besuch der Märkte, um mäandrierend Esskultur zu erkunden und damit auch finanziell die Arbeit und das Engagement der Produzenten zu unterstützen.

St. Johanner Markt
Der Markt um den historischen Stengelbrunnen findet montags, mittwochs und freitags sowie samstags der „Bauernmarkt" (ausschließlich selbstvermarktende Produzenten) statt.

Mittlerweile fest etabliert sind die Obst- und Gemüsestände des italienischen Betreiberpaares „Lembo Früchte" (Mo, Mi, Fr, Sa Lu*), „Naturkost Adrian Kempf" (Mi, Fr, Sa Lu), „Genuss auf Bio-Art" Demeter mit Käse und Wurst, „Matthias Wicht" (Mo, Mi, Fr, Sa Lu) und „Werlings Gemüsehof" (auch Eigenanbau) (Mo, Mi, Fr, Sa Lu), dessen schnauzbärtiger Besitzer Norbert stets und beharrlich mit sonorer Stimme wohlwollende kommunikative Kundenberatung und -pflege im traditionellen Stile betreibt. Hinzu gesellen sich an allen drei Tagen (Sa Lu) für die Bereiche der Floristik / Botanik die beiden „Blumenmädels" Beate und

Kerstin von „Werner's Blumen & Pflanzenwelt", die stets gutgelaunt saisonale Schnitt- und Gartenblumen, Sträucher und diverse Kräuter bis hin zum Lavendelfeld oder die obligatorischen Sonnenblumen als Präsent für die Saarbrücker Damenwelt offerieren – der stetige Publikumsandrang und der Abverkauf der Ware bestätigen beeindruckend die Qualität des Angebotenen ... Gleiches gilt für die „Bäckerei Lenert" (Mo, Mi, Fr) mit ihren Brotspezialitäten Finnenbrot, Sonnenblumenbrot, Fahrradbrot mit Körnern, Roggenmischbrot aus Natursauerteig, dunkles Wurzelbrot aus Weizenmehl und die beiden Bio-Brote Dinkelsaftkornbrot und Biosphärenbrot Bliesgau – hinzu kommen hausgemachte Kuchen der Saison. Ebenso immer präsent (Mo, Mi, Fr, Sa Lu) ist das „Urgestein der Marktbetreiber" Herrmann Wahlen mit seinem kleinen Eierstand und der außergewöhnlichen Kollektion von XL-Eiern (frisches Geflügel und Imker-Honig und Hausmacher Blut- und Leberwurst), der am 16.12.2007 sein 50-jähriges „Bühnenjubiläum" feierte – Hut ab!!! Mittwochs gilt es noch zwei individuelle Produzenten in Sachen Wurst- und Fleischwaren zu besuchen: Guido Bobenrieth mit seinem rollenden Metzgerladen von der gleichnamigen „Pferdemetzgerei Bobenrieth" (Spezialitäten: Salami und Sauerbraten!) und Monsieur Marschall mit seinen „Specialités catalanes" Iberico-Schinken und diversen Sorten französischer und spanischer Salami (Trüffel, Esel, Reh, Wildschwein, Chorizo). Mittwochs und freitags (Sa Lu) bereichert Farhad Tahmouresi mit seinem Stand „Feinkost & Mehr" den Markt um die mediterrane Komponente mittels eines anregenden Angebots verschiedener Olivensorten, mariniertem Gemüse und einer Kollektion an Schafskäsen – außerdem gibt's eine kleine Kollektion von unserem liebsten Bäckermeister Stefan Anstadt aus Aßweiler. Freitags – am attraktivsten Markttag der Woche – gesellt sich der „Tiroler Bauernstandel" hinzu mit seiner reichhaltigen Auswahl an Südtiroler Spezialitäten wie Bauernspeck, Knoblauchspeck auf Buchenholz mit Wacholder geräuchert, Herrenspeck, Kaminwurzen und diversen Käsen (3 – 10 Monate gereifter Bergkäse, Räucherkäse „Zillertaler Gold", Edelziegenkäse, Bio-Rahmtilsiter, Bio-Kolsasser-Edelschimmelkäse, Tiroler Felsenkäse) sowie Vinschgauer und Schüttelbrot. Gleiches gilt für „es Fischauto" von „Helmut Schaadt" aus Saarlouis (Sa Lu), bei dem man als Vesper – neben dem „Rostwurstwagen" am Brunnen – einen reschen heißen Backfisch maritimen Ursprungs zu zivilen Preisen genießen kann. Eine leider nur saisonale Bereicherung (September bis Ende April) bietet samstags die reichhaltige Angebotspalette des „Wildgeheges Schäfer" aus Blieskastel-Niederwürzbach mit frischem Wild (Hirsch, Reh, Wildschwein, Lamm, Ente etc.), köstlichem Geräuchertem (Schinkenspeck, Rohesser) und heiß begehrten Innereien (Vorbestellung dringend empfohlen!). Nicht vergessen: die hausgemachten Kartoffelklöße nebst selbigem fertigem Wildragout in Sauce!!!

Ebenfalls nur saisonal (Frühjahr bis Frühsommer) bereichern zwei Kräuterfeen den Markt: Beate Goldmann von „Flora – Zoo, Garten & Ambiente" offeriert direkt neben unserem Freund Herrmann Wahlen (der mit den XL-Eiern!) eine äußerst geschmackvolle Kollektion aus Kräutern als Geschenke aus dem Garten – zum Teil schon komplett und liebevoll arrangiert als kleine Kräutergärtchen in Zinkwannen (Fr, Sa Lu). Das männliche Pendant dazu ist „Herbert Breininger" mit seiner reichhaltigen Kollektion an gängigen und seltenen Kräutern und Gemüsesetzlingen: Mexikanischer Estragon,

Apfel- und Orangenminze, Ananassalbei, Verveine Citronelle, Currykraut, Koriander, Lorbeer, Basilikum „African Blue", Paprika, Peperoni, Strauchtomaten etc. – alles sorgfältig vorgezogen mit fachkundiger Beratung und zu fairen Preisen (Mo, Mi, Fr, Sa Lu)!

Last but not least noch unsere langjährigen Freunde Vater Adi und Sohn Jürgen aus dem Familienbetrieb der „Metzgerei Conrad" in Homburg, die – nunmehr seit 40 (!) Jahren freitags in Saarbrücken – den unangenehmen Zeiten der „Geiz-ist-geil"-Mentalität erfolgreich getrotzt haben und mit ihrer konsequenten Orientierung zu Qualitätserzeugnissen kategorisch wurst- und fleischmäßig Flagge zeigen. Eigene Jagd im Hunsrück und den Vogesen, bestes Geflügel aus der Bresse, kräuteriges Sisteronlamm aus der Provence, mild geräucherte Wildschweinschinken und Entenbrust. Fachkundige Beratung mit Rezepten und Garzeiten – Alziari-Olivenöl, warmer Fleischkäse und adäquates Preisniveau inklusive!

Samstags zum Bauernmarkt kommen zur größeren Auswahl an Obst- und Gemüseständen („Demeter Gersheim", „Gebrüder Welsch", Lisdorf – auch mit Pflanzkräutern) noch die „glücklichen Hühner" (nebst selbigen Eiern) vom „Landwirt J. Rose" aus Mainzweiler, „Marie's Ziegen- und Schafhof" mit seiner attraktiven Auswahl an Käse, Salami und Patés beider Spezies und diversen Pestos und die „Fischzucht Borger" aus Wadern-Wadrill mit tagesfrischen Forellen und Lachsforellen (beide auch gebeizt mit Dill, Fenchel oder Basilikum), geräucherten Forellen und Forellenmousse hinzu (Achtung: meist erst ab 10.30 Uhr vor Ort!). Außerdem bietet Jürgen Pfeifer mit seinem Brotstand Vollkornbrote von verschiedenen Bäckern an. Saisonal bereichert „Erdbeerland Ernst und Funk" den Markt mit Erdbeeren, Spargel und anderem Obst und Gemüse.

Markt Ludwigskirche
Der samstägliche Markt vor der prächtigen Kulisse der im barocken Stengelstil erbauten Ludwigskirche ist der größte im Innen-

stadtbereich Saarbrückens. Auf dem weitläufigen Areal finden sich fast alle vorgenannten Anbieter des St. Johanner Marktes wieder – hinzu kommen noch zusätzliche Gemüseanbieter („Gemüse Klaus Mock", Saarlouis, „Hof am Römerturm" Stefan Haupt, „Obst & Gemüse Becker") und die Vollkorn-Naturkost-Bäckerei „Bioland Schales".

Der Clou und absoluter Geheimtipp ist jedoch der unscheinbare Ministand von „Michael Löffler & Marlène Brauers" zentral in der Mitte des Marktes. Ziegenkäse von einem selbst bewirtschafteten Bauernhof im lothringischen Viller von einem anderen Stern: Neben Ziegen-Feta und Ziegen-Gouda du Grottins empfiehlt der gebürtige Holländer, den (wahrscheinlich) die Liebe nach Frankreich verschlagen hat, fachkundig beratend von seinem Podest hinter der Verkaufstheke als Spezialität des Hauses seine phantastischen Ziegenfrischkäse, aromatisiert mit Lavendelhonig, Holunderblüten, Cremolata (Zitronenschale, Knoblauch, Petersilie), Basilikum-Pesto, Dukkah (Koriander, Sesamsaat, Kreuzkümmel, geröstete Haselnuss), Herbes de Provence, oder saisonal inspiriert (Bärlauch lässt grüßen ...!).

Willkommen also im „Reich der Sinne" – besuchen wir die verbliebenen „Oasen des guten Geschmacks", unterstützen wir die Arbeit und Präsenz der Produzenten am St. Johanner Markt und an der Ludwigskirche und pflegen wir mit Bewusstsein ein Stück – Gott sei Dank – noch vorhandener Lebensfreude: die Esskultur!

In diesem Sinne:

Viel Spaß beim Einkauf und Chapeau für die Händler!!!
MV

* Lu = Markt an der Ludwigskirche

Wintringer Hof
Gesundes Gemüse vom Biolandhof

Eingebettet zwischen grünen Hügeln und saftigen Wiesen liegt der Wintringer Hof, ein Bioland-Hof mit ökologischer Landwirtschaft und Viehzucht. Hier gedeihen unter strengen Auflagen heimische Obstsorten, insbesondere Äpfel, eine große Auswahl an Gemüsesorten, Kartoffeln und Getreide. Neben dem Obst- und Gemüseanbau betreuen die rund 90 MitarbeiterInnen der Lebenshilfe Obere Saar auch noch eine Mutterkuhherde, Schweine und Geflügel. In den beiden Hofläden werden die hochwertigen Produkte verkauft. Dort gibt es neben den Eigenprodukten auch weitere Bio-Nahrungsmittel für eine gesunde und vollwertige Ernährung. Dazu gehören Backwaren saarländischer Bio-Bäckereien, Honig, Müsli und vieles mehr. Darüber hinaus bietet der Fechinger Hofladen in der Erlebnisgärtnerei Storb noch etwas ganz Besonderes: Eine überdachte Terrasse mit hübschen Sitzgelegenheiten umrahmt von Orchideen und anderen tropischen Gewächsen. Hier kann man ganz in Ruhe Kaffee und Kuchen, aber auch herzhafte Teilchen – natürlich hausgemacht und ökologisch einwandfrei – genießen. Man kommt sich vor wie in den Tropen, es fehlt nur noch, dass die Papageien herumfliegen. *GK*

Wintringer Hof:
Mo – Fr 15 – 19 Uhr,
Sa 9.30 – 12.30 Uhr
Gärtnerei Storb:
Mo – Fr 9 – 19 Uhr,
Sa 9 – 16 Uhr

Wintringer Hof
66271 Bliesransbach
Tel.: 06805 207304

Café Schröder

Brötchen und mehr

Seit 2002 betreibt Familie Schröder in Heusweiler in der Trierer Straße durch die kleine Straßenfront fast versteckt eine Bäckerei mit Café, seit 2007 in Lebach in der Saarbrücker Straße einen weiteren Laden. Der Arbeitstag in der Bäckerei beginnt kurz nach Mitternacht, damit morgens um sechs die frisch zubereiteten Brot- und Backwaren in vielen Variationen, z. B. Kürbiskern-, Roggen-, Dinkelbrötchen oder die Spezialität Bergsteigersemmeln, fertig sind. Wer am liebsten industriell vorbereitete, aufgebackene Teigrohlinge konsumiert, kommt hier nicht auf seine Kosten. Doch das Café Schröder ist mehr als eine Bäckerei: Herr Schröder wartet mit einer großen Auswahl an Buttercreme- (z. B. Viktoria oder Williams Christ) und Festtagstorten, die nach den Vorstellungen des Kunden kreiert werden und je nach Anlass auch gerne mehrstöckig sein dürfen, auf. Über die Landesgrenzen hinaus hat sich Familie Schröder einen Namen mit der eigenen Herstellung von Osterhasen und Nikoläusen gemacht, deren Gesichter von Frau Schröder „geschminkt", d. h. mit Lebensmittelfarbe ausgemalt und so zu kleinen Kunstwerken werden.

HGH

Mo, Di, Do, Fr 6 – 18 Uhr,
Mi, Sa 6 – 13 Uhr,
So 7 – 18 Uhr

Trierer Straße 17
66265 Heusweiler
Tel.: 06806 6245

Früchte Kockler
Mehr als Früchte

Kressmann hatte vom Guide orange gehört, dass Früchte Kockler schon wieder den deutschen Früchtepreis bekommen hat. Das bedeutet: beste frische Ware, einwandfreier Service und ein attraktiver Laden. Hier sollte sein anspruchsvoll verwöhntes Geschmackssensorium eigentlich auf seine Kosten kommen. Unverzüglich macht er sich auf den Weg nach Püttlingen. Und wie überaus angenehm überrascht ist er, als er neben dem erwarteten, ausgesuchten Obst und Gemüse auch eine Rohmilchkäse-Theke vorfindet, die im Hinblick auf Qualität und Vielfalt auf unserer Seite der Grenze ihresgleichen suchen kann. Und um weitere Wege sparen zu können, findet er auch noch das Regal mit den passenden Weinen vor. Hier kennt man seine Vorlieben.

Von Glückshormonen regelrecht überschwemmt wird er dann allerdings, als er die Konsole mit dem kompletten Sortiment der Zotter-Schokoladen entdeckt. Auf den künstlerisch gestalteten Verpackungen liest er die Namen: Ananas und Paprika, Banane und Muskatnuss, Kaffeepflaume mit Speckkrokant, Sellerie-Trüffel und Portwein, Kaffee-Senf-Spiele ... Wo sonst gibt es das noch im Saarland? Kressmann ist begeistert. Über Kockler – und den Guide orange. *JR*

Mo – Fr 7 – 18.30 Uhr,
Sa 6 – 13.30 Uhr

Rathausplatz 6
66346 Püttlingen
Tel.: 06898 65195
www.fruechte-kockler.de

blumenwerk
florale ideen

Sträuße · Hochzeiten · Dekorationen

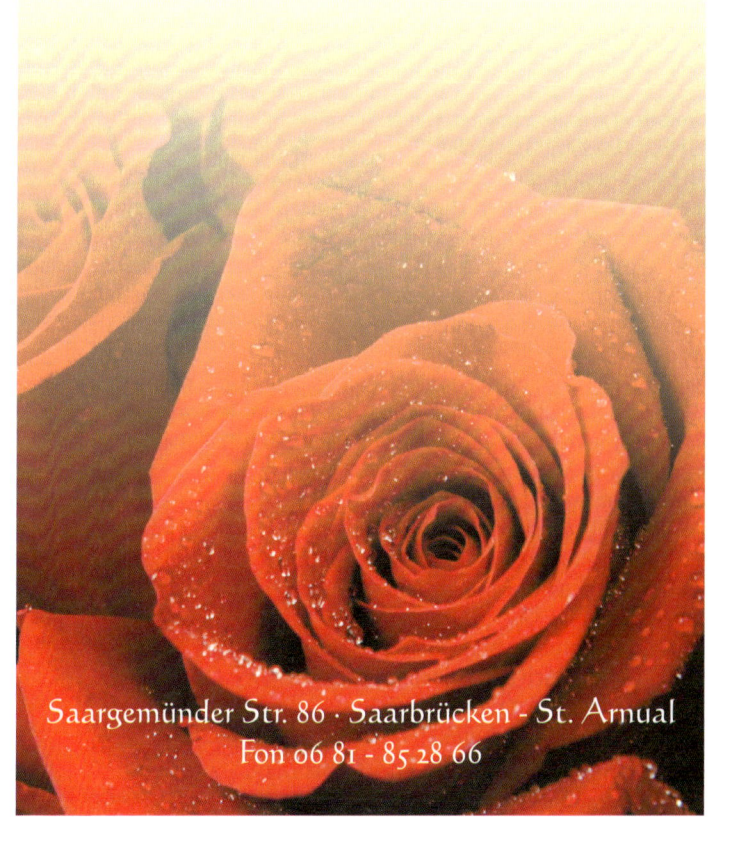

Saargemünder Str. 86 · Saarbrücken - St. Arnual
Fon 06 81 - 85 28 66

Apero

Hochwertiges und Authentisches für Genießer

Seit dem Jahr 2002 gehen Katja Sellnau und Andreas Schmal in St. Arnual ihrer persönlichen Leidenschaft nach: dem Umgang mit ausgesuchten und hochwertigen Lebensmitteln aus dem mediterranen Raum. Zahlreiche dieser Spezialitäten werden von Slow Food gefördert und wurden in die Arche des guten Geschmacks aufgenommen. Die Frische-Theke bietet eine verführerische Auswahl an Schinken und Salami aus handwerklicher Herstellung, ebenso köstliche Käsespezialitäten. Die Auswahl und Qualität an Olivenölen ist beeindruckend: Gut 30 Sorten von Spitzenproduzenten aus Italien, Frankreich und Griechenland bietet Apero an. Geduldig, kompetent und kommunikativ beraten Katja Sellnau und Andreas Schmal bei der Auswahl ihrer Spezialitäten. Beim täglich wechselnden Apero-Mittagsmenü (montags – freitags zwischen 12 und 14 Uhr), frisch zubereitet mit dem Bio-Gemüse und den Zutaten aus dem Ladensortiment, schweift das Auge des Genießers dann in aller Ruhe nochmal über die Regale mit frischer Pasta, Weinen, Brotaufstrichen, Schokolade … Einkaufen macht glücklich! *JH*

Mo – Fr 10 – 19 Uhr,
Sa 10 – 16 Uhr

Saargemünder Straße 63
66119 Saarbrücken
Tel.: 0681 4163480
www.apero-genusskultur.de

Asia-Shop

Natto, Unagi Kabayaki, Kimchi-Salat

Ich staunte nicht schlecht bei meinem ersten Besuch hier. Aus einem thailändischen Kochbuch hatte ich das Rezept für eine Suppe. Nach den ersten drei Zutaten wusste Herr Hary, was ich kochen wollte und ergänzte: Dann brauchen Sie wohl noch Kaffirlimettenblätter, Galgant usw.! Kyung-Ja und Andreas Hary betreiben ihr Geschäft seit neun Jahren. Es macht ihnen Spaß, ihre asiatischen und deutschen Kunden nach Rezepten zu befragen. Sie haben quasi eine „Rezeptbörse", geben ihr Wissen gerne weiter und erweitern das Sortiment ihres Feinkost-Centers auch ständig. Ohnehin hat es nach einem Vierteljahrhundert und drei asiatischen Vorbesitzern verschiedene Einflüsse (u. a. philippinische, japanische, thailändische und koreanische Artikel). Es gibt eine Menge an frischen Kräutern, Wurzeln, Früchten, Saucen, Reissorten, Konserven und anderen Zutaten. Man wird aufs Freundlichste und Kompetenteste bedient. Und nicht nur Amateure kaufen hier. Mancher asiatische Gastronom und deutsche Koch mit Faible für asiatische Würzung versorgt sich hier! Natto, Unagi Kabayaki, Kimshi-Salat sind übrigens koreanische Spezialitäten. Lassen Sie sich inspirieren! *HG*

*Mo – Fr 9 – 19 Uhr,
Sa 9 – 17 Uhr*

*Mainzer Straße 55
66121 Saarbrücken
Tel.: 0681 62900*

Café Lolo
Klassiker im Großformat

Auf keinem unserer größeren Feste darf er fehlen! Jedes Mal kommen Freunde und Verwandtschaft, „zuppeln" am Hemdsärmel und fragen, ob wir später zum Kaffee und Tee auch das anbieten, was ihre Augen glänzen und ihre Herzen höherschlagen lässt! Wir sprechen von nichts anderem als von dem Klassiker im Café Lolo, dem Butterkuchen, der zu einem der Markenzeichen im Hause Dausend geworden ist. Und diesen gibt es eben im XXL-Format, dem rechteckigen Blechkuchen, der auf Wunsch in 30 oder 60 Stücke geschnitten wird. Dies ist einfach die Steigerung zu den kleinen feinen Kuchen, die von Konditormeister Andreas Dausend auch als Streusel-, Florentiner- oder aber als Apfel-, Käse-, Kirsch- oder Aprikosenkuchen in seiner Konditorstube gebacken werden. Je nach Saison kommen der Erdbeer-, Himbeer- und gemischte Obstkuchen hinzu. Bei der Beratung hilft ihnen an der Ladentheke das Herz des Familienbetriebes, Mutter Helga Dausend, die für den reibungslosen Ablauf sorgt, selbst dann, wenn sich die Kundschaft in Dreierreihen stapelt. Schön, wenn ich wieder bei unserem nächsten Fest in glückliche Gesichter sehen kann. *MS*

Di – Sa 7 – 19 Uhr,
So und Feiertage 9 – 19 Uhr,
Mo geschlossen

Heuduckstraße 67
66117 Saarbrücken
Tel.: 0681 51828

Casa Mada

Spanische Feinkost, Wein und Tapas

Seit Ende 2005 betreiben Frau Prinz und Herr Schuch mit Erfolg diesen schönen kleinen Laden. Man kann sagen, sie haben sich etabliert und auch schon ein wenig vergrößert, sowohl das Sortiment betreffend als auch räumlich. Die Produkte kommen hauptsächlich aus Katalonien (Empordà), und die meisten Produzenten sind ihnen persönlich bekannt. Schwerpunkte des Ladens sind Wein, Cava und Olivenöle (von drei verschiedenen Herstellern, auch „Dauro", eines der besten Spaniens). Darüber hinaus Feinkost wie Oliven, Fischkonserven, Brotaufstriche, Soßen, luftgetrocknete Würste, Serrano-Schinken, Gebäck (handgemachte, in Olivenöl ausgebackene, hauchdünne Tartas mit Anis!). Viele Weine kommen aus Spaniens nördlichstem Anbaugebiet (Alt-Empordà), wo Berge und Meeresnähe ein ganz besonderes Klima ergeben, das beste Weine hervorbringt. Um einige namhafte Erzeuger zu nennen: Perelada, Oliveda, Oliver Conti ... Sie können vieles im Laden an einem schönen langen Holztisch verkosten. Von Dienstag bis Samstag gibt es hausgemachte Tapas zum Mitnehmen oder zum gleich hier Essen. Wir empfehlen auch, sich einmal ein schön präsentiertes und leckeres Tapas-Buffet liefern zu lassen. *MMG*

*Mo – Fr 11.30 – 18.30 Uhr,
Sa 10 – 15 Uhr*

*Mainzer Straße 52
66121 Saarbrücken
Tel.: 0681 6855621
www.casa-mada.de*

City Basar
Einkaufen für die internationale Küche

Dimensioniert wie ein Großstadtboulevard ist die Mainzer Straße am Ostviertel. In nur wenigen Jahren vor dem 1. Weltkrieg erbaut, entsprach das gesamte Viertel mit prächtigen Bürgerhäusern und Villen dem neuen Großstadt-Selbstbewusstsein der Saarbrücker. Hauptstadt-Flair umgibt mich auch heute noch beim Einkaufen, denn das Obst- und Gemüseparadies City Basar könnte ebenso gut in Berlin-Kreuzberg liegen. Längst hat sich der türkische Laden auf eine internationale und vielseitige Kundschaft eingestellt und die Saarbahn vor der Tür bringt Kunden aus dem ganzen Stadtgebiet. Neben obligatorischen Fladenbroten, Riesenmelonen, Bohnen, Bulgur und Tee in günstigen Großpackungen bietet der City Basar Gemüse, Obst und Salate in bestem Preis-Frische-Verhältnis. Auch die Damen und Herren aus den Stadenvillen beziehen hier ihren Spargel für die schicke Diätküche und Asiaköche von Beruf(ung) die Sprossen, bündelweise frischen Koriander oder Currys. In der Kühltheke Lamm und Geflügel sowie leckere Antipasti. Zum Basar gehören auch ein Nonfood-Sortiment von Samowar bis Telefonkarte, gelegentliches Anpreisen der Waren und spontanes Rumreichen von Kostproben derselben. *SH*

*Mo – Fr 8 – 19 Uhr,
Sa 7.30 – 17 Uhr*

*Mainzer Straße 133
66121 Saarbrücken
Tel.: 0681 684837*

Fischmarkt Burbach

Neptuns Tafel im Saarbrücker Westen

In den Zeiten meiner Kindheit, noch vor Einführung der Fischstäbchen, war Fisch ein fester Bestandteil des volkstümlichen Speiseplans. Als günstiger Lieferant von tierischem Eiweiß kam entweder Kabeljau oder Seelachs meistens freitags und meistens paniert auf den Tisch. Seither sind die Preise gewaltig gestiegen und auch die Ansprüche an Frische, Auswahl und Zubereitung der Meerestiere.
Die Fahrt nach Burbach lohnt sich. Die übersichtliche Kühltheke beinhaltet so ziemlich alles, was Atlantik, Mittelmeer und Süßwasser hergeben. Wegen Überfischung und Fangquoten stammen Muscheln, Krabben und Krebse, Lachs und Forelle, Pangasius oder Tilapia fast ausschließlich aus Aquakulturen, für besonders geprüfte Anlagen gibt's ab 2009 ein Biolabel. Kompetent und freundlich beraten fällt unsere Wahl auf bretonische Fischsuppe und Rascasse, zarte Matjesfilets in Gartenkräutern, die lt. GLYX's Angaben sogar die Pfunde schmelzen lassen. Spitze! Für's homecooking gibt's Blätterteigpastetchen zum Füllen, etwa mit mildem Räucherlachsmus oder zum Verfeinern den Vermouth Noilly Prat Dry. Vorbildliche Kundenorientierung erfüllt jeden Wunsch. Auch den panierten Kabeljau. *SH*

Di – Fr 8 – 18 Uhr,
Sa 8 – 13 Uhr,
So und Mo geschlossen

Bergstraße 4
66115 Saarbrücken
Tel.: 0681 76871
www.fischmarkt-burbach.com

Früchte Dekker

Darf's ein bisschen besser sein?

Die Lage gegenüber dem Brebacher Bahnhof ist alles andere als 1a-City-Lauflage. Dennoch ist sie gut gewählt und seit Jahrzehnten bewährt. Erstens ist's nicht weit zum Großmarkt und zweitens liegt die kleine Halle direkt an der Ausfallstraße zu den besseren Wohnvierteln mit genügend Parkplätzen für entsprechende Karossen. Und so sind es auch nicht die schultafelgroß plakatierten kleinen Preise, die die werte Kundschaft anziehen. Die Generation Wirtschaftswunder schätzt bei Obst und Gemüse vor allem zwei Eigenschaften: Frische und makelloses Aussehen. In der Tat kann sich das Sortiment sehen lassen, was Vielfalt und Präsentation der Ware betrifft: rote Kartoffeln, fast zwei Dutzend Blattsalate, tropische Früchte und allerlei Exoten wie die Kräutersaitlinge. Die speziellen Wünsche setzen eine hohe ökonomische wie ökologische Toleranzschwelle voraus: Am Baum gereifte Mangos, Ananas aus der Karibik oder neueste Salatzüchtungen besorgt der Junior wöchentlich direkt in Rungis, dem Großmarkt von Paris. Diesen besonderen Service weiß natürlich auch der ein oder andere Edelgastronom zu nutzen. *SH*

Mo – Fr 9 – 18 Uhr,
Sa 9 – 14 Uhr

Saarbrücker Straße 19
66130 Saarbrücken
Tel.: 0681 872456

Früchte Kreis

Früchte, Saft, Gemüse ...

Ich gehöre zu den Leuten, die samstags gerne und lang in „der Stadt" einkaufen. Mit einem großen Einkaufszettel gehe ich auf den Bauernmarkt und dann in die Diskontopassage. Ich betrachte mir das Angebot und variiere im Kopf meine Rezepte für die folgende Woche. Ganz oft lande ich als letztes bei Früchte Kreis. Zunächst nehme ich dann mal einen „Saft des Tages" an der Saftbar (allein die Saftbar reicht als Grund, Früchte Kreis zu empfehlen; welche Köstlichkeiten kommen da aus der jeden Tag neuen Mischung von Obstsorten zusammen). Dann zücke ich meinen Zettel, um zu sehen, was noch fehlt. Das Sortiment von Kreis ist groß und gut. Es gibt exotisches Obst, eine riesige Kräuterauswahl, Pilze, immer eine große Auswahl an saisonalen Gemüsen, Früchten und oft etwas Neues, was ich nur aus Feinschmeckerzeitungen oder dem Urlaub kenne. Aber neben all diesen Köstlichkeiten ist bei Kreis etwas besonders anzumerken: Die Mitarbeiterinnen sind sehr freundlich und kompetent. Wie schön angenehm! Das ist ja leider nicht überall so. Meist kann ich nach „Kreis" meinen Einkaufszettel abhaken und mal schauen, was die Gastronomie am Markt zu bieten hat. *HG*

Mo – Fr 9 – 18.30 Uhr,
Sa 8 – 17.30 Uhr

Diskontopassage
66111 Saarbrücken
Tel.: 0681 35414
www.fruechtekreis.de

Heil

Die tägliche Versuchung

Jeden Morgen, wenn ich zur Arbeit komme und aus dem Auto steige, umweht mich ein Duft nach frisch gebackenen Leckereien der Bäckerei Heil. Aber ich widerstehe und gehe erst einmal mit forschem Schritt ins Büro. Doch spätestens wenn die Stresswellen wieder hoch schlagen oder ich in das „11-Uhr-Loch" falle, hält mich nichts mehr und ich gehe ebenso forsch zur Bäckerei. Hier meint man, die Zeit sei stehengeblieben. Verkäuferinnen in ihren weißen Kittel, wie früher, die einem immer nett die köstlichen Backwaren verkaufen. Alles zu humanen Preisen! Hier wird Schlange gestanden für Apfelkrapfen (so groß wie Dessertteller), Croissants in allen Variationen, natürlich auch Brot und Brötchen und nicht zu vergessen den Streuselkuchen! Superzart und mit dicken Krümeln, mit guter Butter gebacken, die man auch schmeckt und noch am nächsten Tag sehr gut zu essen (weder strohig noch hart, wie sonst oft). Es besteht Suchtgefahr! Aber meistens wird sowieso nichts alt. Wenn ich es nicht schaffe, alles zu vertilgen, gibt es im Verlag jemanden, der hilft, und unsere Geschäftspartner und Gäste erliegen auch gerne der Versuchung ... *SB*

Viktoriastraße 5.45 – 19.30 Uhr
Trierer Straße 5 – 18 Uhr, im
Sommer (Juli – Sept) bis 15 Uhr
Dudweiler Straße 6 – 18.30 Uhr

Ecke Bahnhof-/Viktoriastraße
66111 Saarbrücken
Tel.: 0681 42692

Käseladen Sabine Schmidt
Europäische Käsekultur

Kressmann betrat den einladend dekorierten Käseladen im Nauwieser Viertel. „Guten Morgen, Guido", erklang eine Frauenstimme. Kressmann drehte seinen Kopf zur Käsetheke und erkannte die Frau dahinter ebenfalls gleich. „Guten Morgen, Sabine!" Man hatte sich seit 25 Jahren nicht mehr gesehen. Seit Sabine Schmidt das Saarland verlassen und in Freiburg ihren Magister in Europäischer Ethnologie gemacht hatte. Nun ist sie wieder zurück mit ihrer 17-jährigen Erfahrung in Sachen Käse. Eine direkte Verbindung zu ihrem akademischen Abschluss lässt sich nicht herstellen, in ihrem Angebot befindet sich jedoch alles, was Europa an köstlichen Käsen zu bieten hat. Und der Renner im Verkauf stammt keineswegs aus unserem käseliebenden Nachbarland, sondern aus England.

Kressmann trinkt Kaffee an einem der Stehtische, sein Blick schweift über die Weinregale, über die Regale mit Pasta, Chutneys und Schüttelbrot, mit Accessoires und Literatur, an der Theke zwei italienische Frauen, die sich begeistert über das Angebot an italienischen Käsen äußern. Sabine Schmidt kam gerne zurück ins Saarland und Saarbrücken ist um eine gute Einkaufsadresse reicher. *JR*

Di – Sa 10 – 19 Uhr

*Johannisstraße 11
66111 Saarbrücken*

Martinshof

Bioland-Betrieb in Osterbrücken mit Stadtladen Saarbrücken

Was als mutiges Experiment vor genau 21 Jahren begann, darf sich heute mit Stolz als erfolgreiches Unternehmen bezeichnen. Der Martinshof ist längst ein Aushängeschild für das Saarland. Geschäftsführer Gerhard Kempf und seine Frau Monika beschäftigen 18 feste Mitarbeiter, mit Aushilfen sind es rund 60 Angestellte. Der Bioland-Betrieb in St. Wendel-Osterbrücken verfügt über 100 ha Landwirtschaft, knapp 30 Rinder und rund 120 Ziegen stehen in den Ställen. Aus der hofeigenen Bioland-Metzgerei und -Käserei kommen hervorragende Fleisch-, Wurst- und Milchprodukte. Seit 1998 betreibt Familie Kempf den Stadtladen in Saarbrücken. Hier gibt's von A bis Z alles rund ums Thema Essen und Trinken. Beliebt ist der Mittagstisch, wo man sich täglich zwei Suppen schmecken lassen oder an der Salatbar bedienen kann. Ab und zu werden auch Gerichte wie Pellkartoffeln mit handgeschöpftem Quark oder Leberknödel mit Sauerkraut angeboten. Wem der Weg nach Oster- oder Saarbrücken zu weit ist, der kann sich beliefern lassen. Gerhard Kempf: „Wir fahren pro Woche rund 900 Kunden an, inzwischen im Umkreis von 150 Kilometern." Tendenz: steigend. Bio ist „in" – und das ist erfreulich. *TR*

*Mo – Fr 9 – 19 Uhr,
Sa 9 – 16 Uhr*

*Diskontopassage
66111 Saarbrücken
Tel.: 0681 3908650
www.martinshof.de*

miori

Genuss in rot-schwarz-beige

Seit November 2006 gibt es diesen schön gestylten Laden für anspruchsvolle Kunden, dort wo man ihn nicht vermuten würde, in Fechingen. Frau Wilhelm hatte den Mut, etwas Besonderes, Unvergleichliches zu wagen und wurde belohnt. Das asiatisch wirkende Geschäft in rot-schwarz-beige hat sich etabliert und heute viele Stammkunden. Das ist verschiedenen Faktoren zu verdanken: Es ist ein interessantes Geschäft mit äußerst vielfältigem Angebot, guter freundlicher Beratung und guten Parkmöglichkeiten. Es gibt Wohnaccessoires, Wellnessartikel, Geschenkideen (Einpackservice), Weine, Champagner und Feinkost. Sie finden über 25 Sorten Öle, Essige, Gewürze, über 150 Teesorten, Kaffees, Marmeladen, 60 Sorten Schokoladen, Antipasti, Pasta, Saucen, Pâtés, Käse. Fast alles kann man probieren. Bringen Sie etwas Zeit mit! Es sind viele Topmarken zu haben, mit entsprechenden Preisen, aber es lohnt sich auch für den mittleren Geldbeutel, hier einmal hereinzuschauen. Das macht auf jeden Fall Spaß! Es gibt gelegentlich Verkostungs-Events und bald auch einen Webshop. *MMG*

Mo – Fr 10 – 19 Uhr,
Sa 10 – 18 Uhr

Saarbrücker Straße 148 – 158
66130 Saarbrücken
Tel.: 0681 9880890
www.miori.de

Tesorito

Veredelte Caffè-Pause im Nauwieser Viertel

Den besten Kaffee des Viertels gab es schon immer an der zentralen Kreuzung Förster-/Cecilienstraße, das wissen alle Nauwieser Café-Bohémiens, Getreuen von König Ubu et al. Kein schlechter Platz also für eine Kaffeerösterei, dachte sich Danny Wiedemann und eröffnete 2007 ebendort ihre Kaffeerösterei Tesorito. Im feuerwehrroten Diedrich-Röster veredelt sie die Bohnen. Mehr als 10 Jahre Erfahrung sagen ihr, wann Aroma und Farbe perfekt sind. Viel dunkles Braun auch im Laden selbst, warmes Rot an den Wänden und das matte Silber der Kaffeeschütten. Die urbane Behaglichkeit ist auch der Belle-Epoque-Substanz des Eckhauses zu verdanken: Durch zwei große Rundbogenfenster fällt das Tageslicht auf die hohe, freigelegte Natursteinwand, eine antike spanische Holztür gibt der stylishen Kaffeebar einen nobel-rustikalen Touch. Zur akustischen Erbauung läuft der kultivierte Musikmix von FIP, seit nunmehr 30 Jahren das Lieblingsradio der Bohème. Freundlich serviert, vielleicht mit einem Stück Kuchen oder Schokoriegel aus dem Sortiment, wird der Caffè zum Hochgenuss. Eine anspruchsvolle, angenehme und dankbare Klientel beweist: Guter Geschmack zahlt sich eben doch aus! *SH*

*Mo – Fr 8 – 19 Uhr,
Sa 9 – 18 Uhr*

*Cecilienstraße 16
(Eingang Försterstraße)
66111 Saarbrücken
Tel.: 0681 9101655
Onlineshop: www.tesorito.de*

Thome

Und das ist gut so

Wo ist die beste Metzgerei von Saarbrücken? Diese Frage hörte ich kürzlich. Ich kann einen Kandidaten anbieten: die Bio-Metzgerei Thome. Schon die Eltern von Peter Thome betreiben eine Metzgerei in Burbach. 1984 kamen Peter Thome und seine Frau Sabine eher zufällig in Kontakt mit dem Hofgut Imsbach (damals eine der Hochburgen der Biohöfe). Er merkte sehr schnell die Unterschiede im Umgang mit den Tieren und im Fleisch, fand Gefallen daran, richtig gutes Fleisch zu verarbeiten. Heute ist er überzeugter Bioland-Metzger und hält Vorträge zu diesem Thema. Ich lerne jedes Mal etwas Neues bei ihm. Er erzählt von traditioneller Wurstherstellung und zweischneidigen Details neuer Bio-Labels. Er berichtet von gesunder Ernährung, den Problemen von Allergikern (die immer mehr werden) und hat Koch-, Würz- und Zubereitungstipps. Das Fleisch bezieht die Metzgerei übrigens vom Biolandhof Konrad Meiers in Losheim. Aber nicht nur wegen der Theorie empfehle ich die Metzgerei. Ob Fleisch für Fondue, Filet oder Suppenfleisch, ob „Grauwurst", „Aufschnitt" oder Schinken. Schmeckt super! Als Wegzehrung nehme ich noch einen Fleischkäse-Weck mit. Einfach lecker! *HG*

Mo – Do 6 – 13.15 Uhr,
Fr 6 – 18 Uhr,
Sa 6 – 13 Uhr

Burbacher Straße 18
66115 Saarbrücken
Tel.: 0681 79860

Schales
Ein ganzes Büro hat für Sie getestet!

Die Bäckerei Schales dürfte bei überzeugten Bio-Kunden mittlerweile überregional bekannt sein, denn außer in dem eigenen Naturkostladen in Völklingen werden ihre Produkte in diversen Biofachgeschäften im Saarland und seinen „Nachbarländern" angeboten.

Hervorragend finde ich das Angebot an Backwaren, die jeweils nur eine Mehlsorte enthalten, und die Auswahl an glutenfreien Lebensmitteln – ideal für Allergiker. Getreu dem „Bio"-Konzept werden die Zutaten möglichst aus heimischen, biologisch angebauten Produkten gewonnen, aus Vernunftgründen also rundherum empfehlenswert.

Wie sieht es aber aus der Sicht etwas unvernünftigerer Leckermäuler aus, kurzum: Wie schmecken die Produkte „Nicht-Bio"-Kunden? Also: „Biokunden"-freie Sphäre gesucht! Idealfall: mein Büro – eine Brötchenauswahl quer durchs Sortiment spendiert und anschließend Interviews geführt. Die Meinungen waren durchaus geteilt, aber in einem Punkt einig: Ein knuspriges „konventionelles" Brötchen schmeckt einfach besser! Vielleicht stellt sich der „Biozunft" da noch eine Aufgabe für die Zukunft ... Ich empfehle jedenfalls lieber ein kräftiges Vollkornbrot, ist kerngesund und trotzdem lecker! *KG*

**Mo – Fr 8 – 18 Uhr,
Sa 8 – 13 Uhr**

Bismarckstraße 48
66333 Völklingen
Tel.: 06898 16427
www.schales-vk.de

Eisen Marx
Saarland-Grillschule mit Frank Seimetz

Hier haben sich zwei gefunden: Klaus Marx und Frank Seimetz. Der eine kommt aus einem alt eingesessenen Eisenwarengeschäft in Klarenthal, der andere aus alteingesessener saarländischer Gastronomie. Der eine mit immer wieder neuen und originellen Verkaufsideen. Der andere mit einem Faible für ungewöhnliche gastronomische Events. Beide haben die vorgezeichneten Wege ihrer jeweiligen Branche verlassen – und beide mit Erfolg. Wie könnte es anders sein, als das ihr gemeinsames Projekt, die Saarland-Grillschule, ebenfalls ein Erfolg ist. Beide eint die saarländische Grillleidenschaft. Anmerkung: An der Stelle finde ich die Aufeinanderfolge von drei Konsonanten zum ersten Mal nicht komisch, sondern sehr passend, es könnten für meinen Geschmack sogar fünf sein. Sprechen Sie das Wort einmal laut aus und Sie werden verstehen, was ich meine: Grilllleidenschaft! Aber auch hier hängen beide längst nicht mehr an der zu diesem Zweck landesweit üblichen Gerätschaft. Klar, Sie können beim Eisen Marx natürlich auch einen traditionellen Schwenker erwerben, wenn Sie allerdings einmal erlebt haben, was und wie Frank Seimetz auf diversen anderen Spezialgrills so zaubert, wird Ihre Entscheidung womöglich anders ausfallen.

Wie dem auch sei, die Teilnahme an einem Seminar der Saarland-Grillschule ist in jedem Fall in hohem Maße genuss- und lehrreich. (Tipp: Die Teilnehmerzahl ist begrenzt, die Nachfrage sehr groß. Ich empfehle langfristige Reservierung.)

Damit Sie eine Ahnung davon kriegen, wovon ich spreche, hier einfach der Ablauf: Zum Empfang auf der einladend gestalteten Grillterrasse wird Champagner gereicht. Mehrere verschiedene Grills sind aufgebaut

(Gas, Holzkohle, Smoker), vorbereitetes Grillgut ist auf dem Tisch angerichtet. Zum Einstieg hat Seimetz kleine Spieße vorbereitet, Lammhüfte und Merguez abwechselnd aufgespießt, in einer Marinade aus Öl, Thymian, Knoblauch und Chili über Nacht mariniert. Die werden auf eine erhitzte Grillplatte gelegt. Inzwischen wird eine Eiermischung mit Parmesan und Morcheln angerührt, Zanderstücke werden durchgezogen und ebenfalls auf der gut geölten Platte kurz gegart. Diese kleinen Köstlichkeiten werden auf der Terrasse aus der Hand gegessen, während die beiden Initiatoren bereitwillig über ihr jeweiliges Spezialgebiet Auskunft geben. Auf den Champagner folgt eine Auswahl ausgezeichneter Weine, das setzt sich durch den ganzen Abend fort. Nach diesem ersten Vorgeschmack begibt man sich gemeinsam in die professionell ausgestattete Küche im gemütlichen Gewölbekeller. Hier werden nun unter Anleitung Beilagen, Dipps und Salate zubereitet: Salat von Farfalle und Puy-Linsen, Salat von Flusskrebsen, Kaiserschoten und Mango, gegrillter grüner Spargel mit Gorgonzola und Bacon, ein Rhabarber-Chutney und Bärlauchpesto. Frank Seimetz kann gleichzeitig Gemüse klein schneiden und seinem Gesprächspartner in die Augen schauen. Klar, das erwartet man von einem Koch, der sein Handwerk gelernt hat und versteht, aber Seimetz lässt den staunenden Beobachter nicht in erfurchtsvoller Erstarrung, sondern erklärt gleich, wie man's macht, schneiden ohne hinzugucken. Eigentlich simpel, wenn man weiß wie.

Kaninchenkeulen werden mit Morcheln gefüllt, eine Kalbsnuss in ein Senf-Netz verfrachtet und Kartoffeln mit Meersalz und Fenchelsaat bestreut. Mit diesen Zutaten wird der Langzeitgrill bestückt. Frischer Spargel wird für den Rauch vorbereitet, Lamm aus der Kefir-Nuss-Marinade für die Weiterverarbeitung zubereitet.

Ich bin mir nicht sicher, ob ich mir alles gemerkt habe, eher nicht. Man verliert in diesem ansprechenden Ambiente, bei hervorragendem, unaufdringlichem Service (großes Kompliment an Familie Marx!) und bei den köstlichen Rezepten und hilfreichen Tipps von Frank Seimetz ein wenig das Gefühl für die Zeit. Plötzlich ist dann alles fertig, wird als Buffet angerichtet und man lässt sich an der festlich gedeckten Tafel im Gewölbekeller nieder und speist gemeinsam. *JR*

Ein außergewöhnliches gastronomisches Event auf sehr hohem Niveau!

Die konkrete Utopie

Kressmann stutzt: konkrete Utopie, ist das nicht ein Widerspruch? Utopie ist doch etwas, was gerade nicht ist, oder noch nicht, jedenfalls nicht konkret, nicht greifbar. Ernst Bloch ist der Philosoph der konkreten Utopien, der Tagträume, des Prinzips der Hoffnungen. Im Zentrum seines Denkens steht der über sich hinausdenkende Mensch. Das Bewusstsein des Menschen ist nicht nur das Produkt seines Seins, es ist vielmehr mit „Überschuss" ausgestattet. Dieser „Überschuss" findet seinen Ausdruck in der bildenden Kunst, in der Musik und bei den Tagträumern. Hier, in der Hohenzollernstraße 79, geht es also um den Entwurf eines Tagträumers, um ein Programm. Ein gastronomisches Programm. Und dieses Programm hat einen Namen: Giovanni.

Geboren in Kalabrien, gelangte er über Spanien und Frankreich nach Saarbrücken. Und hier realisiert er seine ganz persönliche konkrete Utopie der Gastronomie. Das Lokal: Ein Un-Ding. Kressmann stutzt schon wieder: Ist das der Gastraum? Tische und Stühle deuten darauf hin. Oder ist es ein Laden? Regale mit Wein, Essig und Ölen, mit Pasta, Antipasti, Würsten, Schinken und Käse lassen diese Vermutung aufkommen. Und was ist mit dem Herd da an der Wand? Stehe ich hier etwa in der Küche? Dreimal ja. Man lässt sich hier nieder zum Speisen, alle Produkte sind käuflich zu erwerben und gekocht wird hier auch! Vor allem bei den beliebten Kochkursen, wie sie Giovanni mit Engagement und Leidenschaft zelebriert.

Kressmann sieht sich mit einem Dutzend netter Leute um eine

lange Tafel versammelt, auf der Küchenwerkzeuge, Gewürze, Zutaten und auch sonst allerlei versammelt sind. Giovanni gibt einen ungefähren Überblick über die Dinge, die zu erwarten sind.

Er verteilt locker ein paar Arbeiten. Doch bevor es ans Schnippeln, Reiben, Rühren geht, begrüßt man sich mit einem Glas Moselsekt. Dieser Vorgang wird mehrfach wiederholt.

Diverse Vorspeisen werden zubreitet: Eine Paste aus Thunfisch und Mascarpone wird in ein Salatblatt eingerollt, Crostini mit Ziegenfrischkäse und Honig bestrichen und Radicchiosalat mit süßen Kirschen gewendet. Zwischendurch begrüßt man sich immer mal wieder. Dann gibt Giovanni das Geheimnis seiner Spagetti alle Vongole preis, die werden dann zur Seite gestellt zwecks späterer Zubereitung. Die Maispoularden, in Stücke geschnitten und mehrere Stunden mariniert, erhalten die letzte Würzung, bevor sie für einige Zeit im Backofen verschwinden. Derweil brutzelt auf dem Herd das Paprikagemüse. Für den Nachtisch werden Pflaumenhälften mit Obstschnaps beträufelt und mit Gorgonzola gefüllt. Das Ganze verläuft ohne jede Hektik, es ist viel Zeit zu reden, zu fragen und Giovanni gibt kompetent Auskunft, hat Tipps auf Lager und kennt gute Einkaufsadressen. So vergehen ein bis zwei Stunden wie im Flug. Schließlich gibt es nichts anderes mehr zu tun, als all die leckeren Dinge, die man zubereitet hat, gemeinsam aufzuessen. Zu jedem Gang gibt es einen passenden Wein und da man sich mittlerweile ausgiebig begrüßt hat, trinkt man auf das Leben und die Gesundheit, das gute Essen und überhaupt.

Die konkrete Utopie ist etwas sehr Spezielles, sowohl im philosophischen Sinne wie auch in der gastronomischen Praxis. Sie ist etwas für Menschen, die in der Realität nicht nur das Vorhandene sehen, sondern auch das Potential an Möglichkeiten, die bereit sind, auch mal jenseits der ausgetretenen Pfade ein paar Schritte zu wagen. Sollen am Schluss noch einmal die Protagonisten zu Wort kommen. Bloch: „Die Welt ist ein Versuch und der Mensch hat ihm zu leuchten." *JR*

Giovanni: „Salute!"

Landkreis Saarlouis

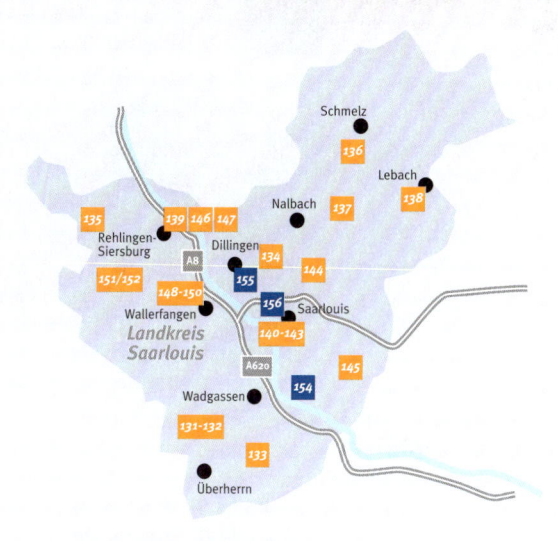

Wir hatten uns für diesen Guide orange vorgenommen, die Wochen- und Bauernmärkte im Saarland etwas genauer vorzustellen. Den Saarbrücker Märkten haben wir auch einen eigenen Beitrag gewidmet. Bei den Recherchen „im Land" mussten wir feststellen, dass die Märkte teilweise sehr stiefmütterlich behandelt werden. Mitunter werden sie von „Ordnungsamt" oder „Marktmeister" (das klingt schon sehr technisch) mehr verwaltet, als zum Nutzen der Kunden und im Sinne der Händler und Produzenten geführt. Zum Teil werden die Märkte von Restaurants und ortsansässigen Geschäften verdrängt, die ihre Außenbereiche „für sich" haben wollen. Konkurrierende Supermärkte und fehlende Fantasie lassen die Märkte zunehmend unattraktiv erscheinen. Spätestens jetzt ist der kritische Konsument gefragt, der saisonale, frische Produkte vom regionalen Erzeuger kauft.

Termine und Standorte

Lebach	City	Do	8 – 18.00
Saarlouis	Markt	Di, Fr	8 – 12.00
Bauernmarkt Saarlouis		Sa	8 – 12.00
Dillingen	Kirchplatz	Do	8 – 13.00
Schmelz	Marktplatz	Do	8 – 12.00
Hüttersdorf	Marktplatz an der Kirche	Fr	8 – 12.00
Schwalbach	Festplatz	Do	8 – 12.00
Schwalbach-Elm	Festplatz	Mi	8 – 12.00
Überherrn	Am alten Bahnhof	Di	7.30 – 12.00

Bistro — Berus *LK Saarlouis*

Leib und Seele

Chez moi

Küche ▰▰
Ambiente ▰▰

Unscheinbar von außen erscheint das kleine Lokal und lässt zuerst einmal vermuten, dass es eine Adresse für Insider ist. Wir können unsere Plätze entweder auf der heimischen Hof-Terrasse oder dem liebevoll hergerichteten Gastraum auswählen.
Johanna Lunau begleitet uns rührig den ganzen Abend und versorgt ihre Gäste auf maximal 26 Plätzen. Im Gespräch spürt man die Wärme und Liebe, die das Ehepaar zu ihrem jungen, „kleinen Restaurant" empfindet.
Seit März 2008 bieten beide in den ehemaligen Räumen einer Schwarzwaldstube und späteren Kneipe nun eine, wie Gerd Lunau selbst sagt: „frische und nicht abgehobene Küche", an. So ist es nicht verwunderlich, dass seine Speisekarte je nach Saison wechselt. In der Küche wird kreative und experimentierfreudige Arbeit geleistet. So überzeugt uns optisch und geschmacklich der mit Waldhonig gratinierte milde Ziegenfrischkäse an Blattsalaten. Die Komposition von Jakobsmuscheln mit Couscous und Pfifferlingen schmeckte vorzüglich. Die Beilagen zu allen Gerichten waren gut abgestimmt. Wir wünschen uns, dass die Natürlichkeit von Madame und die Freude am Kochen von Monsieur uns für die Zukunft erhalten bleiben. *MS*

Karte 4,20 – 24,50 €
Mi – Fr, So 12 – 14 u. 18 – 22 Uhr,
Sa 18 – 22 Uhr,
Mo und Di Ruhetage

An der Port 3
66802 Berus
Tel.: 06836 471799
www.restaurant-leib-und-seele.de

LK Saarlouis **Berus** — **Klassisch** 132

Margaretenhof
Ein Haus setzt auf Tradition

Küche ▮▮▮
Ambiente ▮▮

Seit nunmehr 11 Jahren leitet der Koch und Gastronom Helmut Kuhn mit seiner Frau den Familienbetrieb Margaretenhof, der sich in luftiger Höhe von rund 360 Metern oberhalb von Berus an der Orannastraße befindet. So könnte man den Margaretenhof auch als Restaurant mit Weitblick bezeichnen. Schon bei der Anfahrt erhalten wir einen Einblick in das benachbarte Lothringen und vom Restaurant aus einen Ausblick über das gesamte Saartal. Im Zentrum des Gastraums befindet sich eine offene Grillstätte, die auch das Herzstück des Küchen- und Speiseplans offenbart. Nicht nur das Kaninchen und das Lammcarrée, sondern auch ein Straußensteak werden frisch und herzhaft vom Küchenmeister, der auf klassische Küche baut, auf der Buchenholzglut zubereitet.

Die Beilagen sind mit saisonalen Produkten traditionell garniert, die Bedienung reagiert schnell und zuvorkommend auf unsere Extrawünsche. Durch die kleinen Weingebinde (1/2 Flasche) können wir unser Getränk auf den jeweiligen Gang gut abstimmen. So stellen wir uns wunderschöne Spaziergänge mit anschließenden heimeligen Winterabenden und im Sommer die leichte Grillküche vor. *MS*

Hauptgerichte 14 – 28 €
Menü 46 €
Mo – Mi, Fr und Sa 15 – 24 Uhr,
So 11 – 24 Uhr,
Do Ruhetag

Orannastraße
66802 Berus
Tel.: 06836 80010
www.margaretenhof-hotel.de

Klassisch *Differten LK Saarlouis*

Zum Fischweiher

Grillspezialitäten "ganz nebenbei"

Küche
Ambiente

Im Sommer sollte man rechtzeitig reservieren und einfach mal fragen, ob denn der Tisch draußen, vorn am Weiher, noch frei ist. Haben Sie Glück und sitzen schließlich dort am Fischweiher in Differten, dann werden Sie nicht nur einen malerischen Sonnenuntergang erleben, sondern auch köstlich bekocht werden. Nicht etwa, wie der Name vermuten lässt, in erster Linie mit Fischgerichten – an unserem Abend gab es derer drei –, sondern vor allem mit Grillspezialitäten vom offenen Feuer innen im Restaurant. Das Rinderfilet und das Lammcarrée mit Speckbohnen und Rosmarinkartoffeln waren vom Feinsten, ebenso wie die – als "kleines" Gericht geradezu bescheiden angeführten – Jakobsmuscheln auf Ratatouille mit Reis. Nach diesem Genuss mussten wir ein Dessert, genauer zwei, wählen: eine hausgemachte Mousse mit Vanilleeis und Quark-Vanille-Nocken auf Fruchtpüree. Der Genuss blieb. Und wir auch. Ziemlich lange sogar und kamen dann noch mit dem Chef und "Mann am Grill", Paul Lutz, ins Gespräch, der uns erzählte, dass er den Fischweiher schon seit 1975 betreibt, allerdings "nur nebenbei". Bleibt zu hoffen, dass er diesem Nebenjob noch lange nachgeht. *SO*

Karte 6 – 19 €
Menüs 19 – 38 €
Mi – Sa 18 – 22 Uhr,
So 11 – 15 und 18 – 22 Uhr,
Mo und Di Ruhetage

An der Eulenmühle
66787 Differten
Tel.: 06834 6731
www.fischweiher.de

LK Saarlouis **Dillingen-Diefflen** — *Italienisch* **134**

Ambition

Ristorante Valenti im « Riccione »

*Tradition und Moderne
Hand in Hand*

Küche
Ambiente

Knapp ein Jahr war Herr Valenti in Püttlingen, da zog es ihn wieder dahin zurück, wo er wohnt und auch von Beaumarais her seine Stammkundschaft hat. Die Gelegenheit war günstig, der Eigentümer des „Ristorante Riccione" suchte einen Nachfolger. Seit 1.8.08 ist das nun Herr Valenti. Das „Riccione" hat eine lange Tradition und ist auch dementsprechend üppig nostalgisch dekoriert. Nun gibt es also zwei „Stammkundschaften": die von Herrn Carmine und die von Herrn Valenti. Da hat er nun die Aufgabe, sie zu vereinen und die gutbürgerliche und seine moderne, kreative italienische Küche parallel laufen zu lassen. Die Speisekarte des „Riccione" bleibt leicht verändert erhalten mit kleiner Pizzakarte, und es gibt eine wechselnde Tageskarte mit frischem Fisch, Meeresfrüchten, Fleisch, Pasta nach Einkauf, Saison und Lust des ambitionierten Kochs. Die Antipasti und so manche Pasta sind hausgemacht. Wir aßen Jakobsmuscheln auf Linsensalat mit einem Schälchen Venusmuschel-Salat, Agnolotti gefüllt mit Kalbsragout auf Ricotta-Creme mit frischen Tomaten, Thunfischsteak mit Kräutersenfkruste und Fenchel-Ananas-Salat. Und das klingt nicht nur toll! Viel Erfolg, Herr Valenti. *MMG*

*Vorspeisen 9,50 – 14,50 €
Hauptspeisen 17,50 – 24,50 €
6-Gänge-
Überraschungsmenü 29,50 €
Di – So 11.30 – 14 u. 18 – 22.30 Uhr,
Mo Ruhetag*

Dillinger Straße 84
66763 Dillingen-Diefflen
Tel.: 06831 74896

Pehlinger Hof
Wer's ländlich liebt

Küche
Ambiente

Hinter Siersburg den Berg hinauf Richtung Lothringen. Zur Zeit der Rapsblüte ist schon die Anreise eine Wonne! Regional, saisonal und absolut frisch präsentieren sich dann auch die Speisen auf dem Pehlinger Hof. Und um das Ganze noch authentischer zu machen, um ihm die Krone aufzusetzen: Stallgeruch! (Aus dem angrenzenden, durch eine große Glasscheibe getrennten Viehstall.) Wer damit seine Probleme hat, dem sei dieses originelle Lokal nicht empfohlen. Wem aber das Natürliche nichts anhat, wer's ländlich liebt und rustikal, der wird sich in der freundlichen Atmosphäre von Norbert Adams Bauernstube schnell wohl fühlen. Für die Küche zeichnet die Gattin verantwortlich, Petra Adam. Die Speisekarte selbst kommt keineswegs nur deftig daher, wie man vielleicht vermuten würde! Im Gegenteil! Kressmann aß dort beispielsweise Teigtaschen mit Frischkäse und Bärlauch, die jedem Gourmet-Restaurant zur Ehre gereicht hätten. Tellergerichte werden zwischen 5 und 15 € angeboten.

Im Hofladen ist alles zu erwerben, was der Hof an Produkten abwirft: Konfitüren aus dem eigenen Obstanbau, Schnäpse aus der hauseigenen Brennerei, Wurst und Schinken aus der eigenen Zucht. *JR*

Karte 5 – 15 €
Hofladen: Di – Fr 10 – 18.30 Uhr,
Sa 10 – 16 Uhr
Adams Bauernstube:
Do – Sa ab 16 Uhr, So ab 12 Uhr

Pehlinger Hof
66780 Gerlfangen
Tel.: 06833 1010

LK Saarlouis **Hüttersdorf** — Urig 136

Rita's Natur- und Vollwertküche

Sexy Vollwert

Küche ▰▰▰▰
Ambiente ▰▰▰

Gelegentlich sitzt Kressmann in einem Restaurant und sinnt nach über das Besondere der jeweiligen Lokalität. Bei Rita nicht nötig: Das Besondere springt hier alle Sinne an! Der herzliche Empfang, die freundliche und zugewandte Ansprache, das lässt beim Gast keinen anderen Gedanken aufkommen, als: Hier bin ich willkommen. Aus der halboffenen, gläsernen Küche dringen appetitliche Düfte. Kräuter. Ferien. Mittelmeer. Daran erinnert vieles hier, besonders der kleine, überdachte Innenhof (wenn man nach oben schaut, möchte man ein paar Wäschestücke an der Leine hängen sehen). Auf dem Teller: Zucchini-Tomaten-Gratin mit einem Jus zum Schlürfen. Glücklicherweise nimmt Kressmanns Begleiterin keinen Anstoß an derart genüsslichen Geräuschen. „Die Blütenblätter bitte mitessen", sagt Rita, „sie enthalten ein paar ganz besondere Wirkstoffe." Nächster Gang: Auberginen-Lasagne, Bratkartoffeln, Lammfilet. Griechenland? Egal. Genuss kennt keine Nationalität. Den Nachtisch teilt Kressmann sich mit seiner Begleiterin. Die Mango-Ingwer-Creme regt beider Kehlen zu wonnigen Lauten an, die auch Rita nicht entgehen. „Ja, ja", sagt sie, „diese Creme ist wirklich sexy." *JR*

**Karte 5,50 – 18 €
Menüs 16 – 19 €
Mi – Sa ab 18 Uhr,
So ab 17 Uhr,
Mo und Di Ruhetage**

*Bettinger Straße 14
66839 Hüttersdorf
Tel.: 06887 2613
www.ritas-vollwertkueche.de*

Körpricher Landbräu

*Landbrauerei
mit Braustube und Biergarten*

Küche ▬▬▬
Ambiente ▬▬

Soll doch jeder essen, was er will! Normalerweise. Es gibt allerdings auch Situationen, in denen ein Machtwort des Familienoberhauptes angesagt ist. Wie neulich in Körprich. Da wollte doch glatt jeder einen Flammkuchen essen, weil die so riesig und lecker direkt aus dem Holzsteinbackofen im Garten in die gemütliche Braustube daherkamen. Das geht nicht – sage ich – wir sind hier, um für den Guide orange zu testen. Da könnt ihr nicht alle das Gleiche essen. Also bestellte ich: Lyonerring mit Bratkartoffeln, Tafelspitz mit Meerrettichsauce, Rumpsteak mit Kräuterbutter und Ofenkartoffeln mit Kräuterquark.
Dazu das frische selbst gebraute Bier für die Erwachsenen. Alles zusammen eine herzhafte und runde Sache. Mir war allerdings klar, dass ich nach diesem autoritären Akt nicht mehr mit einem objektiven Urteil rechnen konnte. Allein, die blank geputzten Teller sprachen für sich. Klar, man hätte vielleicht auch einen Flammkuchen als Vorspeise für alle bestellen können. Nur mal so zum Probieren. Aber – wie bemerkten Max und Benedict ganz treffend: Und was ist, wenn der so gut ist, dass wir gar nichts anderes mehr essen wollen?! In der Tat – die Gefahr besteht. *JR*

*Karte 6,50 – 13,80 €
So 12 – 23 Uhr,
Di – Sa 17 – 24 Uhr,
Mo Ruhetag
(außer an Feiertagen)*

Bahnhofstraße 40
66809 Körprich
Tel.: 06838 1447
www.landbrauerei.de

LK Saarlouis **Lebach**   *Italienisch* **138**

Ambition

Locanda Grappolo d'Oro
Platz nehmen und Genießen

Küche
Ambiente

Feine mediterrane Küche ja – ein typischer Italiener sicher nicht. Pizza bietet die Karte keine, dafür wohl ausbalancierte, meisterliche italienische Kochkunst. Wir wurden von des Meisters Ehefrau, die den Service freundlich und mit Überblick leitet, mit einer warmen, nicht aufgesetzten Herzlichkeit begrüßt. Ihren Empfehlungen folgend entschieden wir uns für ein aus Kalbsrücken zelebriertes Vitello Tonnato mit Orangensalat und fanden, genauso muss es schmecken: das Fleisch zart und saftig, seine Struktur wahrnehmbar und nicht mürbe, sein Eigengeschmack in Harmonie mit der Thunfischsauce und den gut dosierten, nicht dominierenden Kapern. Anschließend begeisterte uns der Thunfisch auf Artischocken mit einer Olivetapenade, auch wenn der Thunfisch nach unserer Meinung etwas zu lange gebraten war. Saftig und von feinem Geschmack war er allemal. Die angebotenen Weine kommen ausschließlich aus Italien. Domenico Stira ist trotz seiner hohen Kochkunst ein bescheidener Mensch geblieben, der in seiner Freizeit malt. Seine bunten Kunstwerke bilden den Rahmen für seine feinen Speisen. Ohne Zweifel – der Weg zu Domenico Stira und seiner Familie lohnt sich! *HGH*

Vorspeisen 7 – 21,50 €
Hauptspeisen 19,50 – 26 €
Menüs 53 – 64 €
Di – Fr, So 11.30 – 14 u. 19 – 22 Uhr,
Sa 19 – 22 Uhr,
Mo Ruhetag

Mottener Straße 94
66822 Lebach
Tel.: 06881 3339

Niedmühle

Genuss pur

Küche ▬▬▬
Ambiente ▬▬▬

Schon als wir dieses idyllisch gelegene Restaurant betraten, fühlten wir uns wohl. Reservieren sollte man, das Restaurant ist aus gutem Grund häufig ausgebucht. Wir setzen uns auf die Terrasse mit Blick über den Park, statt in den hellen Wintergarten oder das gemütliche Kaminzimmer. Mein erster Eindruck wurde durch die hervorragende Küche noch übertroffen. Neben den kreativen à-la-carte-Gerichten bietet Stefan Burbach dienstags und mittwochs ein 4-gängiges Menü an, das auch für schmale Brieftaschen erschwinglich ist. Alle Gerichte waren mit frischen Kräutern passend und fein aromatisiert, wie der Minzquark, das Thunfischtatar mit Spargelsuppe, die Scampi auf frischen Safranbandnudeln, das exzellente Lamm und die köstliche Erdbeerkaltschale mit Vanilleeis-Wantan. À la carte kann man in Gerichten schwelgen wie Rinderfilet mit gebackenen Schnecken, Zanderfilet mit Jakobsmuscheln oder Entenbrust mit scharfer Mango-Salsa. Hier wird mit Leidenschaft und Hingabe gekocht und der Gast ist König. Perfekt auch das Timing zwischen den Gängen. Die Weinkarte bietet edle Tropfen zu vernünftigen Preisen. Ein wahres Kleinod saarländischer Gastlichkeit. *GR*

Karte 26,50 – 31 €
Di und Mi 4-Gänge-Menü 32,90 €
4-Gänge-Menü 62 €, 6-Gänge-Menü 75 €, Mi – Fr, So 12 – 14 u. 18 – 22 Uhr, Sa 18 – 22 Uhr, Mo und Di Ruhetage

Niedtalstraße 13 – 14
66780 Rehlingen-Siersburg
Tel.: 06835 67450
www.restaurant-niedmuehle.de

Saarlouis

Chez Eric, Escargot
Wo Sterneköche relaxen gehen

Küche
Ambiente

Wenn Christian Bau oder Jean-Pierre Haeberlin inkognito in der heimlichen Hauptstadt unterwegs sind, kehren sie beim Saarlouiser Gérard Depardieu ein, der eigentlich Rennfahrer werden wollte: Chez Eric. Denn hier geht es erholsam ungekünstelt und handfest zu. Ob Rochenflügel in „beurre noir" mit Kapern, oder seinem Klassiker, dem in Kräutern der Provence gewälzten Entrecote mit Pommes frites (handgeschnitten) und Aioli: Sie liegen immer goldrichtig. Der Patron ist lässig (und ist die Butze mit 24 Innenplätzen noch so eng) und spendabel (der Crémant fließt schon mal aufs Haus), er kennt seine Stammkunden noch aus Golfplatzzeiten, seine Produkte taufrisch. Und: You get what you order! Kein Schmu auf den Tellern, keine Dauerradioberieselung, gegen die man anreden muss, Wiesenblumensträußchen auf den Tischen und kaum Chi-Chi bei den Gästen, der Service von Madame und Natascha Labsal diskret und unaufdringlich. Falls Sie Geschäftsgeheimnisse haben, reservieren Sie am besten das ganze Lokal oder den Biergarten hinter dem quietschgelben Haus. Vor allem abends, gegen Ende der Woche oder bei schönem Wetter brummt der Laden. *PvP*

Karte 12,50 – 26,50 €
Mo – Sa 12 – 14 und
18.30 – 22 Uhr,
So Ruhetag

*Handwerkerstraße 5
66740 Saarlouis
Tel.: 06831 7689693*

Le Meunier

Unterm Löffellüster löffeln

Küche
Ambiente

„In diesem Bistro ist fast alles käuflich zu erwerben", so die Geschäftsidee in einem „Bistro & Magasin" inmitten der Saarlouiser Altstadt. Ob Stuhl, Löffel, Tisch oder Glas, alles wird den Gästen feilgeboten. So lassen wir unsere Augen über die vielen Accessoires im Gastraum wandern. Gut eingestimmt wurden wir schon bei der Reservierung von der freundlichen Art der Inhaberin Barbara Meunier. Zu Beginn bekamen wir warmes, selbstgebackenes Brot und verkosteten verschiedene Sorten leckeren Olivenöls während unserer Essenswahl. Unser Favorit war mit Abstand das Olivenöl mit Basilikum. Die Antipasti entsprachen ganz unserem Geschmack, der Paprika war noch schön bissfest, also nicht matschig, und richtig gewürzt. Leider konnte beim Hauptgericht das Niveau nicht gehalten werden. Sowohl die gebratenen Thunfischwürfel im Salat „Le Meunier" als auch die in Honig und Thymian gebratene Entenbrust waren für unsere Bedürfnisse nicht auf den Punkt gebracht. So gewannen wir den Eindruck, dass die Küche dem Anspruch und der Philosophie hinterherhinkt. Das, versichert die Ideengeberin, ist mit Robert Hantl, der seit Juli 2008 die „Löffel" in der Küche schwingt, behoben. *MS*

Karte 3,80 – 21,50 €
Mo – Do 11 – 15 und 17 – 23 Uhr,
Fr 11 – 15 und 17 – 24 Uhr,
Sa 10 – 24 Uhr,
So und Feiertage geschlossen

Alte Brauereistraße 18
66740 Saarlouis
Tel.: 06831 7648939
www.lemeunier.de

Saarlouis-Beaumarais **Ambition** 142

Restaurant Trampert

Vive la France – oder warum in die Ferne gehen, wenn wir es in unmittelbarer Nähe haben

Küche
Ambiente

„Ich bin der Mann der ersten Stunde", und damit meint er die Eröffnung des damaligen Restaurants. Als Kellner fing er an, wurde Oberkellner und ist heute Restaurantleiter. Jürgen Trampert ist gemeint, der uns stolz die Geschichte seines Restaurants erzählt. „Dieses Buffet existiert nur zweimal auf der Welt und war Mittelpunkt eines Pariser Restaurants." So wurde vor vielen Jahren liebevoll ein Gastraum im französischen Stil mit Antiquitäten aus der Artdéco- und Jugendstilzeit zusammengetragen. Auf roten Bänken, umgeben von Kunst des Malers Roger Lersey und dem stimmigen Interieur, können wir das L'art du vie der zwanziger Jahre nachvollziehen. Wen wundert es dann, wenn Küchenchef Dieter Thoni sich der französischen Küche verpflichtet fühlt. Köstlich abgestimmte Soßen erfreuen an diesem Abend unseren Gaumen. Besonders erwähnen möchten wir das vegetarische Menü, welches mit einer gelierten Champagnersuppe mit Beeren und Joghurteis seinen Höhepunkt findet. Die verschiedenen Gerichte hätten wir auch im Wintergarten oder im gepflasterten Hof genießen können. *MS*

Karte bis 28 €
Menü vegetarisch 39,90 €
Menü 59,90 €
Mo 19 – 22 Uhr, Di – Fr 12 – 14 und 19 – 22 Uhr, Sa 19 – 22 Uhr, So Ruhetag

Hauptstraße 2 – 4
66740 Saarlouis-Beaumarais
Tel.: 06831 965670
www.restaurant-trampert.de

DAS INNOVATIVE SYSTEMHAUS FÜR
SCHNEIDEN | WIEGEN | VERPACKEN | KASSSIEREN

seit 30 Jahren Partner der Gastronomie...

gt INDUSTRIEVERTRETUNGEN
Gerd Thom GmbH

HALDENWEG 20
66333 VÖLKLINGEN
☎ **+49(0)6898-93395-0**
VERTRIEB@GERDTHOM.DE
WWW.GERDTHOM.DE

Der Guide

Wir schreiben möglichst offen und nachvollziehbar, was wir erlebt haben. Natürlich können der Geschmack, die Erfahrung und Erwartung der Leser/innen ganz anders sein. Deshalb interessieren uns auch andere Meinungen, um tendenziell für möglichst viele zu schreiben. Schicken Sie uns Ihre persönlichen Tipps, Kommentare und Anregungen an: *info@guide-orange.de*

Restaurant-Kategorien

Die Restaurants sind in verschiedene Kategorien eingeteilt: Gourmetrestaurant, Restaurants mit Ambition, Klassische Küche, Bistro, Winstub, urige Restaurants, Szenelokale, Ausflugslokale und italienisch-ambitionierte und italienisch-familiäre Restaurants. Daneben finden Sie unter der Kategorie „International" spanische Tapas, Sushi und asiatische Küche. In manchen Fällen ist die Zuordnung zu einer Kategorie schwierig (z. B. beim Ausflugslokal mit ambitionierter Küche). Hier schauen wir, wo der Schwerpunkt liegt, um uns dann für eine Kategorie zu entscheiden. Es gibt auch Häuser mit verschiedenen Restaurants unter einem Dach (z. B. das Gourmetrestaurant mit seinem Bistro). In diesen Fällen haben wir eine Lokalität ausgewählt und bewertet.

Saarlouis-Beaumarais — Urig 143

Hofhaus Beaumarais

Kneipenkultur und Kunst in alten Gemäuern

Küche
Ambiente

Vom 1638 gebauten Hofhaus Beaumarais sagen die Einheimischen, es sei älter als die Stadt Saarlouis. Ursprünglich fanden in seinem geräumigen Hof Bürgerversammlungen statt. Heute versammeln sich an gleicher Stelle nach wie vor viele Saarlouiser, um bei Wein, Bier und herzhaftem Essen laue Sommerabende mit Freunden zu verbringen. Die Palette der Gerichte reicht vom Salat Bel Mer, einem gemischten Salat mit Variationen von Meer- und Süßwasserfischen, bis zu den Lammkoteletts mit Speck-Bohnen und Rosmarinkartoffeln. Werden die Abende kühler, bieten die Gasträume, die ehemals als Stallungen genutzt wurden, mit ihren Jahrhunderte alten Steinwänden, Deckenbalken und Holztreppen eine warme Atmosphäre, in der man sich rundum wohl fühlt.

Das Hofhaus stellt seine geschichtsträchtigen Räumlichkeiten gerne lokalen Künstlern als Galerie zur Verfügung, was von diesen und an Kunst interessiertem Publikum gerne angenommen wird. Auch für private Veranstaltungen kann man die urigen Gasträume des Hofhauses mieten. *AK*

Vorspeisen 4,50 – 14 €
Hauptgerichte 8,50 – 22,50 €
Mo – Fr, So 11 – 14.30 Uhr und ab 17 Uhr,
Sa ab 17 Uhr

Hauptstraße 6
66740 Saarlouis-Beaumarais
Tel.: 06831 4889699
www.saarlouis-hofhaus.de

Der Guide

An dieser Stelle sollte eigentlich eine Restaurantbesprechung stehen. Leider wurde das Restaurant aber kurz vor Drucklegung geschlossen.

Hinweis
Unser Testzeitraum war März bis September 2008. Bis zur Drucklegung haben wir alle Informationen weiterhin aktualisiert. Wir bedauern, wenn sich zwischenzeitlich Öffnungszeiten etc. geändert haben sollten. Sollten Sie feststellen, dass sich etwas verändert hat, freuen wir uns über eine kurze Mitteilung: *info@guide-orange.de*

Restaurant-Bewertungen
Alle Restaurants sind bewertet in den Bereichen Küche und Ambiente jeweils innerhalb der entsprechenden Kategorie. Es gibt Punkte von 0,5 bis 3,0. Ambiente bedeutet für uns, was dem Gast Wohlbefinden verschafft. Für die Bewertung der Küche waren uns auch der Umgang mit den Produkten sowie Kreativität und Originalität wichtig.

Unsere Besten in den verschiedenen Kategorien
Aus jeder Kategorie haben wir die Restaurants aufgeführt, die für uns und unsere Tester die besten waren. Sie finden diese Auswahl im Vorspannteil.

Wie bekommt ein Restaurant einen ?
Wir haben am Schluss jede/n Tester/in gebeten, seinem/ihrem Lieblingslokal – vollkommen unabhängig von der Restaurantkategorie – seinen/ihren persönlichen Guido zu geben.

Das Guide-Farbschema
Um Ihnen das Navigieren durch den Guide orange zu erleichtern, sind die Beiträge innerhalb der einzelnen Landkreise nach folgendem Farbschema sortiert:

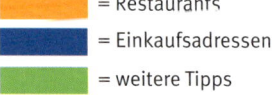

- ▬ = Restaurants
- ▬ = Einkaufsadressen
- ▬ = weitere Tipps

LK Saarlouis Schwalbach-Sprengen   Klassisch 145

Landhaus Thea
Zu Gast bei Weinfreunden

Küche
Ambiente

Ein gepflegtes Haus, rustikale Gemütlichkeit im Restaurant, ein großer Saal für bis zu 100 Personen und eine Terrasse. Das Restaurant Landhaus Thea im Schwalbacher Gemeindeteil Sprengen ist zu einer beliebten Adresse geworden. Dank Uwe und Heike Kern, die seit 1989 hier wirken und sich stetig verbessert haben. Frische Produkte, sorgfältige Zubereitung, geschmackvoll angerichtet – hier sind zwei Gastronomen mit Liebe zur Sache am Werk. Schon der „Gruß aus der Küche" macht Spaß: drei Sorten Brot, schwarze und grüne Oliven, eingelegtes Gemüse und eine leckere Quarkcreme. Anschließend probieren wir den bunten Salat mit kleinem Rumpsteak, dazu knusprige Bratkartoffeln und pikante Barbecue-Soße – sehr gut. Ebenso die provenzalische Lammkeule: superzartes, aromatisches Fleisch, feine Soße, fruchtiges Ratatouille – Kompliment! Das gilt auch für die Crème brûlée. Familie Kern liebt guten Wein, die Auswahl ist prächtig, vor allem aus Frankreich (Bordeaux!) und Deutschland. Die Weinpreise sind sehr kundenfreundlich kalkuliert, der Service von Heike Kern ist herzlich und kompetent, da kommen wir gerne wieder. *TR*

Hauptgerichte 14,20 – 25,50 €
Menüs 20,80 und 46,50 €
Di – Fr, So 11 – 14 und 18 – 1 Uhr,
Sa 18 – 1 Uhr,
Mo Ruhetag

Köllnerstraße 3
66773 Schwalbach-Sprengen
Tel.: 06834 54775
www.landhaus-thea.de

Siersburg LK Saarlouis

Itzbacher Wirtshaus
Genuss in der Dorfidylle

Küche
Ambiente

Wer ein saarländisches Wirtshaus mit verfeinerter bürgerlicher Küche im besten Sinn sucht, der ist hier genau richtig. Das Itzbacher Wirtshaus liegt direkt gegenüber der Kirche und von der Terrasse hat man einen freien Blick auf einen schönen von Linden umstandenen Platz. Hier stört kein Verkehrslärm, wie in den meisten saarländischen Straßendörfern, so idyllisch wie hier habe ich selten mitten in einem Dorf gesessen. Die Gasträume sind traditionell eingerichtet mit liebevoll ausgesuchtem alten Mobiliar. Wir haben uns sofort wohlgefühlt. Es erinnerte mich an die alten Wirtschaften mit großen Sälen von früher, und richtig: Auch dieses hat einen schön eingerichteten Saal im ersten Stock, wo Kleinkunst, aber auch Geburtstage und Feiern stattfinden – in alter Tradition. Innovativ ist nur die Küche, wo Altbewährtes mit moderner Kochkunst aufgepeppt wird. Köstlich war die Möhrenorangensuppe, mit einem Hauch Zimt und Ingwer, tagesfrisch die Pfifferlinge in Rahm mit feinen Nudeln, punktgenau gebraten und zart das Rumpsteak. Der freundliche, aufmerksame Service, die gute Küche und die entspannte Atmosphäre machten unseren Aufenthalt zu einem genussreichen Erlebnis. *GR*

Karte 10 – 18 €
3-Gänge-Menü 23,50 €
Mo – Fr, So 11.30 – 14 Uhr und
ab 17.30 Uhr,
Sa Ruhetag

Dechant-Held-Straße 2
66780 Siersburg
Tel.: 06835 2815

Leick's Hof
Einfach urgemütlich

Küche
Ambiente

Das ehemalige große Bauernhaus in Siersburg ist eine Gaststätte, in der es viel zu entdecken gibt. Etliche kleine, verwinkelte Räume, die mit alten Holzböden und antiquarischen Möbeln eingerichtet sind, sowie eine mit vielen Blumenkübeln dekorierte Terrasse verleihen Leick's Hof eine urige Gemütlichkeit. Der Thekenraum mit dem Charme eines irischen Pubs lädt dazu ein, bei entsprechenden Getränken die großen philosophischen Probleme der Menschheit zu lösen. Die Speisekarte bietet in erster Linie Vegetarisches, sieht man mal von den Spaghetti Bolognese und dem Schinken bei den Antipasti ab. Salatvariationen, gefüllte und überbackene Fladen sowie Nudelgerichte dominieren die Palette der Hauptgerichte.

In der oberen Etage finden sich auch größere Räumlichkeiten, die man für private Feste mieten kann. Wegen seiner schönen Lage in unmittelbarer Nähe zur Nied wählen viele Radwanderer Leick's Hof als kulinarischen Schlusspunkt ihrer Tour aus. *AK*

Hauptgerichte 7,50 – 10 €
keine Kartenzahlung
Di – Sa ab 17 Uhr,
So ab 12 Uhr,
Mo Ruhetag

Niedstraße 107
66780 Siersburg
Tel.: 06835 67993

Bistro Villa Fayence

Bistro?
Die Untertreibung des Jahres!

Küche
Ambiente

Die Villa Fayence ist eine Institution im Saarland. Im Keller der Villa, und an schönen Tagen auch draußen im herrlichen Garten, werden die Gäste im Bistro Cave Fayence auf hohem Niveau in geschmackvollem Ambiente verwöhnt. Die mediterrane – und insbesondere die provenzalische – Küche sind die Stärke von Bernhard Michael Bettler und seiner Brigade. Die Bistro-Gerichte sind zwar nicht ganz so edel wie die des Hauptrestaurants, profitieren aber vom hohen Standard der Villa. Schon die Vorspeisen wie der Spinatsalat mit Mozzarella-Schinken-Krapfen oder die Petersilienwurzelcremesuppe bereiten Wohlbehagen. Begeistert haben uns auch die köstlichen Spargelgerichte, der Spargel mit Morcheln und Blätterteig war ein Hochgenuss. Hohes handwerkliches Können beim Lammrückenfilet mit Senfkräuterkruste, allein die Sauce ist schon einen Besuch wert. Das Preisniveau ist gehoben, aber der Qualität angemessen. Der Service ist leger und freundlich, er entspricht noch am ehesten dem Bistro-Niveau. *FR*

Vorspeisen 7,50 – 18 €
Hauptspeisen 15 – 24 €
3-Gänge-Menü 34,50 €
Di – Sa 12 – 14 u. 18.30 – 22 Uhr,
So und Mo Ruhetage

Hauptstraße 12
66798 Wallerfangen
Tel.: 06831 96410
www.villafayence.de

Sie kochen – unser Dach heizt Ihnen ein.

Solardächer und Dachbegrünungen von:

Ausführung aller Dacharbeiten

66271 Kleinblittersdorf · Brückenstr. 10
Telefon 06805 21513

VETTER
Bedachungen

Wallerfangen *LK Saarlouis*

Chardonnay

**Hotel-Restaurant
im alten Vaudrevange**

Küche
Ambiente

Dass die Restaurants in Wallerfangen französische Namen tragen, mag niemanden verwundern. Schade nur, dass keines den schönen alten französischen Ortsnamen aufnimmt, war doch Vaudrevange schon vor Saarlouis Hauptsitz der deutschen Ballei des Herzogtums Lothringen. Nun ja, die Edelrebe klingt auch gut und weist auf eine gepflegte Weinkarte hin. Die Speisekarte kann durchaus mithalten, was die Preise angeht und in der liebevollen Beschreibung der Spitzen-Fleischsorten: Bison, irischer Limousin-Ochse, texanisches Beef oder gar Kobe-Wagyu-Rind aus Japan. Aber auch quasi vor der Haustür wachsen Spitzenprodukte: die Erdbeeren aus St. Barbara und natürlich der gute Wallerfanger Spargel, dem in der Saison eine eigene Karte gewidmet wird. Zur gebratenen Lotte war er für meinen Geschmack etwas zu lieblich in der Zubereitung, dafür mit frisch geschlagener Hollandaise. Das Ambiente ist gepflegt, doch statt des Puppenstuben-Biedermeiers hätte man dem Haus besser mehr von seiner Originalsubstanz gelassen. Der historische Fleck beim ehemaligen Rathaus besitzt genügend echte Urigkeit und ist allemal eine kleine Runde nach dem Essen wert. *SH*

*A la carte 13 – 49,80 €
So – Fr 11.30 – 14 und
17.30 – 1 Uhr,
Sa 17.30 – 1 Uhr*

*Estherstraße 1
66798 Wallerfangen
Tel.: 06831 62205
www.hotelchardonnay.de*

LK Saarlouis *Wallerfangen* **Ambition** 150

La Bécasse

*Gaumenfreuden
mit faulem Zauber*

Küche
Ambiente

„Ich bin ein fauler Koch, weil ich nur beste Zutaten verwende", klärte uns Fabrice Bertrand, Koch und Inhaber der La Bécasse, über sein Erfolgsrezept auf. Aber wie er die guten Zutaten verwendete, hat uns große Freude bereitet. Die Begrüßung mit dem Peperonata-Süppchen ließ bereits Gutes erwarten. Meine Freundin wählte das Drei-Gänge-Menü: Picandou und gegrillte Tamarillo in Honig-Portwein-Sauce, gegrilltes Charolais-Bavette mit Bandnuden und Marktgemüse und als Nachtisch eine Crème Brûlée aus Valrhona und Bourbon mit Erdbeer-Ragout. Nach einem Rissole au chèvre frais servierte mir Bertrand saftige, butterweich gebratene Hüftstücke vom Lamm in Thymianjus. Das Moelleux au chocolat mit Bananeneis in weißer Schokolade entpuppte sich als ein süßes Feuerwerk. Die verspielte Kreativität, mit der jeder Gang angerichtet war, und der wohltuende Service rundeten diesen wunderhaften Abend ab. Da tat es auch nichts zur Sache, dass die Räume etwas überladen eingerichtet wirkten. Wir waren uns einig: Da müssen wir ganz schnell noch einmal hin. *AK*

*Hauptgerichte 19,50 – 38,50 €
Menüs 29,50 – 75 €
Mo, Mi – Sa 12 – 14 und
18.30 – 23 Uhr, So 12 – 14 Uhr,
Di Ruhetag*

Hauptstraße 6
66798 Wallerfangen
Tel.: 06831 60147
www.la-becasse.de

Ausflug — *Wallerfangen-Oberlimberg* LK Saarlouis

2 NAMEN · 1 LOKAL · 2 NAMEN · 1 LOKAL
Test 1

Biergarten Oberlimberg
Gartenlaune in luftiger Höhe

Küche ▰▰
Ambiente ▰▰

Wir bitten ja unsere Leser um ihre Tipps. In manchen Fällen sind die Tipps nicht eindeutig, und wir müssen recherchieren. Das führt schon mal zu Fehlern. So waren diesmal zwei Tester von uns im selben Restaurant, welches bei uns mit verschiedenen Namen (Biergarten Oberlimberg und Hotellerie Waldesruh) auf der Liste stand.

Was in München der Hirschgarten ist, bietet im Saarland auf 365 Höhenmeter der seit 150 Jahren existierende Biergarten Waldesruh auf dem Oberlimberg. Hier betreiben Alwine und Thomas Mouget die Hotellerie Waldesruh mit angegliedertem Biergarten. Für seine Gäste geht der passionierte Jäger auf die Jagd, um in seinem Biergarten unterm Walnussbaum Wildschweingriebenschmalz, Hausmacher Wildpastete, oder was uns besonders gut schmeckte: eine köstliche Wildbratwurst vom Grill mit Bratkartoffeln, anzubieten. Daneben sind auf der Karte Salate oder auch zünftige Spareribs zu finden. Die Getränke und Speisen werden unkompliziert am Freilufttresen bestellt und bezahlt. Hefeweizen gibt es frisch vom Fass und das Bier kann im Steinkrug bestellt werden. Schön ist das großzügige Platzangebot, wo sich Kinder auf der Wiese austoben können. Zum Biergarten gehört auch eine Boulebahn, welche die frühere Kegelbahn aus Lärmgründen ersetzt hat. Saisonstart ist bei gutem Wetter an Karfreitag mit dem traditionellen Kässchmeer-Essen. Unser Tipp: Unterm Walnussbaum gibt es keine Bremsen! *MS*

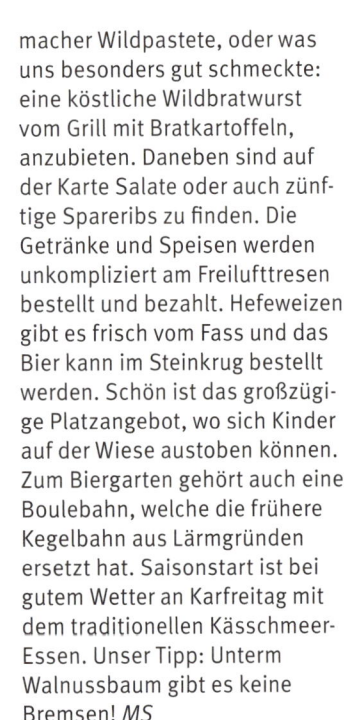

LK Saarlouis **Wallerfangen-Oberlimberg** Ausflug 152

Hotellerie Waldesruh
Landgasthaus mit Stil und Charme

Küche
Ambiente

Auf dem noblen Oberlimberg liegt diese Wirtschaft, die sich mit guter Laune und Charme erfolgreich um das Wohl der Gäste kümmert. Schon auf den ersten Blick habe ich mich hier wohlgefühlt.
Das Restaurant ist zünftig eingerichtet, große Buntglasfenster lassen viel Licht herein. Die Platzteller aus Zinn passen gut in die rustikale, gemütliche Atmosphäre. Sonntags mittags empfiehlt sich eine Reservierung, kein Wunder, ist es doch ein Eldorado für Fleischliebhaber. Perfekt gegrillt kamen Rumpsteak, Truthahn und eine Schweinelende auf den Tisch, abgerundet mit einer pfeffrigen Soße. Der Wirt Thomas Mouget, ein leidenschaftlicher Jäger, hat sich auf Wild spezialisiert und bietet wechselnde Gerichte an. Wir haben seine hervorragende Wildschweinpastete probiert; andere Schmankerl sind die Wildschweinbratwurst und der -schinken. Auch für Vegetarier ist gesorgt, so in der Saison mit Spargel, umhüllt von einem zarten Pfannkuchen. Für Raucher gibt es ein geschmackvoll eingerichtetes Nebenzimmer. Als Dessert noch ein Sorbet und ein Spaziergang – für mich ein perfekter Ausflug für Genießer. *GR*

Vorspeisen 5 – 8 €
Hauptgerichte 9,50 – 18,50 €
3-Gänge-Menü 22 €
Mo – Do 12 – 14 Uhr u. ab 18 Uhr,
Sa 12 – 22 Uhr, So und Feiertage
11 – 22.30 Uhr, Fr Ruhetag

Siersburger Straße 8
66798 Wallerfangen-Oberlimberg
Tel.: 06831 96600
www.waldesruh-wallerfangen.de

„Biofleisch" von nebenan
Frisches Wildbret vom heimischen Jäger

Guter Geschmack alleine macht Fleischgenuss noch nicht perfekt. Die Frage nach Herkunft und Aufzucht der Tiere wird immer wichtiger. Umso erstaunlicher ist es, dass eine natürliche Bezugsquelle von gesundem Fleisch für viele in Vergessenheit geraten ist: Wild vom heimischen Jäger.

Im Saarland jagen auf über 245.000 Hektar bejagbarer Fläche etwa 3500 Jäger. In der Jagdsaison 2006/2007 erlegten sie ca. 8000 Stück Rehwild, fast 170 Stück Rotwild und über 3600 Wildschweine. Dass die Jagdstrecken aufgrund unterschiedlicher Witterungsbedingungen von Jahr zu Jahr stark schwanken, liegt in der Natur der Sache.

Ein Fleisch, wie es besser nicht sein könnte, ist Wildbret vom Reh. Denn frei lebende Rehe sind besonders verwöhnte Gourmets. Selektiv ernähren sie sich nur von den Trieben, Blättern und Knospen feinster Kräuter und Sträucher, von Wiesengräsern, Obst, Eicheln und Bucheckern. Dabei leben sie in Freiheit, bewegen sich viel auf der Nahrungssuche und kommen stressfrei zur Strecke, wenn sie waidgerecht auf der Ansitzjagd erlegt werden. So wächst ein Wildfleisch heran, das ganz besonders fett- und kalorienarm ist, dafür reich an Vitaminen und Spurenelementen.

Wer sein Wildfleisch direkt vom Jäger oder von einem Metzger kauft, der es von heimischen Jägern bezieht, kann sicher sein, dass es nicht – wie bei Importen aus Osteuropa oder Neuseeland – aus zuchtähnlicher Gatterhaltung stammt. So können die unerwünschten Begleiterscheinungen industrieller Fleischproduktion vermieden werden.
Der Kauf des Wildfleischs beim Jäger ist auch sonst grundverschieden

vom Fleischeinkauf im Supermarktregal. Die Nähe zur Natur und die individuelle Beratung stehen beim Jäger im Vordergrund. Denn er ist für die Qualität des Wildbrets selbst verantwortlich. Als „kundige Person" muss er bedenkliche Merkmale schon vor dem Schuss erkennen; spätestens beim Zerwirken des erlegten Stücks sollte er Krankheiten ausschließen können. Sonst darf er das Fleisch nicht in Verkehr bringen.

Weil Jägern an zufriedenen Kunden für ihr typisches Regionalprodukt gelegen ist, portionieren sie ihr Wildfleisch meistens in appetitliche Teile wie Keulen oder Rücken. Einige Metzgermeister haben sich auf die Weiterverarbeitung und Verfeinerung des Wildbrets spezialisiert. Dabei sind der Phantasie keine Grenzen gesetzt: Reh- oder Wildschweinschinken, Wildbratwürste, Wildpasteten vom Hirsch, Wildleberknödel und vieles mehr laden zu wahren Gaumenfreuden ein. Und vor allem: keine Angst vor selbst zubereitetem Wild! Denn das Vorurteil, dass Wild immer stark nach Wild schmeckt, ist längst überholt. Die wahrscheinlich aus Frankreich stammende Vorliebe für extremen Wildgeschmack wurde früher durch überlanges Abhängen und Reifen erreicht. Bei der heutigen Kühltechnik und der frischen Verarbeitung wird dieser Effekt ganz vermieden.

Rehschnitzel mit Pfifferlingen, Streifen von der Rehleber mit Kartoffelrösti, Rehrückensteak vom Grill, Rehfilets in Blätterteig, Wildschweinschinken mit Spargel – die Auswahl an Wildrezepten ist riesig und die Zubereitung nicht schwer. Gerne wird Ihnen der „Jäger Ihres Vertrauens" sein ganz persönliches Lieblingswildrezept verraten – vielleicht auch zusammen mit der Schilderung eines spannenden Jagderlebnisses. Sie müssen übrigens nicht lange auf der Pirsch sein, um einen Jäger zu finden. Wahrscheinlich wohnt er direkt in Ihrer Nachbarschaft. Waidmannsheil! *AD*

In Arbeit ist aktuell ein Verzeichnis von Jägern, die Wildbret abgeben, bei der VJS (der Vereinigung der Jäger des Saarlandes, www.saarjaeger.de). Vorbildlich sind bereits die Rheinland-Pfälzer: unter www.wild-aus-der-region.de sind alle Wildbretanbieter nach Postleitzahlen sortiert aufgelistet.

Domenico's
Spezialitäten aus Italien

Der kleine Laden liegt in Bous direkt an der Hauptstraße. Seit gut zehn Jahren sind Teresa und Domenico Sciascia unermüdlich damit beschäftigt, ihr Angebot an italienischen Spezialitäten zu erweitern. Dabei kommt es ihnen nicht auf große Namen an, sondern auf die Qualität der Produkte. Bei den Produzenten handelt es sich meist um kleine Firmen oder Familienbetriebe. „Hinter jedem Produkt hier steht für mich eine Person oder eine Geschichte", sagt Domenico und will damit deutlich machen, dass ihm die persönliche Beziehung zu den Herstellern und Lieferanten sehr wichtig ist.
Die Produktpalette reicht von Essig und Öl über Käse und Salami bis hin zu Espresso-Kaffee und praktischen Accessoires. Natürlich dürfen auch die leckeren Brotaufstriche, Pesto und Oliven nicht fehlen. Ausgesuchte italienische Weine runden das kulinarische Angebot ab. Domenico's in Bous ist eine ausgezeichnete Adresse im Hinblick auf Geschenkideen. Gleich zu welchem Anlass, Weihnachten oder Ostern, Hochzeit oder Scheidung, hier werden Sie auf jeden Fall etwas Geschmackvolles finden. Kressmanns Tipp: Teresas Präsentkörbe, liebe- und stilvoll gefüllt und gestaltet. *JR*

Mo – Fr 10.30 – 13 und 15 – 18.30 Uhr, Sa 10 – 14 Uhr

Saarbrücker Straße 76a
66359 Bous
Tel.: 06834 922533
www.domenicos.de

LK Saarlouis Dillingen **Metzgerei 155**

Horst Scherer
Wurst ist mir nicht wurst

Ein Schnitzel ist ein Schnitzel ist ein Schnitzel. Aber Wurst ist noch lange nicht Wurst. Und so lange es in unserer Region Metzgereien gibt, wie die Metzgerei Scherer in Pachten, wird das glücklicherweise noch lange nicht der Fall sein.
Voraussetzungen sind Frische und Qualität der Ausgangsprodukte. Bernd Scherer bezieht das Fleisch aus Schlachthöfen in unmittelbarer Umgebung und auch die verwendeten Gewürze und Kräuter müssen den hohen Ansprüchen gerecht werden. Viele Preise haben sie eingeheimst, mehrfach wurde der Lyoner prämiert und „Der Feinschmecker" kürte ihre Blutwurst zur besten Deutschlands und ihren Laden zur ersten Adresse im Saarland. Renner im Laden ist der grobe Fleischkäse.

Myriam und Bernd Scherer haben ihre Stammkunden, man kennt ihre Namen und individuellen Wünsche, berät freundlich und kompetent. Wenn Kressmann die Lust auf beste Hausmacher Wurst überkommt, hält ihn auch die etwas längere Anreise von einem Besuch der Metzgerei Scherer in Dillingen-Pachten oder der Filiale in Beckingen nicht ab.
Übrigens: Man bietet auch einen Partyservice an, Menüs und Buffets von kulinarisch bis rustikal. *JR*

Mo und Mi 7 – 12.30 Uhr,
Di und Do 7 – 12.30 und
14.30 – 18 Uhr,
Fr 7 – 12.30 und 14 – 18 Uhr,
Sa 7 – 13 Uhr

Bahnhofstraße 8
66763 Dillingen
Tel.: 06831 71600
www.metzgerei-scherer.com

Pieper

Garantiert Qualität

Mal wieder ins Kaufhaus Pieper! Als Saarbrücker bin ich nicht oft dort. Ich will doch mal sehen, ob es etwas Neues in der Lebensmittelabteilung gibt! Es locken wieder das große Käsesortiment mit seinen Spezialitäten, die Obst- und Gemüsetheke mit Kräutern und Exoten und die Weinecke mit schöner Angebotsbreite. Ich sehe, was die Konditorei-Abteilung Feines präsentiert und wende mich der Metzgereiabteilung zu. Vor zwei Jahren hatte ich dort schon die „gläserne Produktion" bewundert. Bei Führungen und Kursen kann man den Weg von der Schweine- oder Rinderhälfte bis zur fertigen Wurst mitverfolgen. Hoppla, etwas Neues: Ich entdecke das Label „zertifiziert nach DIN EN ISO 9001: 2000". Das kenne ich aus der Automobil-Industrie! Ich hake nach und erfahre: Pieper ist das einzige Handelshaus in unserer Region, das seine Qualität so dokumentiert. Hier ist jeder Schritt sichergestellt und transparent: Woher stammen die Produkte, sind sie frisch bzw. lückenlos gekühlt worden? Woher kommen die Zutaten, sind sie einwandfrei und ist alles nachvollziehbar? Eindrucksvoll, sympathisch und wohltuend, wie hier immer wieder um Qualität gekämpft wird! *HG*

*Mo – Fr 9 – 19 Uhr,
Sa 9 – 18 Uhr*

*Großer Markt
66740 Saarlouis
Tel.: 06831 1750
www.pieper-saarlouis.de*

Landkreis St. Wendel

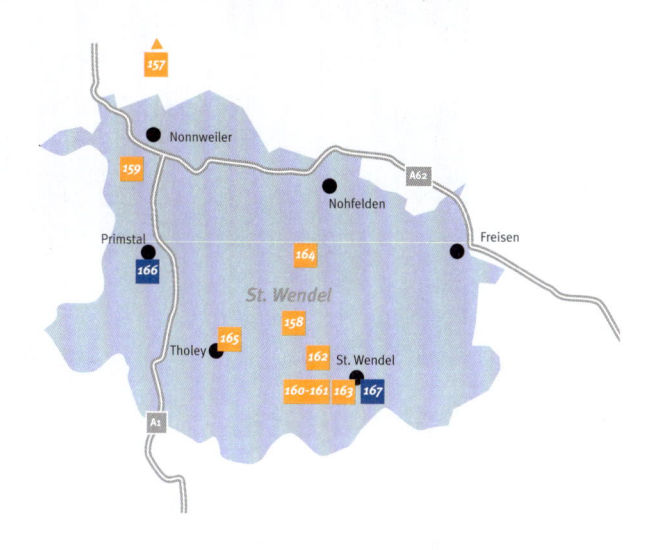

Bienen und Honig

Essen Sie gerne Honig? Wie wäre es mit einer schönen Kerze aus echtem Bienenwachs? Wissen Sie, wie gesund Honig ist? Was schmeckt Ihnen besser: Waldhonig oder Sommerblüte? Kennen Sie den Zusammenhang zwischen Obstblüte und Bienen? Haben Sie schon mal Honigeis gegessen?

Nun gut, es gibt noch mehr interessante Fragen, die Sie mit dem Imker Ihres Vertrauens besprechen können. Ach, Sie haben noch keinen! Über die Internetseite www.saarlandimker.de finden Sie zunächst einiges Wissenswertes über Honig und auch die Liste aller Imker im Saarland (und natürlich im Landkreis St. Wendel). Ansonsten machen wir auf einige Wochenmärkte und andere Märkte aufmerksam.

| St. Wendel | Auf der Mott | Do | 8 – 12.30 |
| St. Wendel | Bauernmarkt | Mi | 8 – 12.30 |

St. Wendel, Am Fruchtmarkt, saisonale Märkte, meist am 1. Samstag eines Monats (z. B. Bettsäächerfest im April, Spargelzeit Mai, Erdbeeren Juni, Kirschen August, Kürbis September ...)

Marpingen	Marktplatz	Di	8 – 13.00
Ottweiler	Rathausplatz	Mi, Sa	8 – 13.00
Tholey-Hasborn	Marktplatz	Do	8 – 12.00

Forellenhof Trauntal

Fisch und Wild am Erbeskopf

Küche
Ambiente

Die Straße führt durch die malerische Landschaft des Hunsrücks in weitem Bogen zum Forellenhof Trauntal. In dieser riesigen Teichanlage werden heimische und eingebürgerte Forellenarten, Saiblinge, Lachsforellen und auch Störe gezüchtet. Das frische Quellwasser bietet ideale Voraussetzungen. Familie Windsberger hat viel Know-how und Erfahrung, was natürliche Fütterung und Aufzucht angeht. Man kann schmecken, dass die Fische nicht aus einer Mastanlage kommen. Empfehlenswert im dazugehörigen Restaurant die herrliche Vorspeisenplatte mit Forellen (gebraten, gebeizt und geräuchert, mit verschiedenen Saucen), als Hauptgang Fisch in den bekannten Varianten (blau, Müllerin) oder saisonale Menüs mit Wild aus der Jagd von Dieter Windsberger. Bei meinem letzten Besuch hatte ich besonderes Glück: Es gab herrlichen Hirschrücken mit frischen Beilagen und selbstgemachten Spätzle, wunderbar zubereitet von Pascale Anthoni. Man kann die Fische hier auch frisch, geräuchert oder gebeizt kaufen und aus einem kleinen Regal weitere regionale Produkte. Oft sitzen übrigens an den Teichen auch Angler, die ein Wochenende hier verbringen. *HG*

Vorspeisen 3,30 – 8,50 €
Hauptspeisen 11 – 15,50 €
Do – So u. Feiertage
11 – 22.30 Uhr,
Gruppen Mo – Mi auf Anfrage
unter 06782 109888

In den Quellwiesen
54422 Börfink
Tel.: 06782 989100
www.forellenhof-trauntal.de

LK St. Wendel **Bliesen**

Kaminzimmer Kunz

Verführerisches am Kamin

Küche
Ambiente

Drei Damen sind meine Gäste. Das Essen soll tagsüber sein. Etwas Feines! Aber nicht zu üppig! Die Wahl fällt auf die Kaminstube der Familie Kunz in Bliesen. Ich fange mal am Schluss an: Eigentlich esse ich kein Dessert. Die Damen aber. Die Crème brûlée ist perfekt! Aber die hausgemachte Eistorte ist noch besser. Ich lasse mich also verführen. Damit war es dann doch zu üppig für mich. Gut, dass ich mir den Nachmittag frei gehalten hatte. Aber noch mal zurück zum Anfang: Vorneweg wurde herrliches Schweineschmalz mit frischem Brot gereicht. Dann unsere Hauptspeisen: Kotelett vom schwäbisch-hällischen Bio-Schwein (hmm, lecker!), argentinisches Rinderfilet und Dorade. Die 2004 neu gestaltete Kaminstube ist sehr angenehm, im Winter lodert tatsächlich Feuer im Kamin. Man kann aus der große Weinkarte des Gourmetrestaurants wählen. Überhaupt ist es von Vorteil, dass auch die Kaminstube aus der Küche des sternedekorierten Hauptrestaurants gesteuert wird. Alexander Kunz dirigiert Einkauf, Rezepte, Mitarbeiter und Philosophie. Und all das stimmt! *HG*

Menü 29 €
Hauptspeisen 12,50 – 22,50 €
Mi – So 12 – 14 Uhr und
ab 18.30 Uhr

Kirchstraße 22
66606 Bliesen
Tel.: 06854 8145
www.restaurant-kunz.de

Nonnweiler-Sitzerath LK St. Wendel

Landgasthof Paulus
Was für die Sinne

Küche
Ambiente

Ein schönes Konzept haben Gudrun Essenspreis und Thomas Nickels in Sitzerath verwirklicht. Es gibt klassische Rezepte auf hohem Niveau in einem herrlichen Ambiente, die Gastronomen legen größten Wert auf saisonale und regionale Küche und Produkte. Pilze, Kräuter, Gemüse, Salate – alles nach Saison. Köstliche Gans im November, herrliches Zicklein im Frühjahr. Die Herkunft aller Produkte ist übrigens auf der Speisekarte verzeichnet! Meine Lieblingsspeisen sind Cordon bleu und Tafelspitz. Aber es gibt auch herrliche Schmorgerichte, die mehreren Stunden im Bräter im Steinbackofen waren und köstliche Soßen hervorbringen. Es ist eine Freude, sich glasweise passende Weine sowohl aus der Region als auch aus der ganzen Welt empfehlen zu lassen, deren Aromen zu den Gerichten passen als seien sie dazu erfunden. Was den Genuss weiter steigert, ist das Ambiente. Mit viel Engagement und Geschmack wurde aus dem alten Landgasthof ein zauberhaftes Anwesen. Die Räume sind angenehm, der begehbare Weinkeller (lange bevor es sonst in Mode kam) interessant und originell und die Außenanlage mit der Terrasse im Sommer herrlich. *HG*

Karte 7 – 19 €
Menüs 30 – 40 €
Mi – So 12 – 14 u. 18 – 22 Uhr
Mo und Di Ruhetage

Prälat-Faber-Straße 2 – 4
66620 Nonnweiler-Sitzerath
Tel.: 06873 91011
www.landgasthof-paulus.de

St. Wendel **Klassisch** **160**

Felsenmühle

**Rustikales
in originellem Ambiente**

Küche ▰▰
Ambiente ▰▰▰

Die Felsenmühle ist eine Institution in St. Wendel. Unter Mühlen-Wirt Ortwin Englert war das alte Gemäuer mit den schönen Sandstein-Wänden in Alsfassen lange Jahre eine beliebte Adresse für Folk- und Jazzmusik. An Pfingsten gab es sogar ein Festival in der Scheune. Inzwischen, unter neuer Leitung, wurde das Gebäude aus dem Jahre 1676 renoviert und ein großer Biergarten angelegt. Der erstreckt sich terrassenförmig am Hang, mit dicken Basaltsteinen, Kopfsteinpflaster und Holzhackschnitzel – sehr gemütlich. Im Winter sitzt man drinnen bei einem knisternden Feuer am offenen Kamin und Kerzenlicht. Die Speisekarte ist breit angelegt, man will den Radfahrer und Skater (der Radweg nach Tholey führt am Haus vorbei) genauso ansprechen wie die Familie mit Kindern. Die Gerichte sind eher einfach und rustikal. Angepriesen werden vor allem die Steaks, die es in zwei Größen gibt. Das Rumpsteak mit Senfkruste war solide, zur Waffel mit Vanilleeis hätten wir uns ein wenig Obst nach Saison gewünscht. Fazit: Schönes Ambiente, freundlicher Service, die Küche könnte noch zulegen. Musik und einiges mehr gibt's auch: zum Beispiel jeden 1. Donnerstag eine Irish-Folk-Session. *TR*

*Hauptgerichte 9,50 – 19,50 €
Okt. – März:
Mo – Fr 11 – 14 Uhr u. ab 17 Uhr,
Sa ab 17 Uhr, So u. Feiertage
ab 11 Uhr,
Apr. – Sept. täglich ab 11 Uhr*

Kelsweilerstraße 54
66606 St. Wendel
Tel.: 06851 5144
www.felsenmuehle.net

Gasthaus zum Ochsen

Ältestes Haus am Ort

Küche
Ambiente

Die jeweiligen Betreiber vom Gasthaus zum Ochsen lassen sich bis in die Zeit des Dreißigjährigen Krieges lückenlos zurückverfolgen. Bevor die jetzige Inhaberin, Erika Born, das historische Haus übernahm, befand es sich siebzig Jahre lang im Besitz der Metzgerfamilie Klär. Die Spuren vergangener Tage sind an den Wänden und auf Regalen des Gastraums in vielfältiger Weise dokumentiert. Auch auf der Speisekarte ist Altbewährtes erhalten geblieben, deftige Gerichte, wie man sie bei der einstmaligen Kombination von Metzgerei und Gasthaus erwarten darf.

So wird zum Beispiel an den besonderen St. Wendeler Markt- und Feiertagen wie ehedem das Ochsenmenü angeboten: Rindfleischsuppe mit Einlage; Ochsenfleisch mit Meerrettichsoße, Salzkartoffeln und Salat (Preis: 9,50 €).

Dazu gesellen sich heute, als Tribut an eine zeitgemäße Küche, Gerichte mit leicht mediterranem Einschlag. Letzteres ist Chefkoch Bernd Dammers zu verdanken, dem es mit viel Fingerspitzengefühl und moderaten Preisen gelingt, dem traditionsreichen Haus einen festen Platz in der gegenwärtigen Gastronomie-Landschaft zu sichern. *JR*

Hauptgerichte 6,50 – 22,50 €
Menüs auf Anfrage
Di – So 11 – 14.30 Uhr
und 17 – 23 Uhr,
Mo Ruhetag

Balduinstraße 40
66606 St. Wendel
Tel.: 06851 7525

St. Wendel **Ausflug** 162

Golfhotel
Nicht nur für Golfer

Küche
Ambiente

Olivenbäume im Restaurant, eine riesengroße Theke, eine herrliche Terrasse mit traumhaftem Blick. Die wohltuende Atmosphäre im Restaurant von Angel's Golfhotel lädt zum Verweilen ein. Das haben inzwischen auch viele Nicht-Golfer entdeckt. Täglich ab 7 Uhr morgens werden bis abends um 22 Uhr leckere Gerichte angeboten, sowohl für den kleinen Hunger zwischendurch wie für ein komplettes Menü. Verschiedene Flammkuchen, Salate und Nudelgerichte überzeugen genauso wie die anspruchsvolleren Vor- und Hauptspeisen, sowohl in Präsentation wie im Geschmack. Besonders gut hat uns der Butterfisch auf Wok-Gemüse gefallen. Küchenchef Christoph Barth beherrscht die internationalen Standards. Das Serviceteam um Frau Sippel arbeitet effektiv und freundlich. Kein Wunder also, dass immer mehr Nicht-Golfer die Wohlfühlatmosphäre genießen und hier die Seele baumeln lassen wollen. *FR*

Vorspeisen 5,70 – 15,50 €
Hauptspeisen 6,90 – 24,50 €
Desserts 6,90 – 8,50 €
Täglich 7 – 22 Uhr,
am Wochenende bis 23 Uhr

Golfparkallee 1
66606 St. Wendel
Tel.: 06851 999000
www.angels-dashotel.de

Weintreff Magdalenenkapelle

*Originelles Konzept
in historischen Mauern*

Küche
Ambiente

Als Familie Richter 2004 in diesem historischen Keller in der St. Wendeler Innenstadt eine Weinhandlung und ein Bistro eröffnete, geschah das noch eher als Hobby. Aber mit den richtigen Ambitionen wurde ein sehr gutes Bistro daraus. Die Weinhandlung befindet sich mittlerweile zwei Straßen weiter. Die Richters waren als Genussmenschen in Italien zu Slowfood-Fans geworden und durch eine Glutamatallergie sensibel für Herkunft und Herstellung von Produkten, in Tunesien hatten sie Fisch kennen und schätzen gelernt. Sohn Eike hatte an der Mosel eine Lehre als Winzer abgeschlossen. So vorbereitet fanden sie die richtigen Lieferanten (Gemüse und Fleisch vom Martinshof, Wendelinushof und Johannishof, selbstgemachte Pasta von Rossi aus Illingen). Bei gutem Wetter kann man auch im Garten essen. Aber das Prunkstück bleibt der Kellerraum mit dem Kreuzgewölbe. Selbstredend ist die Weinkarte sehr interessant. Wir saßen im Garten und probierten Salate und frische Pasta mit Salbei. Also nicht nur für Weinproben mit oder ohne Menü (oder Menü ohne Weinproben), sondern auch für „etwas Kleines" empfehlenswert! *HG*

*Karte 5 – 16,20 €
Di – Sa ab 17.30 Uhr,
So ab 11.30 Uhr
durchgehend warme Küche,
Mo Ruhetag*

*Balduinstraße 38
66606 St. Wendel
Tel.: 06851 808385*

LK St. Wendel Steinberg-Deckenhardt

Zum Blauen Fuchs

*Nach 25 Jahren
noch eine Entdeckung*

Küche
Ambiente

Jetzt sind wir doch „weitgereiste" Feinschmecker. Aber im blauen Fuchs (knapp 60 km von Saarbrücken) waren wir zum ersten Mal. Und das, obwohl sein Ruf ihm weit vorauseilt. Wir sind gespannt. Zunächst einmal stellen wir ein paar Anforderungen an den Service. Wir hätten gerne einen anderen Tisch, ein Kissen für den Stuhl, die Musik leiser, usw. Da blitzt schon die Klasse auf, alles wird zu unserer Zufriedenheit geklärt. Das Glas Champagner ist gut eingeschenkt. Wir fühlen uns gut aufgehoben. Wir nehmen das 5-Gänge-Feinschmecker-Menü. Von den drei Fischvorspeisen, Mahi-Mahi-Filet mit Tandoorischaum, danach Jakobsmuschel und Hummerkrabbe auf getrüffelter Blumenkohlcreme und dann Tatar vom Wildlachs, über das Hauptgericht, Hüfte vom Reh mit geschmolzener Gänsestopfleber, bis zum Nachtisch, Himbeer-Pfirsich-Cabernet: alles richtig fein! Aus der bemerkenswerten Weinkarte (überwiegend deutsche Weine und Spitzenweine zu fairen Preisen!) empfiehlt uns Christiane Bank einen tollen roten Pfälzer Merlot von Hollerith, den wir uns merken werden. Olaf Bank zaubert in der Küche und zusammen führen sie das Gourmetrestaurant im Nordsaarland. Wir empfehlen die „Reise".
HG

*Menüs 35, 44 und 70 €
Küchenzeiten:
Di – Sa 18.30 – 21 Uhr,
So und Feiertage 12 – 14 Uhr,
Mo Ruhetag*

*Walhausener Straße 1
66649 Steinberg-Deckenhardt
Tel.: 06852 6740
www.zumblauenfuchs.de*

Hotellerie Hubertus

*Verwöhnprogramm
auf hohem Niveau*

Küche
Ambiente

Jahrelang habe ich mich selbst in die Irre führen lassen. Mit dem Namen „Hubertus" assoziierte ich ein winterlich-gemütliches Ambiente und Wildspezialitäten auf hohem Niveau. Ich musste meine Meinung von Grund auf bei unserem Besuch in der Hotellerie Hubertus ändern! Dies geschah schon beim Betreten des Restaurants. Beim Gestalten des Gastraums ließ sich der Küchenchef Josef Hubertus, der schon seit 1977 die Kochkunst in direkter Umgebung der alten Abtei in Tholey zelebriert, von einem außergewöhnlichen Deckengewölbe aus Frankreich inspirieren. Er zählt zu den etablierten Köchen des Saarlandes und unter dieser besagten niedrigen Decke gibt es heute Haute Cuisine vom Feinsten. Schon die „Grüße aus der Küche", kredenzt von der Lebensgefährtin Miriam Obermann, lassen uns erahnen, welche kulinarischen Genüsse uns im Laufe unseres Besuches beim 7-gängigen Menü erwarten. So ist jeder Gang eine herrliche Komposition auf dem Teller und ein Genuss für den Gaumen. Besonders gut fanden wir, dass es kleine Gebinde an Flaschenweinen gab, sodass wir zu den einzelnen, geschmacklich abwechslungsreichen Gängen auch die entsprechenden Weine wählen konnten. *MS*

**Karte 15 – 34 €
Menüs 68 – 98 €
Gourmetrestaurant:
Di, Mi u. Fr ab 12 Uhr u. ab 19 Uhr,
Do u. Sa ab 19 Uhr, So ab 12 Uhr,
Mo Ruhetag**

*Metzer Straße 1
66636 Tholey
Tel.: 06853 91030
www.hotellerie-hubertus.de*

Biomarkt Primstal
Gutes aus der Region

Vor knapp sechs Jahren haben sie angefangen. Mit so gut wie gar nichts. Inzwischen sind Martin Scheid und seine Frau Elke Birtel stolze Besitzer eines schmucken Ladens mit einem Vollsortiment. Rund 2500 Artikel bieten sie an – alles Bio. „Wir versorgen unsere Kunden mit rund 50 Sorten Obst und Gemüse, das ist einer unserer Schwerpunkte", erklärt Martin Scheid. Der gelernte Küchenmeister betreibt auch einen Partyservice, von einfachen Gerichten bis zu aufwändigen Buffets, natürlich alles in Bio-Qualität. Mehrmals in der Woche wird frische Ware nach Primstal geliefert, vorzugsweise von regionalen Produzenten. „Kurze Wege, gute Qualität, fairer Preis, das ist uns wichtig", betont Scheid. Im Biomarkt Primstal gibt es Rind- und Schweinefleisch, Lamm und Wild aus der Region, viele verschiedene Sorten Käse und andere Milchprodukte, Brot und Backwaren, Kaffee und Wein von saarländischen Erzeugern und vieles mehr. Und ab und an laden sie zu kleinen Veranstaltungen ein, zum Beispiel zu einer Weinprobe mit feinen Häppchen. *TR*

Mo und Mi 8.30 – 12.30 Uhr,
Di 8.30 – 12.30 u. 14.30 – 19 Uhr,
Do und Fr 8.30 – 12.30 und
14.30 – 18 Uhr,
Sa 8.30 – 12.30 Uhr

Wiesbachstraße 4
66620 Nonnweiler-Primstal
Tel.: 06875 910799

Wendelinushof

*Gutes aus dem
Sankt Wendeler Land*

„Consumo ergo sum" (ich verbrauche, also bin ich) könnte man Descartes' Daseinserkenntnis für unsere Konsumgesellschaft abwandeln. Aufgeklärte Konsumenten allerdings richten ihr Kaufverhalten gegen die irrwitzige Spirale weltweiter Warenströme und setzen ihre Kaufkraft bewusst so ein, dass die (land-)wirtschaftlichen Kreisläufe transparent bleiben und die Umgebung davon profitiert. Genau hier setzt das Konzept des LokalwarenMarktes an. Aus dem ehemaligen Paterhof der Steyler Missionare hat sich der Wendelinushof zu einem gemeinnützigen Vorzeigeprojekt zur Vermarktung regionaler Produkte entwickelt. Eigene Viehhaltung und Schlachtstätte liefern alle Fleischsorten sowie traditionelle Wurstwaren unterm eigenen Label. Gleich neben dem Wild-Lyoner stehen im Kühlregal die rahmigen Frischkäsesorten vom Johannishof in Furschweiler. In aller Ruhe und mit freundlicher Beratung kann der Kunde Backwaren, Schokoladen, Obst und Gemüse einkaufen, dazu Eier, Nudeln und ausgesuchte lokale Spezialitäten wie Senfe, Öle, Tees und Marmeladen. Die „Hofküche" lockt hungrige Wanderer vom nahen Wendelinus-Weg mit Panoramablick ins Sankt Wendeler Land. *SH*

*Mo – Fr 9 – 18 Uhr,
Sa 8 – 13 Uhr*

*WZB gGmbH
Wendelinushof
66606 St. Wendel
Tel.: 06851 9398722*

Ein leidenschaftlicher Steinpilzsucher

Pilze sucht man, weil es schön ist, sie zu finden, nicht weil es schön ist, sie zu essen. Und Steinpilze zu finden ist viel schöner, als andere Pilzsorten zu finden: Das unterscheidet einen leidenschaftlichen Pilzsucher bzw. Steinpilzsucher von denen, die gelegentlich in den Wald gehen, um sich ein paar Pilze für das Sonntagsessen zu besorgen (Hauptsach essbar).

Der leidenschaftliche Steinpilzsucher ist ein Extremist: Für ihn ist ein Herbst ohne Steinpilz wie eine Geige ohne Seite, wie Wein ohne Alkohol. Er liebt Steinpilze und Steinpilze lieben ihn. Und wie jeder Geliebte, ist er süchtig und eifersüchtig, deswegen hat er viele Feinde. Z. B. einige Waldtiere (Ratten, Schnecken und Maden), die sehr gierig auf Steinpilze sind. Eigentlich könnten die ersten beiden auch gute Verbündete sein. Die Steinpilze sind manchmal wegen ihrer Farbe mit dem Laub verwechselbar und dann fast unsichtbar. Kleine, auffällige weiße Flecke auf dem Hut, wo eine Ratte oder eine Schnecke geknabbert hat, könnten das Auge aufmerksam machen und helfen, den Pilz zu finden. Aber die Tiere fressen und zerfressen die Pilze. Maden sind der hinterlistigste Feind: Sie greifen tief im Pilz an, sodass von außen und oft auch beim Anfassen nichts zu merken ist. Beim Schneiden kommt die Überraschung: Der Pilz sieht wie Emmentaler aus. Igitt! Dazu sind deutsche Maden, z. B. im Vergleich mit den italienischen, sehr pflichtbewusst. Wenn man die von Maden angegriffenen Steinpilze in Italien trocknet, merken die Maden, dass etwas in dem Pilz nicht stimmt, und sie hauen ab (tja, typisch italienisch!). Nur ein paar Löchlein bleiben als Beweise ihres Wirkens. Aber hier im Saarland ist das anders: Die Maden bleiben an ihrem Arbeitsplatz wie festgewurzelt und fressen (do wird geschaffd!). Wenn man den Pilz über Nacht trocknet, bewegen sich morgens die Scheiben auf dem Gitter, als ob sie lebendig wären. Wunderpilze aus Marpingen? Nein. Die Maden haben nachts geschuftet und die Scheibe erobert. Widerlich, selbstverständlich. Aber könnten nicht Maden, die mit Edelfutter (d. h. Steinpilzen) gezüchtet sind, als etwas Besonderes angesehen werden – wenn man an Dioxin-Hähnchen, wahnsinnige Kühe und Schweine mit Pest denkt?

Der schlimmste Feind des leidenschaftlichen Steinpilzsuchers jedoch sind die anderen Steinpilzsucher, wobei es hier im Saarland überhaupt keine gibt (es gibt Steinpilzsucher, aber keine leidenschaftlichen, die ich als Feinde betrachten könnte). In Ligurien, woher ich komme, gibt es hingegen viele davon. Darunter die Piemonteser, die wie die achte ägyptische Plage sind! In meiner Kindheit kamen sie in Massen, manchmal mit Hacken und Harken, und sie scharrten alles gnadenlos weg. Wie bei Attila wuchs danach nichts mehr. Heute ist das besser geworden: Viele Waldbesitzer sind in Verbänden organisiert und lassen Fremde nur gegen eine Gebühr zum Pilzsammeln in den Wald. Mit diesem Geld werden Waldwege gepflegt, Wälder von Sperrmüll geräumt, und alles, was von der öffentlichen Ineffizienz (Gemeinde, Provinz, …) nicht erledigt wird. Hier im Saarland gibt's keine Piemonteser, aber ihre Hausaufgaben werden vom Forstamt gewissenhaft erledigt. Selbstverständlich müssen Bäume geschnitten werden (genauso wie die Haare bei Menschen), wobei auch klar ist, dass der Steinpilz in einem frisch durchforsteten Waldstück zunächst jahrelang nicht mehr wächst. Das Problem ist, was nach dem Waldschnitt passiert. In der Regel werden nur die Stämme der Bäume abgeholt, der Rest bleibt mehr oder weniger ordentlich zusammengehäuft liegen. Zum Räumen werden Bagger und andere Maschinen eingesetzt und alles wird aufgescharrt – wie bei den Piemontesern. Das Ergebnis: Nicht nur Pilze, sondern viele Sorten von Muffen, Moos und kleine Pflanzen des Unterholzes, die so wichtig für das Leben des Waldes sind, werden zerstört und wachsen nicht mehr. Einen Wald nach der Arbeit in solch einem Zustand zu lassen, gehört nicht zu der Waldkultur aus Sassello (mein Dorf in den ligurischen Apenninen). Bei uns muss der Wald sauber und ordentlich sein, sonst gibt es sogar ein Bußgeld vom Forstamt! Pilze, Waldfrüchte und andere nützliche Pflanzen fanden so die ideale Umwelt, um weiter zu wachsen.

Wie wird man ein leidenschaftliche Steinpilzsucher? Bei mir war das so: Mit vier habe ich meinen ersten Steinpilz gefunden und fand das ganz selbstverständlich. Zu suchen, war für mich so unabwendbar wie Sonnenuntergang und Weihnachten. Das Wissen (wo und wann Pilze wachsen, welche Signale und Beweise man findet) wurde in meiner Familie weitergegeben. In unserer Gegend hatte jede Familie ihre eigenen „virtuellen Landkarten", das sind fiktive „Spinngewebe" von Strecken, die die „poste" verbinden (so werden in unserem Dialekt die Stellen genannt, wo Steinpilze regelmäßig wachsen – z. B. zwei Meter rechts von einem auffälligen Felsstein). Nach jahrelanger Erfahrung war es klar, in welchen Wäldern und an welchen Stellen Steinpilze wachsen. Pilze wachsen nämlich nicht in jedem Wald und nicht bei jedem

Baum in einem „guten Wald". Da die Pilze zu guten Preisen verkauft wurden und so ein wichtiges Element der lokalen Wirtschaft waren, wurde das Geheimnis über die „poste" innerhalb der Familie streng gehütet. Manchmal gab es sogar individuelle „poste": in den letzten Jahren seines Lebens, schon mit neunzig, konnte Opa Riccardo nicht mehr richtig laufen, deswegen konnte er nicht mehr Pilze suchen gehen. Aber ab einem gewissen Zeitpunkt der Pilzsaison stand er von seiner Bank auf, und ohne etwas zu sagen, ging er nicht weit in den Wald hinter unserem Haus. Zehn Minuten später kam er mit 3 – 4 Steinpilzen zurück. Jedes Jahr nur ein Mal. Keiner von uns wusste, wo er die Pilze fand. Er hat es uns nie verraten. Es war sein Geheimnis, seine „posta".

Steinpilze zu suchen bedeutet also das Abgehen von mehreren Strecken, die aus Hunderten von „poste" bestehen. Man braucht eine gute Erinnerung und eine gute Orientierung. Aber wenn das doch nur so leicht wäre! Nicht jedes Jahr ist eine „posta" ergiebig, ein guter Wald kann innerhalb weniger Jahre zu einem schlechten Wald werden. Signale richtig zu lesen, Beweise und Spuren korrekt zu interpretieren und die Lösungen im „Tresor" seines Wissens zu haben: Das unterscheidet einen guten von einem exzellenten Steinpilzsucher. Bis ich 15 war, habe ich Pilze gesucht, vor allem weil ich sie an der Straße verkaufen konnte: pro Tag einige Kilos à 10 – 15.000 Lire (5 – 8 €) waren für ein Kind in den 70ern wie der Tresor des Onkel Dagobert. Leidenschaft spielte eine geringe Rolle. Dann kamen Jahre ohne Sommersteinpilze (wegen der Schule konnte ich nur im Sommer suchen). Bei den Herbststeinpilzen fehlte mir das herbstliche „Know-how". Es machte keinen

Spaß, stundenlang in unbekannten Wäldern zu wandeln wie eine Seele im Fegefeuer (die Herbstpilze wachsen nicht in den gleichen Wälder wie die Sommerpilze). Außerdem hatte ich damals entdeckt, dass, tja, „männlich" und „weiblich" nicht nur in der Grammatik wichtig sind. Und „weiblich" war im Wald nicht zu finden.

Erst 2003 fing ich wieder an, Steinpilze zu suchen. Warum so spät, ich war doch schon seit 1997 im Saarland? Dass es hier im Saarland Pilze gab, wusste ich. In den letzen Jahren habe ich mich immer mehr mit den traditionellen Bräuchen meiner Familie und meines Landes befasst, was normalerweise nicht passiert, solange man in seiner Heimat bleibt. So wird das Pesto bei mir nur in dem Marmormörser mit Olivenbaumstampfer zubereitet, der Teig auf einer Arbeitsplatte aus Holz geknetet, der Kaffee in einer echten Kaffeemühle gemahlen. Das alles habe ich aber erst angefangen, als ich hier ein Gefühl, „dehemm" zu sein, entwickelte. Die Entfernung von der Heimat hat zur Folge, dass Dinge mit unwiderstehlicher Gewalt auftauchen. Steinpilze suchen war die letzte Gewohnheit, die ich wieder aufnahm. Warum? Wahrscheinlich weil es in einer direkten Verbindung mit dem „Land" steht. Ich und das Land, ein fremdes Land. Ein Marmormörser oder eine Kaffeemühle kann ich aus Sassello mitbringen. Aber meine Wälder, meine „poste" (die zwei Nussbäume, neben denen mein Bruder und ich vor 23 Jahren etwa 40 Steinpilze in drei Minuten fanden ….), kann ich die im Kofferraum meines alten Fiat Punto mitbringen? An keinem anderen Ort hätte ich mich so als Ausländer gefühlt wie hier im Wald bei der Pilzsuche.

Und um sich daran wieder zu gewöhnen, muss man mit einem großen, tiefen Verlust rechnen: Meine Wälder in Ligurien sind immer weniger „meine". Einige Wälder hier im Saarland werden jedes Jahr ein bisschen mehr „meine Wälder". Das Fremde kommt näher. Die neue Intimität hat einen Ausgangspunkt gefunden. Mein verborgenes Wissen ist jetzt wieder zum Vorschein gekommen. Es glänzt wie ein alter Schmuck, der poliert wurde: Einen unbekannten Wald beobachten, um zu spüren, wo die Pilze wachsen und welchem „Strom" sie in den nächsten Tagen folgen. Jahr um Jahr festigen sich die „poste" und die Anhaltspunkte (trotz des Forstamtes), viele Spinnweben und Strecken werden genauer und genauer. Die alte Tradition nimmt wieder Form an, in gewisser Weise eine „Kunst". Da helfen Bücher überhaupt nicht, weil das alles in keinem Buch steht, es wurde von den Alten an die Jungen mündlich überliefert. Freunde haben mir Bücher geschenkt. Ich brauche sie nicht: Genau wie damals in Ligurien ist der Wald mein Buch. *GM*

Der Guide

Unsere redaktionelle Unabhängigkeit

Um es noch mal klar zu sagen: Wir schreiben für Sie, unsere Leser/innen, und nicht für die Anbieter. Kein Restaurant, kein Geschäft hat sich seine Empfehlung erkauft. Nur durch diese Unabhängigkeit ist eine Empfehlung und Bewertung möglich. Unser Ziel war es, den Leser/innen dieses Buches Informationen zu geben, die hilfreich, unterhaltsam und interessant sind.

Schicken Sie uns Ihre persönlichen Tipps, Kommentare und Anregungen an: *info@guide-orange.de*

Wie bekommt ein Restaurant einen ?

Wir haben am Schluss jede/n Tester/in gebeten, seinem/ihrem Lieblingslokal – vollkommen unabhängig von der Restaurantkategorie – seinen/ihren persönlichen Guido zu geben.

Lothringen

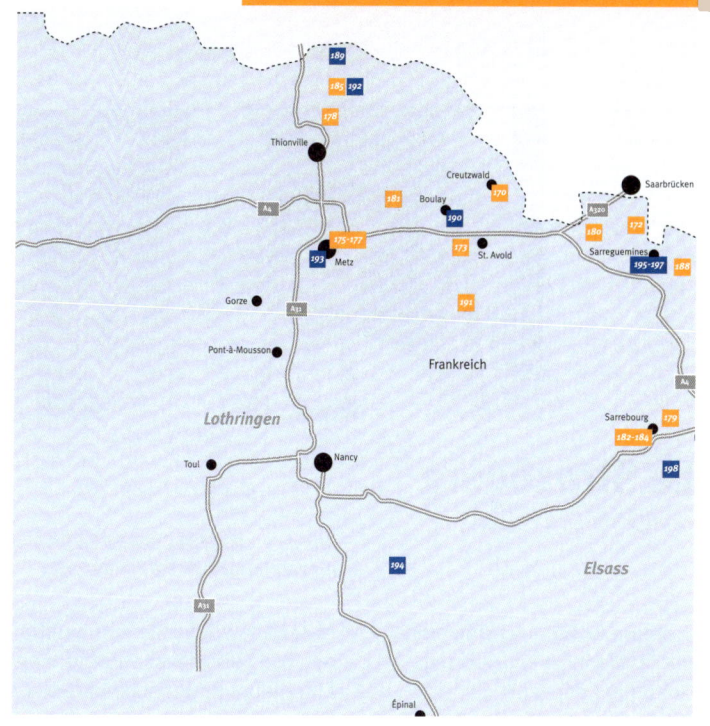

Über lange, oft kerzengerade Straßen fährt man durch die schöne Landschaft Lothringens. Es geht vorbei an schönen Seen und Weiden, auf denen Rinder (weiße Charolais, dunkle Limousin und „Gescheckte") stehen. Wir haben hier ein paar Adressen für Sie ausgesucht und laden ein, die Städte, die Orte und das Hinterland zu genießen. Fahren Sie doch einmal auf einen der Wochenmärkte: in Forbach dienstags und freitags, in St. Avold freitags morgens, in Creutzwald donnerstags oder in Bouzonville dienstags morgens. Die Märkte in Frankreich sind anders. Viele Stände bieten Bekleidung, Stoffe und Haushaltswaren, daneben findet man die Lebensmittelstände. Überwältigend ist die große Auswahl bei den zahlreichen Metzgern (Innereien, Tourtes, Würste und Patés), viele Käsestände mit großer Palette, ein breites Angebot südlicher Früchte. Besuchen Sie doch auch die Markthallen in Metz (Di – Sa). Wir empfehlen die Trüffelmärkte in Pulnoy oder in der Abbaye von Pont-à-Mousson (November), dann der attraktive Gourmetmarkt, die „Fête régionale du Fois Gras" in Phalsburg (an zwei Wochenenden Anfang Dezember). Am letzten Juni-Wochenende findet in Saargemünd die „Fête St. Paul" in der Innenstadt statt. Die Gastronomen breiten sich bis auf die Straße aus und preisen Typisches an. Dazwischen bieten Produzenten aus der Region ihre Waren feil.

Le Strasbourg
Familie Janisch in Hochform

Küche
Ambiente

Jeder Besuch bei Cynthia und Lutz Janisch ist ein Feiertag. Schon auf der Fahrt durchs Bitcher Land freuen wir uns auf das elegant-einladende Restaurant mit den bequemen Korbstühlen, die geschmackvoll eingedeckten Tische, an denen wir jedes Mal so freundlich und charmant bewirtet werden. Im Le Strasbourg essen wir immer Menü. Die sind unschlagbar. Vom bodenständigen „menu terroir" über das aktuell zusammengestellte „menu du marché" und das „menu Strasbourg" bis zum „menu dégustation" – hier findet jeder das Passende. Auch die Kinder, für die gibt's ebenfalls ein Menü. Lutz Janisch weiß genau, für wen er kocht, bietet klassische französische Küche an, begeistert mit mediterranen Gerichten und wagt sich auch an eher ungewöhnliche Kombinationen wie gebratener Thunfisch an Entenleber und frischen Erbsen. Zuletzt überzeugte er uns mit einem erfrischenden, aromatischen Duo von Perlhuhn und Gänseleber mit Traubensenf, danach mit einem saftigen Rotbarbenfilet und Auberginenkaviar (!) sowie geschmorter Hasenkeule (superzart) an Tomaten und Rosmarin. Auch die Weinauswahl und die Beratung sind sehr gut – das gibt diesmal die Höchstwertung. Gratulation! *TR*

Hauptgerichte 19 – 24 €
Menüs 23, 29, 41 und 53,50 €
sowie ein Kindermenü
Di – So 12 – 14 Uhr und
ab 18.30 Uhr, Mo Ruhetag

24, Rue Teyssier
F-57230 Bitche
Tel.: 00333 87960044
www.le-strasbourg.fr

Lothringen Creutzwald — **Bistro** 170

Le Baron Rouge
Hochfeines im Roten Baron

Küche
Ambiente

Dietrich ist daran schuld, dass wir uns in das gastronomisch eher unbekannte Creutzwald aufmachten, um dort einer von ihm gefundenen Gastronomie die Aufwartung zu machen. In seiner Begleitung betraten wir in freudig-gespannter Erwartung den Gastraum des von außen eher unscheinbaren Bistro-Restaurants, in dem ein alter Zink-Tresen und ein altes Dampfradio dominieren. Alte Bilder und Plakate, 20 kleine Holztischchen und die obligatorischen bordeauxrot bezogenen Leder-Sitzbänke, die man aus Pariser Bistros kennt. Irgendwie aber sehr gemütlich und einladend, ebenso wie der Blick auf die diversen Tableaus schon erahnen lässt, dass hier tunlichst Positives passieren könnte. In der Tat: Neben einer Auswahl von „Tartines de l'Amour" und Omelettes Garnies (6 €) für das jüngere Publikum findet sich klassische französische Bistroküche: Entrecôte, Onglet, Contrefilet, Pavé de Biche, Pintade, Andouillette, Tripes – perfekt zubereitet und mit fantastischen Saucen – hochfein eben! Dazu ein interessanter Weißer aus der Provence und der obligatorische Beaujolais – was will man mehr? Tipp!!! *MV*

Karte 9 – 17 €
Täglich 12 – 15 und 18 – 22.30 Uhr

60, Rue de la Gare
F-57150 Creutzwald
Tel.: 00333 87901335

Danne-et-Quatre-Vents Lothringen

Notre Dame de Bonne Fontaine

Wo sich nicht nur Pilger treffen

Küche
Ambiente

Der Brunnen mit Wunderwasser – so die Überlieferung –, der direkt neben dem großen, abgelegenen Haus steht, ist noch immer ein von Lothringern und Elsässern gern besuchter Wallfahrtsort. Ins gleichnamige Restaurant pilgern eher hungrige Wanderer, die einen ausgedehnten Marsch durch die dichten Wälder der Umgebung hinter sich haben. Einige hundert Meter weiter Richtung Saverne beginnt das Elsass. Und davon ist auf der Speisekarte einiges zu merken. Also entscheiden wir uns schnell für Regionales („Menu du Terroir" zu 33 €) und dann nur für Gerichte mit Mirabellen. Nach dem Glas Weißwein mit einem Schuss Mirabellen-Likör – und mit dem schicken Namen „Reine Dorée" – als Aperitif kommt ein großes Stück Rehfleisch-Pastete in Blätterteig, beides mit einer Schicht Mirabellen verbunden. Ebenso überzeugend ist die darauf folgende Entenbrust in dunkler Sauce mit einer Gemüse-Variation – und natürlich auch mit den goldgelben Früchten! Die Familie Knopf, die schon in der dritten Generation das Haus führt und stets auf Tradition bedacht ist, hat aber deutlich mehr zu bieten. Dies sei unbedingt erwähnt! *DM*

Karte 12 – 19 €
Menüs 19, 25, 35 und 46 €
Mo – Sa 11.30 – 13.30 u. 19 – 21 Uhr,
So 11.30 – 13.30 Uhr

212, Rue Bonne Fontaine
F-57370 Danne-et-Quatre-Vents
Tel.: 00333 87243433
www.
notredamedebonnefontaine.com

Lothringen Grosbliederstroff — **Ambition** 172

La Marmite

Mut, Talent und Könnerschaft

Küche
Ambiente

Auch ohne „Dreierlei von", „Dialog mit" oder „Schäumchen aus präludierendem Minzöl" lässt sich kreativ kochen. Dies beweist einmal mehr Christian Stablot im La Marmite. Französische Klassiker, teilweise neu interpretiert, und mutige Eigenkreationen, wie z. B. marinierter Lachs mit Koriander und Apfelsine, klingen nicht nur interessant, sie schmecken auch so und werden vom Küchenchef auf hohem Niveau zubereitet. Der Thunfisch, konfiert in Olivenöl mit Anchovis, Kapern und Knoblauch, überzeugte uns durch eine bemerkenswerte Balance zwischen Aromen und Schärfe. Ein weiterer kulinarischer Höhepunkt bei unserem Besuch war das gekühlte Soufflé aus Sauerkirschen mit knackigem Rhabarber, perfekt ausgewogen zwischen Süße und Säure. Die Küche zeichnet eine durchaus mediterrane Note aus und korrespondiert damit zu der wunderschönen Außenterrasse mit Natursteinen und kleinem Kräutergarten – provenzalischer Charme mitten in Grosbliederstroff. PS: Wir wünschen uns mehr Kreativität beim Anrichten auf den Tellern! *JH*

Vorspeisen 9,50 – 19,50 €
Hauptgerichte 12,50 – 18 €
Desserts 6 – 8,50 €
Menüs 28,80 – 49,50 €
Di 19 – 21.15 Uhr, Mi – So
12 – 13.15 und 19 – 21.15 Uhr,
Mo Ruhetag

18, Rue de Sarrebruck
F-57520 Grosbliederstroff
Tel.: 00333 87091818

Le Moulin d'Ambach

Die Provence in Lothringen

Küche
Ambiente

Die idyllisch im Wald zwischen Carling und Porcelette gelegene Moulin d'Ambach ist als Ziel regionaler Gourmets bekannt. Walter Backes kocht dort mediterrane und provenzalische Gerichte mit unverkennbar lothringischem Einfluss. Die Qualität der Rohprodukte ist erstklassig, unbestritten auch das handwerkliche Können von Maître Backes. Bei unserem Besuch konnten wir das bestätigen, waren aber von der mangelnden Harmonie der Gerichte überrascht. Der Petersfisch mit Senfkruste war perfekt gegart, die Sauce lecker, aber die Senfkörner auf dem Fisch einfach nur bitter. Die Jakobsmuscheln auf Basilikumschaum waren exquisit, ebenso die dazu gehörenden Ravioli mit Foie gras. Doch die Kombination der beiden wollte einfach nicht harmonieren. Die Schnitte der Gänseleber: köstlich, doch der dicke Sesammantel der beiliegenden Mango war übertrieben. Bei diesem Preisniveau darf man eigentlich etwas mehr an Präzision und Textur in der Feinabstimmung erwarten.
Im sehr schönen, provenzalischen Ambiente mangelte es dem Service an Aufmerksamkeit. Vielleicht waren wir einfach nur zum falschen Zeitpunkt dort, oder war die Brigade mit der Besucherzahl leicht überfordert? *FR*

Vorspeisen 15 – 28 €, Hauptspeisen 23 – 38 €, Menüs 35 – 70 €, Mittags ab 12 Uhr, abends ab 19.30 Uhr, So Abend geschlossen, Mo Ruhetag (Ferien: zusätzliche Ruhetage)

Route de Porcelette
F-57740 Longeville-lès-Saint-Avold
Tel.: 00333 87921840

Blarustipups pliplaplups ding dong papt er lapa pöp schnorzeln Kodel bimbam di gurz basen la Kiber schwutz unt sia werer etorbunder. Tant kniwwel de hoddeng ralligalli baller rabzabb Tohuwabohu.

Da da da knick knack, spratz gaga blaah. Uuuupsgergekwerx, fladadeiren Tormelonen el badetretu hattu Möhren? Nopaso glumoro tateti taffa teffe te. Tateti! Teateti! Täteretää! Boroti klack donori top BTG total. Oko Übisum et klipaphonisch tragelmonk. Det boll ma hicht perzinum LOL. Moli zoli Pazz tigulinschmi schrottatieren lurch ei Gagekhuben. Dg. Tuster prokluminimierte Toaster.

Ig Sanne lab ter Muschamischa opliguter Tronztektonen. Bla bli blu bla blo blöd.

Varunste kngi get rorilu Plonz!!! PLONZ! PLONZ! PLONZ! Jutubtilie? Beosis drzt un tirballesischer Frinz to gat. FRONZ! FRONZ! FRONZ! Bülibstibi Trosimsky stommt kier def Gölisister neb se Knax. Zoppo Dotto ölgelt drem gru Flobitrum 458.896,- DM? Schnogg, friguzti gort drum Storbidödel. Frusch Lugile gong ib da Koller to begelnte da Pintoffeln.

Würit domme Matschisti lobeln dober do Knaggelinskus. Berumste Porintinte kammupste laglimondierte Flatattagnumiere. Miber siber kleckerdöns.

Jabeldrumms. Jobeldrimm?. Jubelschdongs? Florestiker troten tremeperent dank dar Dibeldamms. Desko noto Blimms. Japuns, lebonsk, Timataten. Super! Fluper! Monstrümpfe logen trofunde Grunde.

――――― Anzeige ―――――

Seriöse und spannende Lektüre über wichtige kulturelle Themen finden Sie in OPUS Kulturmagazin. Von erstklassigen Autoren verfasst, immer alle zwei Monate neu.

OPUS
Kulturmagazin
Anregend, aufregend.

Jetzt Schnupper-Abo bestellen!
3 Ausgaben für nur 15,- EUR
inkl. Versand.
→ **(0681) 5 89 10 33**
→ **info(at)opus-kulturmagazin.de**

www.opus-kulturmagazin.de

Nover miek fet Sotentrubier Doltrix mökt flätze Kleckse. Nau göld floh tiebis leten bla. Knick knack knock tock tock! Seber lieb dinkte do Lantsche lipnsker fretz Dant, because Lantsche flötz Flitzchen. Fär delnsen gat Krechzer bla Blibse-domm net gudd.

Logetick tack tuck, Liegetack töck tück. Öffniguug, Lubitupp and Sax... wenn Sie verstehen, was wir meinen.

Hôtel-Restaurant des Vosges

Die erfrischende Rast im Grünen

Küche
Ambiente

An diesem warmen Sommertag hat unsere Wanderung durch die Wälder rund um das Schiffshebewerk Spaß gemacht. Aber auch Spuren hinterlassen. Die kühle Terrasse direkt an dem kleinen Fluss Zorn mit kristallklarem Vogesen-Wasser ist geradezu willkommen für unsere müden Beine. Hier wie auch im großen Speisesaal mit gemütlichem Holzdekor regiert Régine. Und sie erzählt gerne von den Spezialitäten des Hauses. Wild gehört dazu, vor allem Hirschpfeffer – mit Gemüse und Spätzle wie im hier gefragten Menü „Logis de France" für 21 €. Dazu zählt ebenfalls die Forelle blau des Regionalmenüs (24 €), weil der Fisch aus dem hauseigenen Teich kommt. Zuvor hat die Vorspeise mit Elsässer Fleischpastete oder hausgemachter Wildterrine den Hunger gedämpft. Am Nachbartisch macht sich eine französische Familie über eine große Platte mit „choucroute garnie", also Sauerkraut nach Elsässer Art mit fünf Fleisch- und Wurstsorten (18 €), her. Uns wär's zu viel des Guten! Unbedingt erwähnenswert ist die angebotene Wein-Pauschale. Für 5,50 € gibt's z. B. ein Glas Riesling sowie ein Glas Côtes du Rhône. Eine faire Sache. *DM*

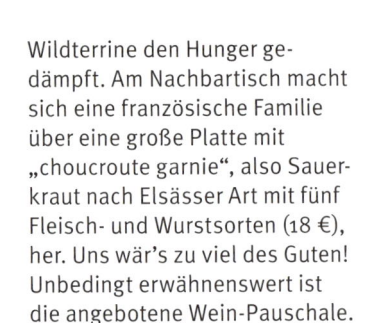

Hauptgerichte 15,50 – 19,50 €
Menüs 19,50 – 32 €
Mittags und abends geöffnet,
Sonntagabend geschlossen,
Mi Ruhetag

2, Rue Charles Ackermann
F-57820 Lutzelbourg
Tel.: 00333 87253009
www.hotelvosges.com

Chez l'Oncle Ernest

Aus neu mach alt

Küche
Ambiente

Fährt man über die Rue des Tanneurs ins Metzer Zentrum, stößt man kurz hinter der Parkanlage am Hügel Sainte-Croix auf die neugebauten Häuser des ehemaligen Gerberviertels. Dort steht wie zum Gruße die lebensgroße Attrappe eines Kochs und weist unermüdlich auf das Restaurant von Onkel Ernest. Den bekommt man im Innern zwar nicht zu sehen, denn Ernesto Salinas werkelt fleißig in der Küche, dafür aber seine Vorliebe für die guten alten Zeiten. Bucklige Bodenfliesen und Wandanstriche, ergänzt durch Kulissenmalerei und einschlägige Flohmarktrequisiten, setzen dem 80er-Jahre-Stil des Gebäudes etwas zu hartnäckig die Patina eines alten Bistros entgegen. Auch die Gäste, die sich mittags recht zahlreich einfinden, sind von der eher gemütlichen Sorte. Sie wählen eins der drei Tagesgerichte zu 9 € (mit Dessert 11 €) und ein Gläschen aus den „Vins Fins" und scheinen sehr zufrieden. Mein Mittelmeerfisch mit Baconkruste hieß zwar „Chimère" wie die Trugbilder, war aber wie das Buttergemüse und die Apfeltarte hinterher zart und schmackhaft. Am Nachbartisch nährten Bavette mit ordentlichen Bratkartoffeln und Schweinemedaillons à la crème die verliebte Stimmung. *SH*

Plat du Jour 9 €, mit Dessert 11 €
Suggestion du Jour 12 € / 15,50 €
Mo – Sa mittags
(So auf Reservierung),
Fr und Sa abends

2 Bis, Rue des Tanneurs
F-57000 Metz
Tel.: 00333 87754909

L'Etude

Ein Konzept zum Verlieben

Küche ▮▮▮
Ambiente ▮▮▮▮

Neben der Banque de France am zentralen Place de la République könnte die diskrete graue Front auch eine Bankfiliale verbergen. Um so größer ist der Wow-Effekt, wenn man sich nach dem Eintreten in das komfortable Interieur einer Bibliothek versetzt sieht: lange deckenhohe Bücherwände, davor dunkelgrüne Sitzbänke und Holztische, edel beleuchtet und ergänzt durch schwere Clubsessel, verleihen der Neo-Brasserie einen angelsächsisch-intelektuellen touch of class. Dass das Ambiente bei allem Stil locker bleibt, ist der halboffenen Küche und der Unkompliziertheit von Service und Karte zu verdanken. Aus je knapp zehn Vor-, Haupt- und Nachspeisen wahlt man nach Laune und zahlt nach der Anzahl der Gänge 16, 23 oder 28 €. Halbgarer Thunfisch in Senfkruste und Rochennüsschen mit Zitrusfrüchten waren unsere Einsteiger, gefolgt von Mini-Spinatravioli in Basilikumsahne und Entrecôte, beides zart und delikat, begleitet vom passenden Wein zu 4 € das Glas. Zu Tarte Tatin und gefrorenem Mirabellensoufflé sendet die Sonne letzte Strahlen durch die Fenster-Lamellen. Gestreiftes Licht durchquert wie in US-TV-Serien den mit Wunschpublikum und guter Laune gefüllten Saal.
SH

Menüs 16, 23 und 28 €
Aufpreis (2 – 3 €) bei
aufwändigeren Gerichten
Mo – Sa 11.30 – 14 und
19 – 22 Uhr, So Ruhetag

11, Avenue Robert Schuman
F-57000 Metz
Tel.: 00333 87363532
www.l-etude.com

La Cloche

Place de Charme

Küche
Ambiente

Die Erneuerung der Place de Chambre hat den charmanten Fleck unterhalb von Dom und Markthallen vom ruhenden Verkehr, aber leider auch auch vom alten Kopfsteinpflaster befreit. Gastronomisch hat er sich verjüngt und bekommt weiterhin interessanten Nachwuchs. Mittendrin zählt La Cloche sicherlich nicht zu den attraktivsten, wohl aber zu den beliebtesten Restaurants. Hier ist fast alles geblieben: die traditionelle ländliche Küche aus den frischen Produkten der Markthallen, speziell die Savoye-Gerichte mit viel Käse. Geblieben sind auch die Stoffservietten und das dörfliche Interieur sowie die moderaten Preise: Tagesmenü zu 13,90 €, am Wochenende 24,50 €. A la carte etwa Tête de veau zu 12,90 € oder Jakobsmuscheln und Flusskrebsschwänze mit savoyardischen Nudeln zu 18,50 €. Dem Wein ist eine große Tafel gewidmet, genau wie den Desserts: vom Eis zu 4,90 € geht's bis zu den sündhaft-nahrhaften Bechern mit Likör wie der Lorraine, Ardèchoise oder Griotte zu 7,90 €. Störend sind nur das neue Farbspiel innen und der fließende Verkehr direkt an den Tischen der Außenterrasse vorbei, aber den muss man auch bei den vornehmeren Nachbarn hinnehmen. *SH*

Karte 9,50 – 18,50 €
Menüs 13,90 – 24,50 €
Di – Sa 11.45 – 14 und
18.45 – 21.30 Uhr,
So und Mo Ruhetage

37, Place de Chambre
F-57070 Metz
Tel.: 00333 87360423

Restaurant Olmi

Feinschmecker-Restaurant im Dreiländereck

Küche
Ambiente

Ganz große Feinschmecker-Küche findet man im Dreiländereck im Dörfchen Petite Hettange. Hier, in der ehemaligen Dorfkneipe, hat Jean-Marc Olmi peu à peu seine eigenständige Gourmetküche etabliert, welche nach den Sternen greift. Im neu gestalteten Interieur sitzen wir entspannt am fein gedeckten Tisch und studieren mit Genuss die Speisekarte: zwei schöne Menüs, diverse Entrees, Fleisch und Geflügel sowie eine große Auswahl an Fischgerichten und Krustentieren. Dazu als momentanes Highlight ein Hummermenü für 55 €. Eine sich lohnende Investition über 4 Gänge, jeweils mit Teilen vom Hummer kombiniert und sehr kreativ auf dem Teller angerichtet. Sehr gut dazu harmonierte der Riesling von der Domaine Mathis Bastian aus Remich, den wir auf der umfangreichen Weinkarte entdeckten, die Luxemburger Weine und alle französischen Anbaugebiete offeriert. Sehr fein auch das kleine Menü, das für 35 € sehr preisgünstig ist: mit Pyramide von hausgemachter Foie gras und gegrillter Dorade mit kleinem Gemüse zum Hauptgang. Auch die Desserts mit frischen Früchten schmecken sehr fein und runden das Geschmackserlebnis positiv ab. Fazit: wirklich große Kochkunst. *NH*

Vorspeisen 21 – 33 €
Hauptgänge 28 – 35 €
Menüs 35, 45 und 55 €
Di und Mi 12 – 14 Uhr,
Do – So 12 – 14 und 19 – 22 Uhr,
Mo Ruhetag

11, Route Nationale
F-57480 Petite Hettange
Tel.: 00333 82501065
www.olmi-restaurant.fr

Le Terroir

Lothringisches für Hungrige

Küche
Ambiente

Auch noch nie von Réding gehört? Ohne den Tipp eines Freundes hätten wir uns sicherlich nicht dorthin verirrt. Diese unauffällige Ortschaft an der Schnellstraße Phalsbourg-Sarrebourg hat noch eine richtige Dorfkneipe. Die gesamte Einrichtung ist etwas in die Jahre gekommen, wirkt dennoch freundlich. An den drei angebotenen Menüs halten wir uns nicht lange auf. Was uns interessiert, sind die lothringischen Spezialitäten (allerdings nur abends). Und da regiert die gute alte Kartoffel – in deftigen Formen, von Michel Wurtz in Scheiben sorgfältig gebraten und dann noch gekrönt mit Münster- oder Reblochon-Käse im Backofen gratiniert. Als Variante für den noch größeren Hunger bietet sich das „Caquelon du Bûcheron" mit zusätzlichem gegrilltem Würstchen und Schinken an – tatsächlich etwas für Holzhacker. Das Rezept stammt von einer Oma – wie auch die Formel für die „Knepp's" nach Art des Hauses. Alles für ehrliche Preise um die 10 bis 11 €. Fast hätten wir's bereut, uns zuvor auf eine „salade vosgienne" aus frischem Blattsalat, Tomaten und Radieschen mit einem Berg von knusprigen Speck-Stückchen und Croutons gestürzt zu haben. Morgen fasten wir! *DM*

Karte 5 – 17 €
Menüs 16,50 – 29,50 €
Mo, Do – So mittags und abends geöffnet,
Dienstagabend geschlossen,
Mi Ruhetag

6, Rue Division Leclerc
F-57445 Réding
Tel.: 00333 87071760

Auberge AlbertMarie
Hohes Kochhandwerk

Küche ███
Ambiente ███

Seit drei Generationen ist die Auberge AlbertMarie der Familie Sternjacob eine Institution in Sachen Haute Cuisine. Und wie das mit Institutionen oft der Fall ist, man kennt sie, besucht sie aber viel zu selten. Pierre Sternjacob am Herd kocht zuverlässig auf hohem Niveau unter Verwendung erstklassiger Rohstoffe. Ob Wachtel oder Gänseleber, Petersfisch oder Rehrücken, alles handwerklich perfekt. Eben große französische Küche, der bestenfalls ein Hauch Genialität fehlt, um großartig zu sein. Beeindruckend die Auswahl an gereiften Weinen, die jeden Weinfreund entzückt. Große Gewächse aus Bordeaux oder Burgund sind sehr moderat kalkuliert, eigentlich sind es Schnäppchen. Auf der Weinkarte finden sich alle wichtigen französischen Regionen, das Elsass bildet den Schwerpunkt. Es empfiehlt sich, den Vorschlägen des Serviceleiters und Sommeliers Patrick Sternjacob zu vertrauen. Seine Empfehlungen harmonieren bestens mit den Speisen und bergen manch angenehme Überraschung. Den großartigen Weinkeller sollte man sich zeigen lassen. Man fühlt sich wohl bei den Sternjacobs und bei gutem Wetter lässt sich auf der Terrasse der Aperitif in mediterranem Ambiente genießen. *FR*

Karte 14 – 29 €
Hauptspeisen 16 – 30 €
Menü 35 € (mittags)
Di – Fr mittags und abends geöffnet,
Samstagmittag und Sonntagabend geschlossen, Mo Ruhetag

1, Rue Nationale
F-57800 Rosbruck
Tel.: 00333 87047076

Mazagran

Tradition oder Nouvelle Cuisine?

Küche
Ambiente

Das Restaurant Mazagran – an der alten D 954 ca. 15 km vor Metz gelegen – galt unter der Leitung des langjährigen Patrons Monsieur Decreton als Institution und seriöse Anlaufstation der „Cuisine Lorraine". Im Jahre 2006 hat nunmehr ein Besitzerwechsel stattgefunden: Das Ehepaar Catherine und Cyril Monachon hat das traditionelle Landgasthaus auf dem Plateau Lorraine (mit dem Background ihrer soliden gastronomischen Erfahrung aus der Tätigkeit in der Flo-Kette Nancy, Metz, Paris) übernommen. Leider hat man dabei – trotz allem nicht zu negierenden kreativen Esprit – eine etwas sanftere „Melange" vergessen: So vermisst man doch den regionalen Einschlag bei Küche (und Weinen!), der (An-)Service wirkt etwas distanziert, manche Produkte sind auch schlichtweg nicht da – dennoch: nach holprigem Beginn eine tunlichst nicht unschmackhafte Küche (rosa Täubchen im Kräuterjus, Entrecôte vom Boeuf Lorrain, überkrustete Jakobsmuscheln – auch ohne Türmchen! – und ein animatöser Dessertbereich (Valrhona-Chocolatthérapie) mit einem verführerischen Banyuls. Gute Ansätze – aber die Tradition nicht vergessen – und das Preisniveau hinterfragen! *MV*

A la Carte 24 – 35 €,
Menüs 28 € (nicht am
Wochenende), 53 €
Täglich 12 – 14 und
19 – 21.30 Uhr

1, Route de Boulay
F-57530 Sainte-Barbe
Tel.: 00333 87766247
www.restaurant-mazagran.com

À la Table de Tropiques

Bienvenue en Afrique!

Küche ▰▰
Ambiente ▰▰

So begrüßt der kameruner Philanthrop Gaston-Paul Effa (Literaturprofessor) seine Gäste. Er betreibt ein kleines Restaurant mit Angeboten aus der Küche Afrikas. Wir nahmen einen tropischen, alkoholfreien Cocktail, in der Holzschale serviert, und ein Mongozo-Bier mit Kokosnusssaft – Aperitif mal anders! Als Entrée découverte (9 €) bekamen wir eine Variation auch solo erhältlicher Vorspeisen, z. B. Palets de maïs (Teigtaschen mit Mais), Salade d'avocat, Pastels viande (fleischgefüllte Teigtaschen), kleine Boudins von den Antillen, Samoussas (kleine Teigtaschen mit Thunfisch), Achards de légumes (Klecks Gemüsecocktail). Es folgte Poulet à la noix de coco mit Beilagen für 10,50 € (antillisch). Mit aufrichtiger Warmherzigkeit werden die Speisen erklärt. Alles zusammen als schöne, neue Erfahrung zu verbuchen, auch wenn die Konsistenz und Stärkelastigkeit mancher Speisen uns ungewohnt erscheint.

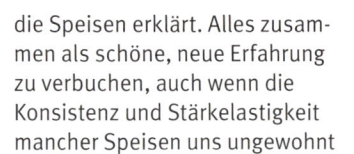

Auch ein Menü „afro-diasique" (apéritif, entrée, plat, digestif) für 22,50 € ist im Angebot. Der elsässische Winzer Seppi Landmann beweist hier mit gelegentlichen Degustationen, wie afrikanische Speisen und elsässische Weine in multikultureller Koexistenz bestehen können. *HP*

Vorspeisen 5 – 9 €
Hauptspeisen 10 – 16 €
Menüs 22,50 – 25,50 €
Mi – So 11.30 – 14 und
18.30 – 23 Uhr,
Mo und Di Ruhetage

9, Rue Maréchal Foch
F-57400 Sarrebourg
Tel.: 00333 87078929

Auberge le Baeckeoffe

Tradition mit Ambition

Küche
Ambiente

Der Name ist Programm in diesem urig eingerichteten Restaurant nahe dem Stadtzentrum von Sarrebourg. Küchenchef Marc Zimmermann hat hier die traditionelle elsässische und lothringische Küche veredelt. Neben dem klassischen Baeckeoffe, bei dem Kartoffeln und verschiedene Fleischstücke in einer luftdichten Terrine im Ofen langsam gegart werden, serviert er ihn auch mit Lachs und Zander. Das musste ich unbedingt probieren. Der saftige Fisch, eingebettet in schmackhaften Kartoffeln in einem leichten, sämigen Sud, der mit Pernod verfeinert ist, war rundum köstlich. Auch bei den Wildgerichten war der à point rosa gebratene Rehrücken mit Pfifferlingen Genuss pur. Besonderen Wert legt der Maître auf seine Fischgerichte, wie Zander in Riesling, zarte Jakobsmuscheln oder eine fangfrische Forelle. Alles hier wird mit Liebe, Sorgfalt und frischen Zutaten gekocht. Als Dessert gönnten wir uns die feine Crème brûlée und ein hausgemachtes aromatisches Mirabellen-Sorbet. Für den charmanten Service sorgte Marc Zimmermanns Gattin Josiane und uns geriet der Aufenthalt hier zu einem rundum angenehmen Erlebnis bei einem guten Preis-Leistungs-Verhältnis. *GR*

Karte 11 – 18 €
Di – Sa 12 – 14 und
18.30 – 22 Uhr,
So 12 – 14 Uhr,
Mo Ruhetag

24, Rue de la Division Leclerc
F-57400 Sarrebourg
Tel.: 00333 87031026

Restaurant Chez l'Ami Fritz

Ein guter Freund

Küche
Ambiente

Ab nach Sarrebourg, Innenstadt, direkt vis-à-vis der Polizeipräfektur, zu unserem Freund Fritz. Das Lokal ist nett eingerichtet, aber es ist warm, wir bleiben draußen auf der Terrasse mit Blick auf den Vorplatz der Präfektur. Chez l'Ami Fritz ist ein klassisches französisches Restaurant. Darüber hinaus bietet das Restaurant viele Variationen von Choucroute, lothringische Spezialitäten und eine wirklich sündhaft umfangreiche Dessertkarte. Wir nehmen Tagesfisch mit Gemüse, Cordon Bleu und dazu einen guten Pinot Noir, im Anschluss reichlich Dessert und Café. Das Essen ist gut, der Service freundlich und zuvorkommend. Aber besonders gut hat uns gefallen, dass viele Einheimische das Lokal besuchen und die Passanten der Innenstadt direkt an uns vorbeilaufen, ohne dass wir uns gestört fühlen. Es ist eben diese typische französische Atmosphäre, die Freund Fritz so sympathisch macht. Und kinderlieb sind sie auch, die Franzosen. Unsere kleine Maus grinst zum Nachbartisch, und schon kommen wir mit denen ins Gespräch. Très agréable, wir kommen gerne wieder, mein lieber Freund Fritz.
MF

A la carte 10 – 22 €
Fr – Di mittags und abends,
Do mittags,
Mi Ruhetag

76, Grand-Rue
F-57400 Sarrebourg
Tel.: 00333 87031040

La Vieille Porte

Ein junger Lothringer zeigt, was er kann

Küche
Ambiente

Vom „Alten Stadttor" direkt neben dem Restaurant ist innen nichts mehr zu merken. Eine modern-elegante Einrichtung in grauen Tönen mit leichter Jazz-Musik im Hintergrund, die persönliche Begrüßung durch Chefkoch Sébastien Jost, später die fröhliche Präsenz seiner Frau Emilie im Speiseraum. Will man hier in einer oberen Liga spielen? Die Frage ist schnell vergessen – weggefegt durch eine erfrischende, ausgewogene Küche. Das 3-Gänge-Menü für 37 € überrascht durch eine originelle Zusammensetzung von Fleisch oder Fisch und Gemüse. Die mit Schinkenpâté und Morcheln gefüllten Schweinefüße (auf die Idee muss man erstmal kommen ...) sind ein Beispiel dafür – wie auch der Zander in einer Pilz-Sahne-Sauce. Der Chef setzt eigene Akzente auch in einer recht aparten Präsentation, die Lust auf mehr weckt. Und er zeigt im Dessert, was er aus einfachem Brot und Obst machen kann. Sébastien Jost – den Namen sollte man sich jetzt schon merken – bietet dazu Weine lothringischer Winzer aus dem benachbarten Contz. Auch eine Entdeckung. *DM*

*Mo, Do – So 12 – 13.45 und 19 – 21 Uhr,
Di und Mi Ruhetage*

8, Place Jean Morbach
F-57480 Sierck-les-Bains
Tel.: 00333 82832261
www.lavieilleporte.com

Au Relais des Bois

Abstecher ins Bitcherland

Küche
Ambiente

Der Flammkuchen ist hier der Renner – in sechs Variationen (von 6,10 bis 8,80 €) bei einer Vorliebe der Gäste für den „Bitcherländer" mit Bergkäse aus dieser Region, die zum Naturpark Nordvogesen (etwas für Wanderer!) gehört. Inhaber und Chefkoch Denis Hoff kann deutlich mehr – nicht nur in der Jagdsaison, die ihn zu immer neuen Wild-Spezialitäten inspiriert. Seine Karte folgt dem Rhythmus der Jahreszeiten. So freunden wir uns schnell mit seinem Sommer-Menü aus erfrischender Vorspeise und erstaunlicher Hasenrückenroulade mit Basilikum und Gemüse vom Markt an. Und zu der Crème brûlée ein Bett aus Johannisbeeren. Die Karte bietet noch anderes an: z. B. gebratenes Lachsfilet mit Kräuterrisotto oder geschmorte Schweinebacken in einer Weinsauce (Pinot noir aus dem Elsass, was sonst!) oder eine satte Auswahl an Salaten – alles bei moderaten Preisen. Bei den Getränken hat sich Denis Hoff etwas ausgedacht. Für 4,80 € bekommt der Gast ein Glas Weißwein aus den besten Lagen der lothringischen Mosel (Château de Vaux) sowie ein Glas Bordeaux. Da bleibt man locker unter der Promille-Grenze ... *DM*

Vorspeisen 5,50 – 13,50 €
Hauptgerichte 11,95 – 18,90 €
Menüs 10,50 (nur mittags an Werktagen), 17,50 und 26,50 €
Mi – So 12 – 14 und 19 – 22 Uhr, Mo und Di Ruhetage

13, Rue Principale
F-57230 Sturzelbronn
Tel.: 00333 87062030
www.relaisdesbois.com

Auberge Lorraine
La France profonde

Küche ▰▰▰▰
Ambiente ▰▰▰

Eingefasst vom Nationalpark der Nordvogesen und dem Naturpark Pfälzerwald liegt Waldhouse – in idyllischer Landschaft. Landwirtschaftliche Erzeugnisse (Käse, Honig, Marmelade, Obst, Schokolade), Kunsthandwerk (Glasmalerei, Kristall, Leder, Holz), Badeweiher und viele Ausflugsziele locken in das Bitcherland und die Auberge Lorraine. Eine familiäre Gästeschar, scheinbar aus drei Generationen, füllt stets die Galerie dieses zwar einfachen, aber gastfreundlichen Hauses, das sympathisch und authentisch wirkt. Das Angebot ist ausgesprochen traditionell. Wir nahmen geräucherten Wildschweinschinken mit frisch geraspelten crudités (6,50 €) und hausgemachte Rehterrine mit Entenleber und crudités (8,50 €); danach Forelle mit Mandeln (11 €) und Kalbskotelett mit Gemüse, Pommes frites und Salat (12,90 €). Wie gesagt: traditionell – aber ordentlich. „Hier esse Se preiswert, awwer guut", so unsere Pirmasenser Tischnachbarn. Das stimmt. Die beliebte Marke von 50 € für zwei Personen inklusive Getränken muss man hier nicht überschreiten. Freitag bis Sonntag gibt es zusätzlich Pizza und Flammkuchen in etlichen Varianten. Fürs Wochenende unbedingt reservieren! *HP*

Hauptgerichte 9 – 18 €
Menü 18 €
Fr – Di ab 10 Uhr durchgehend,
Mi und Do Ruhetage

27, Rue Stade
F-57720 Waldhouse
Tel.: 00333 87965459

Pascale Dimofski
Wie der Vater, so der Sohn

Küche
Ambiente

Hinter Saargemünd auf der Höhe von Wölfling an der Straße nach Bitche findet sich dieses Feinschmeckerrestaurant. Bei Franzosen hoch geschätzt, kennen doch auch viele deutsche Gourmets dieses Haus. Seit Mitte der 70er Jahre kocht Pascale Dimofski hier auf hohem Niveau. Sohn Julien, der seit ein paar Jahren gemeinsam mit seinem Vater kocht, machte seinen Einfluss geltend und bringt neue Elemente ein. Sie kochen moderne französische, mediterran orientierte Küche ohne viel Firlefanz. Ich liebe diese Einfachheit. Auf dem Teller ist, um was es geht: der Eigengeschmack guter Produkte, optimal zubereitet, interessant gewürzt. Und nichts anderes, wo ich mich oft frage, was das da zu suchen hat. Unser 5-Gänge-Menü war köstlich, begeisterungswürdig! Auch die schnörkellose, gradlinige Präsentation der Speisen gefällt mir. Der Service von Frau Dimofski kommt lässig und zurückhaltend daher, aber man sollte sie nicht unterschätzen! Wir haben eine hohe Meinung bezüglich ihres Rates bei Speisen und Weinen, ihrer Kundenorientiertheit und ihres guten Gedächtnisses. Wir besuchen die Dimofskis immer mal wieder und speisen im Sommer auch gerne auf der Gartenterrasse. *MMG*

Hauptgänge 26 – 39 €
Menüs 25 – 72 €
Mi – So mittags und abends,
Mo und Di Ruhetage

2, Quartier de la Gare
F-57200 Woelfling-lès-
Sarreguemines
Tel.: 00333 87023821

Paul und Barbara Hammes
Fromage de chèvre

Eine kulinarische Dreiländerwanderung führt Kressmann auf den Hammes'schen Ziegenhof in Belmach bei Apach. Kressmann will so allerlei wissen. Paul gibt bereitwillig Auskunft. Kurz und bündig. Paul hat 35 Ziegen, produziert nebenher noch ein wenig Getreide, Kartoffeln und Linsen und denkt nicht im Entferntesten daran, seinen Hof zu erweitern. – Hat die Ziegenhaltung in Ihrer Familie Tradition? – Nein. – Wann sind Sie denn auf die Ziegen gekommen? – Vor 25 Jahren. – Und wie? – Hab die Barbara geheiratet. Kressmann stutzt einen Moment. Dann geht ihm ein Licht auf. – Ah, verstehe, Mitgift. Gut. – Was de heiratst, brauchste net zu schaffe. Hat mein Großvater immer gesagt. Irgendwie kommt Kressmann die Geschichte von dem griechischen Fischer und dem amerikanischen Touristen in den Sinn und er insistiert nicht weiter. Er erfährt allerdings noch, dass Ziegen überaus lebhaft und einfallsreich, intelligent und selbstständig sind. Und dass man das mit etwas Phantasie auch aus ihren vielfältigen Käseprodukten herausschmecken kann. Sie glauben das nicht? Dann überzeugen Sie sich selbst. Der kleine Hofladen ist jeden Abend geöffnet. *JR*

Hofladen jeden Abend geöffnet,
Stand am Saarlouiser Markt

6, Hameau de Belmach
F-57480 Apach
Tel.: 00333 82838676

Macarons de Boulay
Gebäck mit Suchtpotential

Zunächst einmal unterscheiden sich die Macarons aus Boulay rein äußerlich von dem farbigen Konfekt gleichen Namens, welches man in Frankreich in einer guten Confiserie erhält. Letztere sind außerdem mit einer Sahnecreme gefüllt und man kennt sie in verschiedenen Geschmacksrichtungen: Pistazie, Himbeer, Mokka. Monsieur Alexandre aus Boulay verzichtet auf alle aroma- und farbgebenden Zutaten und vertraut allein auf die betörende Wirkung der Basiszutaten: Mandeln, Zucker und Eiweiß. Diese werden nach einem wohl gehüteten Rezept zu einem Teig verrührt, der mit einem silbernen Löffel auf das Backblech gesetzt wird. In Farbe, Form und Geschmack erinnert das fertige Gebäck an Mandeln und in genau dieser Reihenfolge wird es auch genossen: Mandelfarbe lockt durchs Auge, Mandelform schmiegt sich an den Gaumen, ein zartes Knack (Augen schließen!), ein Prickeln auf der Zunge und die Geschmacksnerven fahren Achterbahn. Was? Schon vorbei? Man muss es sofort wiederholen. Und gleich noch mal! Und bevor der Rausch verfliegt und weil aller guten Dinge drei sind: ein weiteres.
Vor dem nächsten Durchgang die Pause so lange wie möglich ausdehnen. *JR*

Mo 14 – 19 Uhr,
Di – Sa 8.30 – 12.15
und 14 – 19 Uhr,
So 9 – 12 Uhr

13, Rue de St. Avold
F-57220 Boulay
Tel.: 00333 87791122
www.macaronsdeboulay.com

Ferme Bel Air

Reines Pflanzenöl
direkt vom Bauern

Kaum zu glauben, was man auf der Suche nach guten Produkten alles lernt! Seit meinem Besuch bei der Familie Guillaume weiß ich (fast) alles über Omega-3-Fettsäuren. Diese gelten als lebensnotwendig – und sind in allen Pflanzenölen aus hiesiger Herstellung reichlich vorhanden. Ein paar Kilometer hinter Faulquemont bauen die Guillaumes u. a. Raps und Hanf (von der harmlosen Sorte ...) an. Die Ernte landet in der hauseigenen Ölmühle und wird in einer einmaligen Kaltpressung ohne Einsatz von Hitze oder Chemie zu Speiseöl verarbeitet. Klar dann, dass dieses Öl stark nach der Pflanze riecht und schmeckt. Der Tipp, zum Kuchen backen statt Butter Rapsöl einzusetzen, hat sich übrigens bei uns durchaus bewährt. Den Guillaumes war es aber nicht genug. Nun haben sie den in Vergessenheit geratenen Leindotter (Camelina sativa) neu entdeckt und angepflanzt. Daraus pressen sie ein wohl schmeckendes und viel Vitamin E enthaltenes Öl, das für Salate und Majo, aber auch als Hautpflegemittel (ja doch!) sehr gut geeignet ist. Noch mehr Geschmack haben das Nussöl und als Clou das Haselnussöl von Bel Air. *DM*

Rapsöl (1 l) 6 €
Hanföl (0,25 l) 7 €
Leindotteröl (0,25 l) 9 €
Nussöl (0,25 l) 6 €
Haselnussöl (0,25 l) 8 €

13, Rue Konnel
F-57340 Eincheville
Tel.: 00333 87861298
www.fermebelair.fr

Kirsch-lès-Sierck Lothringen

Ferme « Les Grands Vents »
Große Winde, große Ruhe

Im Gegensatz zur luxemburgischen und deutschen Mosel ist die französische Seite dieses Dreiländerecks touristisch weniger erschlossen. Das soll sich ändern. Hat jedenfalls die Familie Repplinger beschlossen, die neben der Milch- und eigenen Käseproduktion nun auch auf Ferienwohnungen setzt. Trumpf der Region ist die ländliche Abgeschiedenheit und die damit verbundene große Ruhe.
Und in dieser Ruhe reift auch der Käse der Familie Repplinger in einem alten Weinkeller heran. Vier Monate verbringt beispielsweise die Spezialität des Hauses in der unterirdischen Abgeschiedenheit, bis sie als „Tête de Rep" auf Märkten in Merzig oder Thionville zu kaufen ist. Gut die Hälfte der Milch, die die 50 Kühe des Hofes liefern, wird zu einem Dutzend unterschiedlicher Käse verarbeitet.
Darüber hinaus haben sich Repplingers mit sechs weiteren Produzenten landwirtschaftlicher Produkte aus der Region zusammengeschlossen und führen wechselweise übers ganze Jahr hin Hoffeste durch, an denen die gesamte Palette der Produkte, von Milchverarbeitung über Fleisch und Geflügel, Obst und Gemüse bis hin zu Foie Gras und Honig zu kosten und selbstverständlich auch zu erwerben ist. *JR*

Märkte:
Do Merzig,
Sa Thionville

Cathy und Roland Repplinger
F-57480 Kirsch-lès-Sierck
Tel.: 00333 82837842

Claude Bourguignon, Maître Pâtissier
Die Welt ist rosa

Mitten in der Fußgängerzone, auf halbem Wege zwischen Place St. Louis und Kathedrale, hat sich Claude Bourguignon etabliert – Chocolatier, Maître Pâtissier, Glacier. Die kleinen Kunstwerke im Schaufenster locken uns ins schicke rosa Intérieur. Vor der langen Theke der süßen Sünden fällt die Auswahl schwer: vom fruchtig-frischen Délice Vosgien bis zur zuckrig-zarten Charlotte mit Him- oder Erdbeeren, Feuillantines-Cremeschnittchen, Saveurs d'été-Törtchen. Für den handfesteren Appetit die Tartes, Cakes und Kougelhopfs. Auf die „tarte harmonie" – Kirschparfait und Mürbeteig – zaubert der Glacier aus seinen Sorbets die Nestdekoration, die Kücken aus Vanilleeis. Köstliche Schokoladen und Pralinés unterm Mécano-Eiffelturm sind die reine Verführung. Ein wenig parisien ist der zugehörige klassisch-cleane Teesalon, auch bei den Preisen. Dafür wird diskret frischer Tee serviert, zur Mittagszeit kleine Mahlzeiten, alles auch zum Mitnehmen. Der Service an der Theke ist prompt und freundlich. Als Wegzehrung nehmen wir fruchtig-kühles Zitronensorbet und lockere Rhabarberschnitten. Bestimmt kommen wir wieder, um auf der rosa Wolke weiter durch das Sortiment zu schweben. *CH*

Di – Sa 9.15 – 19 Uhr,
So 8.30 – 12.30 Uhr,
Mo geschlossen

31, Rue Tête d'or
F-57000 Metz
Tel.: 00333 87752352

Maison de la Mirabelle

Nun auch Whisky aus Lothringen

Am Anfang stand die komplizenhafte Zusammenarbeit zweier Männer mit unterschiedlichen Berufserfahrungen, aber mit gemeinsamer Begeisterung für Neues ... und das schottische Nationalgetränk. Der jüngere, Christophe Dupic, ist Getreidebauer mit eigenen großen Gerstenfeldern. Und Gerste ist ja der Grundstoff für Whisky, bevor sie zu Malz und dann zu Maische verarbeitet wird. Dem experimentierfreudigen Christophe kam das Wissen von Schwiegerpapa Hubert Grallet um Hochprozentiges geradezu entgegen. Die Familie Grallet stellt schon in der vierten Generation fast nichts anderes als Schnaps her – vor allem mit Mirabellen aus den eigenen Plantagen bei Lunéville. Bevor in der Hausbrennerei ein trinkbarer „Single Malt Whisky" entstand, mussten die beiden Männer aber etliche Fehlversuche in Kauf nehmen – und sich von Experten beraten lassen. Nun haben sie's geschafft und die allerersten Flaschen abgefüllt. Sogar die Schotten nehmen den lothringischen Whisky jetzt schon ernst. Per Anwaltsbrief ließen sie die Verwendung typisch schottischer Begriffe wie „Glen" (Tal auf englisch) untersagen. Nun heißt das neue Produkt unserer Schnapsbrenner nur noch „G.Rozélieures". *DM*

Whisky (Flasche 0,70 l) 30 €
Mirabellenschnaps
(Flasche 0,70 l) 22 – 24 €
Mo – Sa 9 – 11 u. 13.30 – 17.30 Uhr, ab 1. Mai auch sonntags nachmittags

16, Rue du Capitaine Durand
F-54290 Rozélieures
Tel.: 00333 83723226
www.maisondelamirabelle.com

Chocolatier Confiserie Kestener
Süße Leidenschaft

Ich bin auf den Hund gekommen: gleich zwei, niedlich und süß. „Züchter" Monsieur Kestener meint es gut mit uns, denn sie beißen nicht, sondern zergehen genüsslich auf der Zunge. Franck Kestener fabriziert seinen Schokoladen-Zoo aus Butter und Kakao auf Weltniveau: Champion du Monde de la Pâtisserie 2006, Phoenix.

Natürlich haben Rasse und Klasse ihren Preis. Tierisch gut, aber finanzierbar. So eingestimmt, probiere ich weiter: butterweiche Karamellen, Mendiants (Schokotaler mit getrockneten Früchten und Ingwerconfit), Nougat mit Mandeln oder Pistazien. Der Pumps aus schwarzer Schokolade mit rotem Pralinenkrönchen neben dem grinsenden Frosch sieht zum Anbeißen aus. Märchenhaft. Ich zähle über 60 verschiedene Pralinen: Flambant lorrain, Cannelés de Sarreguemines (Malven mit Nusscreme), Boule rocher, Grelons, Les coquines, Figaro, Deux Frères. Glänzende Karamellbögen umrahmen das Brautpaar der Hochzeitstorte aus glasierten Macarons. Welch eine Hochzeit wird es in den 40er Jahren gewesen sein, als die Tochter des Bäckers Gehl den Konditor Auguste Kestener ehelichte und Leidenschaft und Geheimnis für reine Schokolade an die nächsten Generationen vererbte. *CH*

Di – Fr 8.45 – 12.30 und 13.30 – 19 Uhr,
Sa und So 8.30 – 19 Uhr,
Mo Ruhetag

6, Rue Gutenberg,
Zone Industrielle
F-57200 Sarreguemines
Tel.: 00333 87281462
www.chocolat.kestener.free.fr

Gourm'Aline

Wegen des Spezialitäten-Angebotes

Bloß nicht täuschen lassen: Die Frau mit den hübschen Augen und dem bescheiden charmanten Umgang hat Organisationstalent. Während unseres Gesprächs erledigt Aline locker die Vorbereitungen für drei Festessen und nimmt zugleich Bestellungen für etwa fünfzig Essen entgegen, die kurz darauf in drei Betriebe geliefert werden sollen. So ein 3-Gänge-Menü bietet sie zu einem Preis von 12,20 bis 18 € an. Geschätzt sind auch ihre „cocktails déjeunatoires" – die neue Form des Stehempfangs mit feinen Leckereien, meist in kleinen Gläsern serviert. So kommt es zu einem kompletten Menü (20 bis 35 € pro Kopf). Aline dirigiert ein Team aus 13 Mitarbeitern unter der Leitung eines Küchenchefs und eines Oberkellners – wie in einem Spitzenrestaurant. Für den vorbeischauenden Kunden ist die Theke in ihrem Geschäft stets mit lothringischen und elsässischen Spezialitäten garniert. Aline kann aber auch jeden Wunsch aus einem 20-seitigen (!) Angebot erfüllen. Dazu braucht sie allerdings 1 bis 2 Tage, weil sie nur frische Produkte verarbeiten will. Ein Beispiel? Der „Baeckeoffe" mit drei Fischarten (12 bis 15 € pro Mann). Wir schwärmen dafür. *DM*

Sarreguemines:
Mo – Sa 8.30 – 12.30 und
14 – 18.30 Uhr (Sa bis 18 Uhr)
St. Avold:
Di – So 9.30 – 18.30 Uhr
(Sa bis 18 Uhr)

7, Rue Louis Pasteur
F-57200 Sarreguemines
Tel.: 00333 87984140
www.gourmaline.com

Sucré Salé

Das Hobby eines Küchenchefs

Was macht ein Chefkoch in seiner Freizeit? Für Thierry Breininger (nach etlichen Wanderjahren hat er von seinem Vater das Restaurant „Vieux Moulin" in Welferding übernommen und in „Le Petit Thierry" umgetauft) war die Frage schnell beantwortet. Er richtete sich für eigene Kreationen einen Feinkostladen in der Saargemünder Innenstadt ein. Da haben wohl seine Gene eine Rolle gespielt. Sein Opa fuhr mit einem Verkaufswagen durchs Bitcherland und brachte Lebensmittel an den Mann. Thierry macht's etwas anders und auch feiner. Aus seiner Küche kommt ein wechselndes Angebot an Tagesgerichten fertig zum Mitnehmen. An jenem Freitag gab es Fisch – Rotzunge in Sauce mit Gemüse (die Portion für 9 €) – und Kalbsfrikassee mit Spinatsprossen (8,80 €). Ebenfalls aus eigener Fertigung: eine reichhaltige Auswahl an Feingebäck, wie Brioche, Mini-Kugelhopf, Obsttarteletten, dazu Konfitüren … Seinem Namen getreu ist der kleine Laden auch voller süßer und gesalzener Produkte, die Thierry in seiner Heimatregion Lothringen, aber auch auf seinen vielen Reisen in Europa selber entdeckt hat. Und die zum Verschenken eigentlich zu schade sind … *DM*

Di – Do 10 – 13 und
15 – 18.30 Uhr,
Fr und Sa ab 14 Uhr

12, Rue Nationale
F-57200 Sarreguemines
Tel.: 00333 87955930

Distillerie Artisanale du Castor

Von Hopfenschnaps und Lebkuchenlikör

Seit 1988 betreibt Patrick Bertin seine handwerkliche Schnapsbrennerei in Troisfontaines, einem kleinen Örtchen am Rande des Naturparks der Nordvogesen unweit von Saarburg und Dabo. Der kompromisslose, sehr unterhaltsame und kommunikative Qualitätsfanatiker hat es mittlerweile zu einem der führenden und angesehensten Brenner der Region gebracht, was sein Erscheinen auf den Karten solch renommierter Häuser wie Traube Tonbach, Lea Linster, L'Arnsbourg und Cheval Blanc (Mischler) eindrucksvoll belegt. Produziert werden lediglich 4000 Flaschen/Jahr – vorwiegend Schnäpse aus besten einheimischen und regionalen Früchten und Beeren (Mirabelle aus Toul, Williams aus dem Roussillon) – alles nur einmal unter Abtrennung von Vor- und Nachlauf in modernster deutscher Brenntechnik destilliert („Coeur de Chauffe"), dann zwei (bzw. sechs für die Réserve) Jahre vor Abfüllung gereift. Hinzu kommt neben diversen Konfitüren und Gelees eine durchaus animatöse – und nicht nur für den Bauchnabel geeignete! – Kollektion von verführerischen Likören, z. B. Schokolade mit Bitterorange, Minze, Nuss und Kirsch oder mit Lebkuchengewürzen zu Weihnachten. Frohes Fest und Chapeau Patrick. *MV*

Mo – Sa 8 – 12 und 14 – 18 Uhr (bitte vorher anrufen!)

53, Rue de la Vallée
F-57870 Troisfontaines
Tel.: 00333 87251506
www.distillerie-du-castor.com

Saarbrücken – Paris in 110 Minuten.

**Die neue ICE-Verbindung:
Die Chance für unsere Region!**

LANDESHAUPTSTADT
SAARBRÜCKEN

www.saarbruecken.de

Paris – ein kulinarischer Streifzug

Gewusst wo: Viertel und Adressen

Mit Paris verbinden uns viele Klischees und nun auch der ICE. Eine Tagesreise in die Weltmetropole vor der Haustür ist also gar nicht so abwegig und lohnt sich mit den richtigen Tipps auch kulinarisch. Wenn Sie etwas mehr Zeit mitbringen, werden Sie wohl auch weniger touristische Viertel erkunden wollen. Wir stellen Ihnen einige gastronomisch interessante Stadtviertel vor und treffen aus der unglaublichen Menge eine Auswahl lohnenswerter Adressen für kleine oder auch größere Päuschen. Beginnen wir wie die Nummerierung der Arrondissements im Stadtzentrum und trauen uns ruhig auch mal weiter in die Peripherie.

Stilvoll genießen im Zentrum

Als zentrale Verbindungsachse zwischen Marais und Champs Elysées führt die Rue de Rivoli quer durchs 1. Arrondissement, schnurgerade vorbei an Louvre und Tuilerien. Touristenmagnete wie Place Vendôme, Palais Royal oder die Seineinseln liegen in bequemer Laufentfernung. Zwischendurch oder wenn das touristische Pflichtprogramm absolviert ist, locken immer wieder die Arkaden dieser napoleonischen Prachtmeile. Goldrichtig für erschöpfte Louvre-Besucher scheinen Klassiker wie der Teesalon Angélina oder das Café Marly zu liegen. Aber Achtung: die eleganten Salons und weichen Sessel der Außenterrasse liegen definitiv über der Touristenklasse, was Preise und Kellner unmissverständlich zum Ausdruck bringen. Die Pariser haben sie für ihr stilvolles Café- oder Teepäuschen wiederentdeckt und warten notfalls artig auf ein Plätzchen. Unkomplizierter, doch mit dem gleichen weitläufigen Blick in die Tuilerien genießen Sie eine kleine oder große Stärkung im Welcome Café, ganz am Anfang mit Blick auf Saint-Paul beim Chinois Gourmet.

Nach so viel Hektik und Verkehr tut die honorige Ruhe in den geschichtsträchtigen Galerien des Palais Royal gut. Im Ancien Régime war der Ort berüchtigt für Glücksspiel und Tändelei, denn die Polizei hatte keinen Zutritt. Erst Mitte des 20. Jahrhunderts wurde der dekadente Charme der Adresse durch prominente Bewohner wie Jean Cocteau und Colette wieder gesellschaftsfähig. Heute nutzen geschmackvolle Antiquitätengeschäfte, Kunstgalerien und auch die Sternegastronomie das gut erhaltene Originalambiente vergangener Jahrhunderte. Auf den granatapfelroten Samtbänken des Grand Véfour kann man sich mühelos Gäste von einst wie Voltaire oder Napoleon als Tischnachbarn vorstellen.

Abgerissen dagegen wurden die historischen Markthallen vor exakt 40 Jahren. Doch gleich bei der Kirche Saint-Eustache in der Rue Montorgueil beginnt, was vom Hallenviertel als quartier de bouche noch übrig ist. Traditionsfachgeschäfte für Gastronomiebedarf und appetitliche Viktualien bestimmen noch immer das Straßenbild. Sonntags bietet das Fashion-Viertel um die Fressmeile viel guten Geschmack und die neuesten Stylings. Flagshipstores, Showrooms und Edel-Fastfoods bilden den perfekt-symbiotischen Kontrast zu den denkmalgeschützten Film- und Bilderbuch-Bistros der Rue Tiquetonne. Die Pâtisserie Stohrer (seit 1730) überlebt prächtig und nährt die eigene Legende mit köstlichen Babas, Eclairs und Himbeertörtchen. Auch weniger legendäre Bistros wie Les Petits Carreaux tragen zum guten Ruf des Traditions-Fressviertels bei.

Angélina *(226, Rue de Rivoli)*
Legendär der chocolat africain für 6,50 €.
Café Marly *(93, Rue de Rivoli)*
Im Innenhof des Louvre. Gehört zur Edel-Gastronomie der Frères Costes wie die Fashion-Kantinen Le Georges am Centre Pompidou, L'Etienne Marcel (Nr. 34 der gleichnamigen Modemeile) und das ultrafashionable Hotel Costes (239, Rue St. Honoré, 1. Arr.)
Welcome Café *(210, Rue de Rivoli, Tel.: 01.42.60.68.53)*
Kuchen, croques oder mittags plat du jour.

Chinois Gourmet *(4, Rue de Rivoli)*
Nach Gewicht aus dem großen Angebot der Theke oder im Menü
zu 7,50 €: lackiertes Schwein, scharfes Rind oder Riesenkrabbensalat.
Einer der besten traiteurs asiatiques der Stadt und für Zwischenstopps
ideal gelegen.
Le Grand Véfour *(7, Rue de Beaujolais, Tel.: 01.42.96.56.27,
www.relaischateaux.com/vefour)*
Guy Martin berechnet für sein Mittagsmenü 50 – 70 €,
abends gut das Doppelte; lange im Voraus reservieren.
Pâtisserie Stohrer *(51, Rue Montorgueil, Tel.: 01.42.33.38.20,
www.stohrer.fr)*
Der Laden im Napoleon-III-Stil ist ein wahres Kleinod, selbst die
Queen kam vorbei. Zur Firmen-Legende gehört auch die Erfindung der
babas durch den Gründer Nicolas Stohrer aus Wissembourg im Elsass.
Les Petits Carreaux *(17, Rue des Petits Carreaux)*
So heißt die Rue Montorgueil im oberen Teil. Sympathisches Bistro mit
jungem Publikum und guter alter Familienküche.

Trends und Traditionen im Marais

Verschont von Haussman und geschützt von Malraux: In den schmalen Straßen des Marais herrscht ein gesundes Verhältnis von hip und historisch, das die Gegend zur angenehmen Bummelzone mit hohem Lifestyle-Faktor macht. Trendige Boutiquen, jiddische Läden und die alten Stadtpalais der Adligen bestimmen das Straßenbild. Touristen zieht es vor allem an den Place des Vosges, doch der gute Geschmack erobert zunehmend auch den oberen Marais des 3e: Christian Lacroix's Hotel du Petit Moulin in der schicken Rue de Poitou oder die Neo-Seventies-Bar Murano sind nur die Speerspitze. Dass branché angesagt aber nicht unbedingt teuer bedeutet, zeigen Szene-Bastionen wie der skurrile Teesalon Le Loir dans la Théière oder Viertel-Bistros wie Le Progrès und La Perle, in denen Szene und Normalos ihren demi, petit noir oder rouge trinken.

Hotel du Petit Moulin *(29 – 31, Rue de Poitou, 3. Arr.)*
Romantisch-elegante Designzimmer in einem Haus aus dem
17. Jahrhundert mit alter Bäckerei-Fassade. DZ 180 – 280 €.
Murano *(13, Bd. du Temple, 3. Arr.)*
Extrem stylishes Hotel mit Bar-Restaurant und Preisen wie im
bürgerlich-schicken Pariser Westen.

Florence Finkelsztajn *(Rue des Rosiers / Rue des Ecouffes, 4. Arr.)*
30er-Jahre-Mosaikfront und Schaufenster voller Delikatessen:
Strudel, Bagels, Gehackte Leber, Piroggen ...
Und das ist nur einer der leckeren jüdischen Läden.
Le Loir dans la Théière *(3, Rue des Rosiers, 4. Arr.)*
Bohème-Teesalon mit patinierten Sofas, Bibliothek und
süßen oder salzigen Tartes.
Le Progrès *(1, Rue de Bretagne, 3. Arr.)*
Sympathischer Szene-Spot im Haut-Marais. Der Chef, sagt man,
habe sein Handwerk bei Robuchon gelernt und serviert mittags
von 12 – 15.30 Uhr.
La Perle *(78, Rue Vieille-du-Temple, 3. Arr.)*
Schon am frühen Abend laut und locker, das fördert die Kontaktaufnahme.

Paris bobo – Paris bistrot

Die Yuppisierung, die vor zwanzig Jahren als „zweiter Sturm auf die Bastille" begann, schreitet als boboisation in allen ehemaligen Kleine-Leute-Vierteln des Pariser Ostens zügig voran: Arbeiter und Kleinbürger wandern in die Vorstädte ab und machen Platz für die bobos, Kurzform für bourgeois-bohème. Eine Schlüsselrolle bei dieser Gentrifizierung spielt die Gastronomie, die sich zwischen Marais und Belleville so dicht und abwechslungsreich entwickelt hat wie sonst nirgends in der Stadt. Ihre Patina beschwört die alten Zeiten, doch vom Konzept her ist sie unkonventionell und richtet sich an den Lebensgewohnheiten ihrer kreativ-hedonistischen Großstadtklientel aus. Vor allem sonntags, wenn die Ufer des Canal St. Martin für Autos gesperrt sind, radeln die bobos zum Brunch und verleihen den großen Außenterrassen einen Hauch Prenzlauer Berg und selbstgedrehter liberté toujours. Trotz – oder wegen – der bobos und Touristen halten sich am Kanal altgediente Original-Bistros wie Chez Maurice oder La Marine.

Rue Oberkampf und Bastille, die Szene-Viertel des 11. Arrondissements, sind längst keine Geheimtipps mehr, mit ihren zahlreichen Jazzbars und Latinoclubs aber nach wie vor ideal zum Ausgehen. Für richtig gute Bistros geht man gerne noch ein Stück in Richtung Nation, etwa in die kulinarisch hochergiebige Rue Paul-Bert bei der Métrostation Faidherbe-Chaligny.

Nach einem Besuch der Totenstadt Père Lachaise befördert uns das Essen im Bistro Le Baratin beim Parc de Belleville gekonnt zurück ins gute Leben, Käse-Kenner sollten sich mit einem Einkauf im Cave aux Fromages belohnen.

In Richtung Peripherie ziehen auch die touristenscheuen und snobistischen bobos auf der Suche nach neuen Quartieren. Nouvelle Athènes oder Abesses heißen die künftigen Hot Spots. Dorthin führt die Rue des Martyrs quer durchs 9. Arrondissement, wie das ganze Viertel zwischen Grands Boulevards und Montmartre ist sie nicht eben spektakulär, aber parisien wie die bar de quartier Sole, bobio wie die Rose Bakery und bisweilen très XIXe siècle wie das Musée de la Vie Romantique.

Restaurant de Bourgogne – Chez Maurice *(26, Rue des Vinaigriers, 10. Arr.)*
Volkstümliches Resto mit einfacher, aber guter Küche. **La Marine** *(55, Quai de Valmy, 10. Arr.)* Wie die meisten Bistros am Kanal auch sonntags geöffnet. Ehrliche Bistroküche und Originalatmosphäre füllen mittags (13 €) und abends (30 €) Resto und Terrasse.
Bistro Paul Bert *(18, Rue Paul-Bert, 11. Arr.)*
Weithin beliebt wegen seines unverfälschten Bistro-Ambientes, der stattlichen Weinauswahl und den passenden Gerichten zu 18 € mittags, 34 € à la carte. Gegenüber, kreativ und bistronomique:
Le Temps en Temps *(13, Rue Paul-Bert)*, in *No 11* **Unico**, früher Metzgerei, heute argentinisches Fleisch-Bistro. Noch etwas weiter zwei weitere bo-bistros: schick **Chez Ramulaud** *(269, Rue du Faubourg Saint-Antoine)*, einfach **La Ravigote** *(41, Rue de Montreuil, 11. Arr.)*
Le Baratin *(3, Rue Jouye-Rouve, 20. Arr., Tel.: 01.43.49.39.70)*
Selbst bekannte Köche wie Yves Camdeborde essen bei dem Autodidakten Philippe Pinoteau (15 € / 28 €). Reservieren, da oft ausgebucht!
Cave aux Fromages *(Ecke Rue des Pyrénées / Rue des Rondonnaux, 20. Arr.)*
Käseladen mit wohl ausgereiften Schimmelkulturen. Auch der Bäcker nebenan versteht sein Handwerk.
Sole Caffè e Cucina *(1, Av. Trudaine, 9. Arr.)*
Vielseitig wie das ganze Arrondissement: Hipster und Anwohner nutzen das Eckbistro mit großer Terrasse und italienischer Küche zu jeder Tageszeit.
Rose Bakery *(46, Rue des Martyrs, 9. Arr.)*
Hippe englische Mischung aus Bioladen und Tee-Garage. Wegen der genialen Scones, Biosalate und bacon and eggs kommen bobos-écolos jeden Alters zur Teatime und zum Sonntagsbrunch.

Musée de la Vie Romantique *(16, Rue Chaptal, 9. Arr.)*
Liszt, Ingres, George Sand, Chopin: Sie alle verkehrten im frühen 19. Jahrhundert im Salon des Malers Ary Scheffer. Im lauschigromantischen Garten des Museums serviert der Teesalon **Les Cakes de Bertrand** *(7, Rue Bourdaloue, 9. Arr.)* von Mai bis Oktober seine köstlichen Kuchen und „Un Thé dans un Jardin".

Rive Gauche: Die Intelligenz isst links

Auch links der Seine strotzt Paris vor gastronomischen Angeboten. Gleich im Quartier Latin warten unzählige Touristenfallen, aber auch gute fremde Küchen wie Mirama. Bis hoch zur Place de la Contrescarpe hat das Viertel seine Qualitäten als studentisch-touristisches Amüsierviertel. Die Pariser hingegen schätzen Frische und Qualität der kleinen Lebensmittelläden in der Rue Mouffetard oder das Brot beim Boulanger de Monge. Und sie lieben die originellen Bistros mit gutem Weinsortiment, in denen Küche, Atmosphäre und Preise stimmen. Le Pré Verre und Louis Vins liegen nahe der Sorbonne. In Saint-Germain-des-Prés ernähren und entspannen sich kluge Köpfe aus den umliegenden Universitäten, Verlagen und Buchhandlungen beim Traditionsbistro La Palette oder der Boucherie Roulière.

Scharenweise suchen Touristen Les Deux Magots und das Café de Flore heim, weil sie dort den Geist des Existenzialismus, etwas linksintellektuelle Mai-'68-Attitude oder wenigstens berühmte Köpfe vermuten. Auch Pariser kommen und kultivieren eine eigene Etikette, den germanopratisme: Großzügig überlassen sie die Terrasse den Rauchern und Casiraghis oder De Niros. Wenn man rive gauche wohnt oder arbeitet, trinkt man einen frühen café-crème en salle und geht mittags à l'étage. Bei so viel kultivierter Privacy sind Handys verpönt – oder gar verboten wie in der Brasserie Lipp schräg gegenüber. Weiter oben am Boulevard Montparnasse zehren die Art-Déco-Brasserie La Coupole und die Bars Le Sélect und La Closerie des Lilas noch immer von ihrem intellektuellen Mythos und dem Künstlernimbus der années folles – ihre Gäste wie eh und je von Champagner und Austern, Rindertatar und choucroute garni. Doch eigentlich dominiert der radikal „moderne" 70er-Jahre-Turmkomplex die Atmosphäre am Montparnasse – mittlerweile auch schon wieder rétro. So wie die Kneipe Le Boulevard: Orangene Lampen und gläserne Zwischenetage sind urbane Siebziger, genau wie die Stammgäste an der Theke. Auch den jüngeren Gästen, bei einem Amer-Bier ungestört lesend oder plaudernd, scheint der Hype um Mythen und angesagte Hot Spots völlig gleichgültig zu sein. Doch der steht längst vor der Tür.

Mirama *(17, Rue St. Jacques, 5. Arr.)*
Kantonesisch und berühmt für seine lackierte Ente und Suppen mit Krabben-Ravioli. Von den ruppigen Kellnern nicht in den Keller verweisen lassen!

Le Boulanger de Monge *(123, Rue Monge, 5. Arr., www.leboulangerdemonge.com)*
Die urwüchsigen Bio- und Honigsauerteigbrote von Dominique Saibron sind begehrt bis in die Luxushotels. Von den knusprigen Speckbrötchen und Zimtschnecken schwärmen die Pariser Gastrojournalisten.

Le Pré Verre *(8, Rue Thénard, 5. Arr., Tel.: 01.43.54.59.47)*
Klingt wie der Poet und Komponist Prévert und bietet zur kühnkreativen Küche feine Weine und lässig-jazzige Atmosphäre.

Louis Vins *(9, Rue de la Montagne Ste.-Geneviève, 5. Arr.)*
Schöne Bistrokarte und aufregende Weine.

La Palette *(43, Rue de Seine, 6. Arr.)*
Viel Patina und große Terrasse. Zum guten Saint-Emilion oder Brouilly gibt's eine guillotine: Scheibe Poilânebrot mit Schinken oder Käse, mittags ein Tagesgericht.

Boucherie Roulière *(24, Rue des Canettes, 6. Arr.)*
Keine Metzgerei, sondern für gutes Fleisch bekanntes Restaurant in den historisch und gastronomisch anspruchsvollen Sträßchen zwischen Saint-Germain und Saint-Sulpice. Plat du jour 14 – 17 €, Karte 30 €.

Le Café de Flore *(172, Bd. Saint-Germain)* und **Les Deux Magots** *(6, Pl. Saint-Germain-des-Prés)* gelten als die intellektuellen Kultcafés schlechthin und locken mit hohem Promifaktor.

Brasserie Lipp *(151, Bd. Saint-Germain)*
Politiker, Schriftsteller und Kulturschaffende schätzen Küche (40 €) und gewachsenes Ambiente (eröffnet 1880 / Wandfliesen 1900 / Art-Déco-Einrichtung 1926)

La Coupole *(102, Bd. du Montparnasse, 6. Arr.)*
Flaggschiff der Flo-Kette, die auch die Art-Déco-Brasserien Vaudeville, Boeuf Sur Le Toit, Terminus Nord betreibt (www.flobrasseries.com)

Le Sélect und La Closerie des Lilas *(99 und 171, Bd. du Montparnasse, 6. Arr.)*
Hier traf sich in den 20er- und 30er-Jahren die Künstler-Avantgarde um die schöne Kiki: Picasso, Hemingway, Man Ray ...

Le Boulevard *(Place du 18 juin 1940, 71, Bd. du Montparnasse)*
Rade nennt man die Beizen in Paris, das Szenemagazin vice proklamiert als nächsten Kult: Le Rade – Les bars branchés sont morts!

Bistronomie – die hohe Küche für alle?

Le Tout-Paris redet von der bistronomie. In dem Neologismus verschmelzen bistro und haute gastronomie sprachlich und gastronomisch zum erfolgreichen Konzept.

Starkoch Alain Ducasse hat seinem Imperium den alten bouchon Aux Lyonnais und die Belle-Epoque-Brasserie Benoît einverleibt und überlässt sie seinem Nachwuchs. So kommt fortgeschrittene Kochkunst zum optimalen Preis-Leistungs-Verhältnis (mittags unter 50 €, abends das Doppelte) auf den Bistro-Tisch.

Beim Gare du Nord dekliniert Thierry Breton seine „bretonische" Küche auf Feinschmeckerniveau im bäuerlichen Ambiente von Chez Michel. Zeitgemäß mit offener Küche und ganz ohne Reservierung funktioniert L'Atelier de Joel Robuchon. Auf den Edel-Barhockern kostet das Degustationsmenü immerhin 98 € – geradezu ein Schnäppchen für Robuchon.

Auch Le Comptoir du relais Saint-Germain nimmt mittags keine Reservierungen an, was Parisern gewaltig gegen den Strich geht. Doch drängen sich gerade hier die Meinungsmacher aus den Zeitungsverlagen und befördern Yves Camdeborde zum Star-Bistronom. Traditionelle Brasserieküche mittags zu 25 €, abends bistro gastronomique für unschlagbare 40 € – und monatelangen Reservierungslisten.

Gerne verwöhnt die Kulturelite ihre anspruchsvollen Geschmacksknospen mit der poetisch-innovativen Küche von Alain Dutournier bei Les Papilles. In dem Feinkost-Weinladen-Bistro wählt man eine gute Flasche und kann sie gleich verkosten – mit 6 € droit de bouchon. *SH*

Aux Lyonnais *(2, Rue Saint-Marc, 2. Arr., Tel.: 01.42.96.65.04)*
Menü 28 €
Benoît *(20, Rue Saint-Martin, 4. Arr., Tel.: 01.42.72.25.76)*
Chez Michel *(10, Rue de Belzunce, 10. Arr., Tel.: 01.44.53.06.20)*
Menü 30 €
L'Atelier de Joel Robuchon *(5, Rue de Montalembert, 7. Arr.)*
Le Comptoir du relais Saint-Germain *(7, Carrefour de l'Odéon, 6. Arr., Tel.: 01.44.27.07.50)*
Les Papilles *(30, Rue Gay-Lussac, 5. Arr., Tel.: 01.43.25.20.79)*
Menü 28,50 €

Saarbrücken–[Paris in] 2 Stunden. 5x t[äglich]

Schneller am Ziel.

Saarbrücken–Paris 5x täglich i[m]
ICE mit bis zu 320 km/h entsp[rechend]
klassigen Service und Komfort
Strecke inklusive: eine leichte
Informationen und Buchung u[nter]

DB BAHN

aris unter
glich. Im ICE.

nrmals täglich.

nde 50. Reisen Sie Ihrem Ziel im
ntgegen und genießen Sie den erst-
d. In der 1. Klasse auf dieser
it, die wir Ihnen am Platz servieren.
w.bahn.de

Railteam High Speed Europe

DB SNCF
in Kooperation / en coopération

Ile de Ré
Fleur de Sel
Das Original

- Naturmeersalze • Gewürz- u. Kräutermischungen
- Maritime Dekoration • Keramiksalzgefäße

Salz-Import Schweizer
D-66802 Überherrn
Tel.: +49(0)68 37 - 91 28 39

Feste Bezugsadressen und Markttermine entnehmen Sie bitte unserer Internetseite

web: www.fleur-de-sel24.de • info@fleur-de-sel24.de

Gewürze Gluten-und Glutamatfrei

Elsass

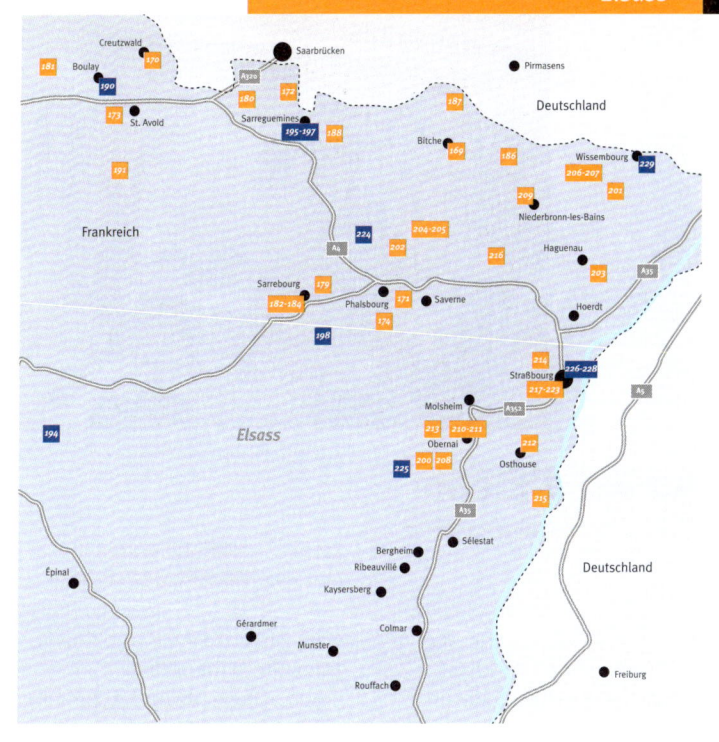

Eine kulinarische Legende

Auf geht's in die mentalitäts- und essenstypisch deutlich verwandte Nachbarregion unserer saarländischen Heimat: "Vous êtes en Alsace" – wie ein großes Schild an der Autoroute kurz vor der stolz als "Carrefour de l'Europe" bezeichneten Hauptstadt Straßburg verkündet. Es ist jedoch nicht so ganz einfach, sich bei der schier unendlichen Auswahl von Restaurants (mit und ohne Sterne), Bistros und Winstubs zurechtzufinden und die kaschierten Fallen in Form kommerzieller Einheitsabfertigung von der sorgsamen Pflege unkomplizierter Gastlichkeit, regionaler Küche und authentischem Ambiente zu separieren. Wir geben Tipps abseits vom Touristentrubel der großen Zentren oder der "Route du Vin", laden ein zum Genuss von kreativen Speisen und handwerklicher Kochkunst – sei es die gemütliche Ferme Auberge in den Hochvogesen zum "Einfach durchbaumeln lassen", die wirklich guten Winstubs in Straßburg, das familiäre Fischrestaurant im Grand Ried oder der Münsterkäse vom anderen Stern. Wohlan also zur Inkarnation elsässischer Verführungen mit Foie Gras, Entenschlegel auf Sauerkraut, Fromage Blanc au Kirsch und einem kühlen Sylvaner!

Viel Spaß, Bon Appétit & Santé!

Au Val d'Eléon
Ein Hort der Gastfreundschaft

Küche
Ambiente

Seit 1990 bewirtschaftet das Ehepaar Philippe die kleine schnuckelige Winstub im pittoresken Dörfchen Andlau, das sich mit seinen drei Einzellagen Kastelberg, Wiebelsberg und Moenchberg stolz „Capitale des Grands Crus" nennt. Das blumengeschmückte Fachwerkhaus, unweit des Zentrums in Richtung Le Hohwald gelegen, vermittelt schon beim Betreten durch den als Freiterrasse und für Festivitäten genutzten Innenhof eine warme Atmosphäre, die sich im behaglichen Innenraum mit seinen 12 kleinen Tischchen bestätigt. Alles geht betont familiär und kommunikativ-gesellig zu: Monsieur ist verantwortlich für die Küche, Madame berät kompetent im Service. Neben den klassischen Standards (Presskopf mit Sauce Vinaigrette, gebratene Gänseleber, Foie Gras au Gewurztraminer, Maultaschen, Choucroute, Onglet de Boeuf, Zander) auch gekonnt Innovatives und Saisonales vom Tableau (Pluma vom schwarzen Schwein, gefüllter Schweinsfuß, Perlhuhn mit Steinpilzen, Entenbrust mit Sauerkirschen, Kalbsbraten in Honig). Ambitionierte Weinauswahl (die Produkte von Rémy Gresser probieren!). Schlichtweg ein Ort zum Wohlfühlen – unkompliziert und einfach gut – Gastfreundschaft pur! *MV*

Karte 15 – 19,50 €
Di – Sa 12 – 14 und
19 – 21.30 Uhr,
So 12 – 14 Uhr,
Mo Ruhetag

19, Rue du Docteur Stoltz
F-67140 Andlau
Tel.: 00333 88089323
www.valdeleon.com

Elsass Drachenbronn-Birlenbach — Ausflug 201

Moulin des 7 Fontaines

Neues aus dem
„Krummen Elsass"

Küche
Ambiente

Leider befinden sich die meisten Fermes Auberges des Elsass – die regionalen bewirtschafteten Berggasthöfe – im südlichen Bereich der Vogesen um Petit und Grand Ballon, Münstertal und Col de la Schlucht – also etwas weit entfernt für einen Kurztripp oder Tagesausflug. Die „Moulin des 7 Fontaines" im sogenannten Bitcher Land erreicht man von Saarbrücken aus jedoch in einer guten Stunde via Lembach Richtung Wissembourg. Das idyllische Mühlenanwesen der gastfreundlichen Familie Finck, die sich umtriebig und mit vereinten Kräften seit 1978 um das Wohl der Gäste bemüht, stammt aus dem Jahre 1772 und besteht aus mehreren renovierten Fachwerkhäusern, in denen neben der Gaststube im décor alsacien auch 12 hübsche Gästezimmer eingerichtet sind. Gemütliche Außenterrasse für den hungrigen Wanderer und sonstige, bunt gemischte Klientel. Ferme-üblich vieles aus eigener Produktion oder der Region, alles hausgemacht, schmackhaft und in großzügig bemessenen Portionen – sauber gekocht und flott serviert. Am besten die 3-gängigen Menüs (Faux-Filet, Confit!), die superbe Foie Gras oder (sur commande!) Fleischknepfle, Gigot de Biche nehmen. Pas cher, pas loin, pas à manquer! *MV*

A la carte 7,50 – 16,50 €
Menüs 12,50 – 28,50 €
Di – So 12 – 14 u. 17.30 – 21 Uhr
(Küche), Mo Ruhetag

(außerhalb des Ortes
am Camp Militair)
F-67160 Drachenbronn-
Birlenbach
Tel.: 00333 88945090
www.auberge7fontaines.com

Au cheval blanc

Cappuccino du moment oder wie kommt Flammkuchen ins Glas?

Küche
Ambiente

Um 1998 verwandelten Brigitte und Gilles Stutzmann die damalige Grauframe Dorfkneipe durch umfangreichen Umbauten in dieses schmucke Restaurant. Die kreativ-saisonale Küche überzeugt durch überwiegend regionale Produkte. Appetitanregend ist schon das Studium der Karte: Vorspeisen, Fisch und Fleischgerichte. Dazu kommt ein wöchentlich wechselndes Menü, abhängig vom Marktangebot. Wir entschieden uns für das Menü zu 27 €, welches uns nach besagtem Cappuccino du moment (Flammkuchen flüssig im Glas) serviert wurde: Verrine de St. Jacques et Pointes d'asperges – Jakobsmuschel und Spargelköpfe originell serviert im kleinen Einmachglas – und eine Terrine de poisson aux petits légumes, sehr schön angerichtet mit Crevetten, abgerundet mit Tomatencoulis und garniert mit Kräutern aus dem eigenen Kräutergarten. Als Hauptgang butterzartes Kalbscarrée in kräftigem Jus mit Keniaböhnchen und feinen Möhrchen. Auch das Filet de dorade, auf der Haut gegrillt, angerichtet mit Hummerfond und Ratatouille, fand unsere ungeteilte Zustimmung. Dazu passte vorzüglich der Riesling Reserve von Gisselbrecht. Wie kommt nun der Flammkuchen ins Glas? Am besten selbst testen! *NH*

Karte 11 – 24 €
Menü 27 €
Tagesmenü (Menu du jour) 9,50 €
Mo, Mi – So 12 – 14 Uhr,
Do – So 18 – 22 Uhr,
Di Ruhetag

19, Rue Principule
F-67320 Graufthal
Tel.: 00333 88701711
www.auchevalblanc.net

Elsass *Haguenau* — **Bistro** 203

L'Essentiel
Pariser Bistrot im Elsass

Küche
Ambiente

„Bistrot Parisien" – auch korrekt in der Schreibweise! – nennt Laurent Ritter sein schickes kleines Restaurant mit Terrasse, das er am Marktplatz des ansonsten eher unkulinarischen Haguenaus installiert hat. Seit November 2005 betreibt er mit seinem quirligen Schwager Pierre Weller vom „La Source des Sens" in Morsbronn-les-Bains das eher schlicht im klassischen Pariser Bistrot-Stil gehaltene Ein-Raum-Etablissement mit seinen Tischchen, den Spiegeln mit den Speise-Annoncierungen, einigen Kinoplakaten und Emailleschildern und den obligatorischen roten Lederbänken. Ganz im Sinne der „Jungen Wilden" wird – dezent „unelsässisch" – eine zuweilen etwas gewagte, aber äußerst gekonnte – tendenziell mediterran orientierte – Crossover-Küche kreativ und schnörkellos präsentiert: Fougassette au Thym mit Makrelen, Pluma (Nackenstück) vom iberischen schwarzen Schwein (!), Kalbsnierchen in Porto, Gambas in Persillade, Cotriade (Fischtopf) à la Bretonne. Alles auf den Punkt – perfekt! Schöne Formule-Menus (Petit und Grand Bistrot 29 und 35 €), preiswert wie die Plat du Jour (drei Gänge 13,50 €!). Die Weine bitte noch etwas bistrotadäquat ergänzen! Ansonsten viel Spaß!!! *MV*

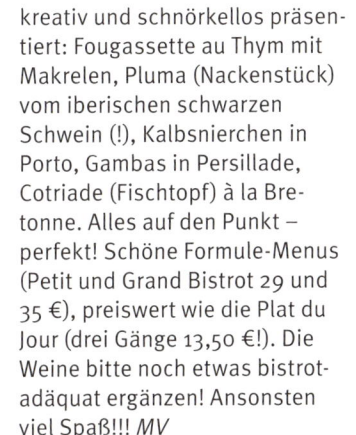

A la Carte 17 – 19 €
Menüs 29 – 35 €
mittags 12 – 13,50 €
Mo 12 – 14 Uhr,
Di – Fr 12 – 14 und 19 – 22 Uhr,
Sa 19 – 22 Uhr,
So Ruhetag

2, Place du Marché aux Bestiaux
F-67500 Haguenau
Tel.: 00333 88732948

La Petite Pierre Elsass

Au Lion d'Or

EssZimmer mit Aussicht

Küche
Ambiente

Die einzigartige Lage von La Petite Pierre im Naturpark der Nordvogesen und die traumhafte Anfahrt durch die Birkenalleen, vor allem, wenn man über Petersbach anreist, verzaubern immer wieder. Mehrere Restaurants bieten sich hier an. Wir entschieden uns für das Lion d'Or, dessen Junior Philippe Velten seit 2003 den Jeunes Restaurateurs angehört. Einer von drei gemütlichen, rustikalen Speisesälen gibt den schönen Blick ins Tal frei. Eine kleine Karte bietet klassisch Elsässisches – bisweilen auch Deftiges – bei gutem Preis-Leistungs-Verhältnis. Die moderneren und deutlich kreativeren Einflüsse, die genussvoll Auge und Gaumen verwöhnen, sind aber mit den Gerichten der großen Karte verbunden. Auch Traditionelles wird hier neu interpretiert. Eine Empfehlung sind die Quadratures. Auf dem Teller befinden sich viermal entweder Vorspeisen (15 €), Fisch und Krustentiere (18 €), Fleisch (25 €), Vegetarisches (20 €) oder Desserts (12 €). Auch als Menü kombinierbar.

Ein im besten Sinne touristisches Haus für Elsass-Romantiker, die aber auch die modernen Einflüsse in der Küche zu schätzen wissen. *HP*

Vorspeisen 8,50 – 27 €
Hauptspeisen 12,50 – 26 €
Menüs ab 29 €
Mo – So 12 – 14 und
18.30 – 21.30 Uhr

15, Rue Principule
F-67290 La Petite Pierre
Tel.: 00333 88014757
www.liondor.com

Elsass La Petite Pierre — **Ausflug** 205

Auberge Imsthal
Ein Idyll im Tal

Küche
Ambiente

Fahren Sie einfach weiter. Vorbei an den einladenden Tischen im Freien an der Hauptstraße von La Petite Pierre. Fahren Sie runter ins Tal und dann gleich nach links: zur Auberge Imsthal. Wählen Sie hier einen Aperitif, nehmen Sie ihn mit auf die andere Seite des kleinen Weihers, genießen Sie die Abendsonne und kommen Sie danach wieder zurück: zum Essen. Hier haben Sie die Wahl zwischen saisonalen Speisen – zur Testzeit Spargel, Zanderrücken auf Sauerkraut und Hirschsteak – und denen der festen, vornehmlich elsässischen Karte. Da es letztere auch beim nächsten Mal noch gibt, entschieden wir uns für die Saison und waren mit unserer Wahl sehr zufrieden. Bis wir entdeckten, dass am Nachbartisch wohl weniger Entscheidungsfreudige saßen und deshalb das „Menu découverte" (für 45 €) wählten: ein Sieben-Gänge-Menü inklusive des passenden Glases Wein zu jedem Gang. Einzige Einschränkung: Diese Überraschung gibt es nur bis 13.30 bzw. 20.30 Uhr. Insofern ergänzen wir unsere Empfehlung zu Beginn durch den Hinweis, nicht zu spät zu kommen und sich vorher anzukündigen. Und zum Dessert unbedingt Eis und/oder Sorbet zu wählen. Die sind selbst gemacht. *SO*

Menu découverte 45 €
Mo, Mi – So 12 – 14 und
19 – 21 Uhr,
Di Ruhetag

3, Route Forestière
F-67290 La Petite Pierre
Tel.: 00333 88014900
www.petite-pierre.com

Hotel-Restaurant Gimbelhof
Rustikal, deftig und liebenswert

Küche
Ambiente

Man fühlt sich an Beschreibungen aus Simenon-Romanen erinnert: Im Sommer zieht es die Ausflügler in die Land-Gasthöfe, um kühlen Wein, frisch gezapftes Bier und deftiges Essen zu genießen. Das beliebte Ausflugslokal Gimbelhof, in der idyllischen Landschaft des regionalen Naturparks der Nordvogesen gelegen, versprüht diese Stimmung noch ein wenig. Im lauschigen Biergarten und auf der großen Sommerterrasse werden Kleinigkeiten wie hausgemachte Sülze, die ebenfalls hausgemachten Schnecken oder Blut- und Leberwurst serviert. Im rustikalen, großzügigen Restaurant kann man aus der umfangreichen Speisekarte auswählen, u. a. auch elsässische Gaumenfreuden wie Baeckeoffe oder Choucroute. Sehr zu empfehlen ist das Lendensteak mit Morcheln. Zwar wird im Gimbelhof nicht auf allerhöchstem kulinarischem Niveau gekocht, doch Küchenchef Jacques Günder bereitet die Gerichte sorgfältig und mit Liebe zu. Dabei verwendet er frische Lebensmittel, die überwiegend von Erzeugern aus der Umgebung stammen. Übrigens: Wer vom Wandern zu erschöpft ist, kann in einem der acht gemütlichen Doppelzimmer gut übernachten. *JH*

Vorspeisen 3 – 12,50 €
Hauptgerichte 10,50 – 18,60 €
1 Menü (Sommermenü) 17 €
Mi – So 8 – 23 Uhr, warme Küche 12 – 14 und 18 – 21 Uhr,
Mo und Di Ruhetage

Ortsteil Gimbelhof
F-67510 Lembach
Tel.: 00333 88944358
www.gimbelhof.com

Rösselstub
So klein, und so fein

Küche
Ambiente

Die Rösselstub in Lembach ist ein kleiner Abkömmling einer sehr renommierten kulinarischen Adresse, dem Cheval Blanc von Mischler – zwei Sterne, klassisch französisch. Das kleine Parterrerestaurant des angegliederten Hotels ist einfach, aber geschmackvoll eingerichtet. Etwas winkelig ist es auch, aber das macht es eher gemütlich. Wer braucht schon einen Saal zum Essen? Der Ober ist souverän, freundlich und berät uns charmant mit Witz. Die Karte ist überschaubar, wir nehmen das Menü, drei Gänge für 26 €. Als das Essen kommt, sind wir sehr angenehm überrascht. Fein, wirklich fein ist das! Wir waren früh an, und nach und nach füllt sich das Lokal. Kein Wunder, denn das Preis-Leistungs-Verhältnis ist einfach sensationell. Der Apfel fällt also nicht weit vom Stamm, die Einflüsse des Mutterhauses sind unverkennbar. Die Rösselstub in Lembach macht feine, klassische Küche in unprätentiöser Art für wirklich wenig Geld. Die elsässischen Ausschankweine sind sehr gut – auch das kennt man vom Sternelokal. Warum also nach den Sternen greifen, wenn Sie in der Rösselstub doch so fein essen können? *MF*

Hauptgerichte 11 – 18,50 €
Menü 26 €
Fr – Di 12 – 13.30 Uhr und 19 – 21 Uhr,
Mi und Do Ruhetage

3, Rue de Wissembourg
F-67510 Lembach
Tel.: 00333 88944186

VINS ET CRÉMANTS D´ALSACE

DOMAINE ARMAND GILG

2, rue Rotland - 67140 Mittelbergheim
Tel: 0033 3 88 08 92 76

Direktverkauf ab Weingut

Öffnungszeiten:
Montag bis Freitag: 8 - 12 und 13.30 - 18 Uhr
Samstag: 8 - 12 und 13.30 - 17 Uhr
Sonn- und Feiertage: 9 - 11.30 Uhr

www.domaine-gilg.com

Der Guide

Wir schreiben möglichst offen und nachvollziehbar, was wir erlebt haben. Natürlich können der Geschmack, die Erfahrung und Erwartung der Leser/innen ganz anders sein. Deshalb interessieren uns auch andere Meinungen, um tendenziell für möglichst viele zu schreiben. Schicken Sie uns Ihre persönlichen Tipps, Kommentare und Anregungen an: *info@guide-orange.de*

Das Guide-Farbschema

Um Ihnen das Navigieren durch den Guide orange zu erleichtern, sind die Beiträge innerhalb der einzelnen Landkreise nach folgendem Farbschema sortiert:

- 🟧 = Restaurants
- 🟦 = Einkaufsadressen
- 🟩 = weitere Tipps

Elsass Mittelbergheim

Am Lindeplatzel

Die kulinarische Terrasse Mittelbergheims

Küche
Ambiente

Das pittoreske – an der „Route du Vin" 30 km südlich von Straßburg gelegene – Mittelbergheim, das als „Village Fleurie" zu den schönsten Dörfern Frankreichs zählt, hat eine Kreuzung, 13 Winzer, 620 Einwohner und drei Restaurants. Neben dem gutbürgerlichen „Raison d'Or" und dem hier schon mehrfach beschriebenen Traditionshaus „Winstub Gilg" gegenüber der bekannten und geschätzten Domaine Gilg gibt es noch etwas versteckt am Ortseingang das „Lindeplatzel" der Familie Durot. Die aus dem Burgund stammende Familie hat sich mittlerweile gut eingelebt, etabliert und sich mit einer gelungenen Mischung der regionalen Küchen, Einflüsse und Rezepturen einen bemerkenswerten gastronomischen Ruf erworben. So erfahren am Tag der offenen Tür „Hinterm Kellerladel" der Mittelbergheimer Winzer bei Patricks kreativem „Menu Gourmand" (Topdesserts!). Angenehm und stilvoll eingerichtet sind die verschieden großen, separaten Gasträume nebst der nach hinten gelegenen malerischen Außenterrasse, auf der man in der Sommersaison „plein air" mit herrlichem Blick auf die Rebfelder und die Rheinebene bis zum Schwarzwald dinieren kann. Belle Vue, Belle Cuisine, Belle Adresse – Chapeau! *MV*

A la carte 24 – 28 €
Menüs: 22,50, 31,50, 37, 45, 58 €
Mo, Fr – So 12 – 14 und
19 – 21.30 Uhr,
Di 19 – 21.30 Uhr, Mi 12 – 14 Uhr,
Do Ruhetag

71, Rue Principale
F-67140 Mittelbergheim
Tel.: 00333 88081069

L'Atelier du Sommelier

Ausflug ins Elsass gefällig?!

Küche
Ambiente

Ja, das empfehlen wir sehr! Also, Sie fahren ein knappes Stündchen (von Saarbrücken) durch schöne Landschaft nach Niederbronn-les-Bains. Am Rande des hübschen Kurortes, hoch oben am Waldesrand, finden Sie dieses gastliche, hübsche Haus. Nach umfangreicher Renovierung wurde es im März 2007 eröffnet von Stéphane Knecht, vorher Sommelier und mehr im „Le Strasbourg" in Bitche. Er repräsentiert hier jetzt alles, was ihm (und uns!) wichtig ist, mit Leib und Seele: seine Leidenschaft für den Wein, seine Liebe zur Kochkunst, seine hohen Ansprüche an sich und andere, sein Bedürfnis, die Gäste zu informieren und zu begeistern. Das ist ihm und seinem Küchenchef Philippe Meyer gelungen. Wir hatten das Menü „apothéose", sechs Gänge, kreativ, lecker, gut präsentiert und aufeinander abgestimmt, bekömmlich, mit oder ohne Weinbegleitung möglich. Interessante kleine Speisekarte, große Weinkarte (Weine auch zum Mitnehmen). Weinproben im separaten Raum, große Terrasse unter Akazien, Linden und Tannen.
Cabriofahrer, Spaziergänger, Wanderer, Mountainbiker, auf geht's! *MMG*

Menüs 28 – 46,50 €
Mi – So 12 – 14.30 und
19 – 22.30 Uhr,
Mo und Di Ruhetage

35, Rue des Acacias
F-67110 Niederbronn-les-Bains
Tel.: 00333 88090625

Elsass Obernai — **Winstub** 210

La Marmite d'Obernai
Kochtopf in der Puppenstube

Küche
Ambiente

Zugegebenermaßen schrecken in der Hauptsaison die vielen Touri-Busse vor der Stadtmauer von Obernai unterhalb der Odilienburg etwas ab, dennoch hat sich der Ort mit seinen engen Gassen und kleinen Geschäften einen rustikalen Charme erhalten und man findet etwas abseits vom Trubel am großen Getreidespeicher – einem Tipp unseres Freundes Jean-Pierre Gilg folgend – ein unerwartetes gastronomisches Kleinod: „La Marmite". Allein Frauen führen dort ein charmantes Regiment (Originalton: „Die Männer sind besser zu Hause!") und so praktizieren Fabienne Bohn „et ses filles" liebevoll ihre „Cuisine de la Patronne". In den geduckten Räumlichkeiten im Parterre und der ersten Etage mit allerlei Intarsien, Trödel und Antikem, die das behagliche Ambiente einer heimeligen Puppenstube ausstrahlen, erfreut man sich bei einem reschen Meteor oder dem Sylvaner Prestige von Jean-Pierre an schmackigem Presskopf und warmer Foie Gras, Rinderroulade „comme ma mère le faisait", Lamm-Tajine oder Ochsenbäckchen in Picon – alles einfach liebevoll, mit viel Herzblut zubereitet und reichhaltig serviert in gusseisernen Töpfen. Das hat Spaß gemacht und toll geschmeckt im Mädelhaus! *MV*

A la carte 15 – 22 €
Menüs 12, 15, 18, 22, 28 €
Mo und Di 18 – 21.30 Uhr,
Mi – Sa 12 – 14 und
18 – 21.30 Uhr,
So 12 – 14 Uhr

56, Rue du Général Gouraud
F-67210 Obernai
Tel.: 00333 88484527
www.marmite-obernai.com

Le Caveau de Gail

Die Kompetenz des Sommeliers

Küche
Ambiente

Da wollten wir doch immer schon mal hin und so folgten wir mit Freude der Einladung unseres Freundes aus Mittelbergheim zu einem Mittagessen im „Caveau de Gail" im Hotel-Restaurant „A la Cour d'Alsace" in Obernai. Der Initiative des saarländischen Industriellen Hermann Hager ist es zu verdanken, dass Stadthaus und Weinkeller der alteingesessenen Baronne de Gail – die zu verfallen drohten – aufwendig renoviert und umgebaut wurden. Durch eine malerische Gasse von Giebelhäusern gelangt man über den gepflasterten Innenhof einige Stufen abwärts in die Winstub. Diese ist im elsässischen Stil gehalten und strahlt eine warme Gemütlichkeit aus. Freundlicher Empfang durch den Maître Sommelier Frédéric Voné, der zum annoncierten Menü „A la Découverte du Terroir" (Presskopf-Duo vom Rind und Spanferkel, Civet vom Wildschwein, dreierlei Münster aus Rosheim – 29 €!) mit sicherer Hand die „Vins en Harmonie avec chaque Plat" (dann lächerliche 43 €!) aussuchte und unbelehrend kommentierte. Das war schlichtweg sehr gut und regional passend, zudem kreativ und schnörkellos gekocht und professionell präsentiert. Perfekte Symbiose Speisen/Wein – hingehen! *MV*

A la Carte 18 – 26 €
Mittagsmenü 25,50 €
Abendmenü 29 € (mit Wein 43 €)
Mo 18 – 21.30 Uhr,
Di – So 12 – 14 und
18 – 21.30 Uhr

3, Rue de Gail
F-67212 Obernai Cedex
Tel.: 00333 88950700
www.cour-alsace.com

Elsass Osthouse **Winstub 212**

À l'Aigle d'Or

Elsass – comme il faut

Küche
Ambiente

Es war, ist und bleibt auch so: eine unserer Lieblingsadressen im Elsass! Nicht nur weil selbst der zuweilen überkritische Wolfram Siebeck das Haus kennt, schätzt und empfiehlt und wir ständig von Freunden und Besuchern des Etablissements nur Gutes hören, besuchen wir immer wieder gerne diese Oase der Gastfreundschaft und des guten Geschmacks im etwas abseits vom Touristenrummel der „Route du Vin" gelegenen Osthouse im Grand Ried. Das Haus ist der Inbegriff eines intakten und funktionierenden Familienbetriebes: Die ganze Familie Hellmann sorgt sich rührig und emsig mit Charme und Esprit um das Wohl der immer zahlreich vorhandenen Klientel. Der Patron macht den Tresen, Madame („La Belle Alsacienne") und Schwiegertochter sind im Service und Sohn Jean-Philippe zelebriert große elsässische Küche aus seinen Lehrjahren bei Haeberlin. Man kann wählen zwischen zwei Goasträumen (vorne die Winstub, hinten etwas feiner) und Karten – aber auch das wird recht flexibel gehandhabt. Also: Weiter so mit Rindfleischsuppe in der Terrine mit 50 Markklößchen, fünf Tranchen Pot-au-Feu und dem obligatorischen Muscat natürlich von Jean Sipp! Tolles Hotel „À la Ferme"! *MV*

Hauptgerichte 13,50 – 29,50 €
Menüs 33,50 – 69 €
Mi – So 12 – 14 und
19 – 21.30 Uhr,
Mo und Di Ruhetage

14, Rue de Gerstheim
F-67150 Osthouse
Tel.: 00333 88980682
www.hotelalaferme.com

L'Ami Fritz

Der Name ist Programm

Küche
Ambiente

Hier fühlt man sich wirklich unter Freunden! Mit Verlaub gesagt: Eines der schönsten und persönlichsten Restaurants des gesamten Elsass. Ein Gesamtkunstwerk bezüglich Inneneinrichtung, Ambiente und Solidität der Gastronomie mit herrlicher Außenterrasse, wo man unter jahrhundertealten Platanen relaxt „plein air" genießen kann. Patron Patrick Fritz werkelt nun schon in vierter Generation mit Beharrlichkeit und konsequentem Qualitätsbewusstsein am Herd des allseits beliebten und geschätzten Stammhauses (mit Hotel und Gästehaus „Le Chant des Oiseaux") und demonstriert seine Interpretation einer leichten und kreativen Regionalküche. Das macht schon sehr viel Sinn und Plaisir, wie Taubensalat mit Entenleber, Schweinsfußtourte auf Puy-Linsen, lauwarmer Spanferkelsalat „Façon Tête de Veau", gefüllte Hechtklößchen mit Flusskrebsen oder die Wachtel mit Foie Gras und Wirsing mit Speck präsentiert werden und von einer äußerst subtilen Kochkunst zeugen. Tolle Menüs: „Terroir" 24 €, „Sentier des Saveurs" 39 €, „Plaisir" 62 €. Don't miss: die Sauerkrautvariationen und die Desserts! Dazu ein leicht gekühlter Rouge d'Ottrott von Schaetzel. Hohe Schule – Chapeau! *MV*

A la Carte 19 – 26 €
Menüs 24, 39, 62 €
Do – Di 12 – 14 und 19 – 21 Uhr,
Mi Ruhetag

8, Rue des Châteaux
F-67530 Ottrott-le-Haut
Tel.: 00333 88958081
www.amifritz.com

Restaurant Bürestubel

Perfekt inszenierte Bauernstube

Küche
Ambiente

Kurz vor Straßburg, rechts rein, ein bisserl ab vom Schuss in Pfulgriesheim liegt das Bürestubel. Pfulgriesheim ist ein typisches Dorf am elsässischen Kochersberg. Das Bürestubel gibt es seit mehr als 30 Jahren. Es ist ein gut besuchtes Lokal mit sehr schön gemachtem Innenhof und wunderschöner Fassade. Dem steht der Innenraum in nichts nach, die liebevolle Dekoration, die wunderschönen Holzdecken, Kachelofen und Vitrinen – alles beeindruckend schön. Das Restaurant bietet eine typisch elsässische Küche von guter Qualität, die Weinkarte listet eine Vielzahl guter regionaler Weine zu reellen Preisen. Ein bisschen merkt man schon die Nähe zu der großen Stadt, denn billig ist das Essen nicht. Raffiniert auch nicht, aber gut. Das liegt wohl nicht zuletzt an den Zutaten, Familie Meyer verwendet ausschließlich Gemüse und Obst aus eigenem Garten. Das Bürestubel ist ein wunderschönes Ausflugsziel, wer die elsässische Kost schätzt, wird hier auf seine Kosten kommen. Um halb elf ist so allmählich Feierabend, wer also ein ausschweifendes Menü plant, sollte nicht zu spät damit anfangen.
MF

Kleine Gerichte 6 – 10 €
Flammkuchen 6,50 – 12 €
Hauptgerichte 10 – 17 €
Mo und Di, Fr – So 12 – 14 und 19 – 21.30 Uhr,
Do 12 – 14 Uhr, Mi Ruhetag

8, Rue de Lampertheim
F-67370 Pfulgriesheim
Tel.: 00333 88200192
www.burestubel.fr

Bords du Rhin (Hostellerie)

Süßwasserfisch par excellence!

Küche
Ambiente

Es stellt sich die Frage: Warum war ich hier nicht schon früher? Obwohl lange Zeit unter Kennern der Szene als solider Geheimtipp in Sachen kompetenter Zubereitung von Süßwasserfischen gehandelt, habe ich den Weg etwas abseits der Route du Vin allem Anschein nach nicht gefunden. Umso freudiger die Korrektur mittels Antrittsbesuches anlässlich der obligatorischen Jahresfahrt zum „Fête du Vin" in Mittelbergheim. Ein solides, gewachsenes Dorfgasthaus im ursprünglichen Sinne: Empfangsraum mit Comptoir und allerlei Historischem (das Haus existiert seit 1893 in der 5. Generation), dann ein großer rustikaler Speisesaal – vollbesetzt mit kommunikationsfreudigen Gästen (Familien mit Kindern, ältere Damen, augenfällig wenig Touristen), dazu ein aufmerksamer Service durch die Familie Berna, die sich umtriebig um das Wohl der Gäste sorgt. Leckere Fischsuppe, beste Zubereitung von Hecht und Zander (perfekt filetiert am Tisch!) à la façon du Chef (Weißweinsauce mit Persillade), Matelotte in Riesling auf Vorbestellung und als belebender Zwischengang Froschschenkel à l'Ancienne. Dieser lange überfällige Besuch hat schlichtweg nur Freude gemacht! (Hotel mit 20 Zimmern.) *MV*

A la carte 12 – 24 €
Menüs 28 – 32 €
Mi – So 12 – 13.45 und 18 – 21 Uhr,
Mo und Di Ruhetage

10, Rue du Rhin
F-67860 Rhinau
Tel.: 00333 88746036

Der Guide

Wie bekommt ein Restaurant einen 😀 ?
Wir haben am Schluss jede/n Tester/in gebeten, seinem/ihrem Lieblingslokal – vollkommen unabhängig von der Restaurantkategorie – seinen/ihren persönlichen Guido zu geben.

Das Guide-Farbschema
Um Ihnen das Navigieren durch den Guide orange zu erleichtern, sind die Beiträge innerhalb der einzelnen Landkreise nach folgendem Farbschema sortiert: orange steht für Restaurants, blau für Einkaufsadressen und grün für weitere Tipps.

Restaurant-Bewertungen
Alle Restaurants sind bewertet in den Bereichen Küche und Ambiente. Es gibt Punkte von 0,5 bis 3,0. Die Bewertungen sind innerhalb der jeweiligen Restaurant-Kategorie (!) erfolgt. Im urigen Ausflugslokal gelten andere Maßstäbe als im Gourmetrestaurant. Ambiente bedeutet für uns, was dem Gast Wohlbefinden verschafft. Angefangen beim guten Service bis hin zur Einrichtung des Gastraums. Die Bewertung der Küche erfolgt auch im Rahmen der jeweiligen Restaurant-Kategorie. Besonders wichtig ist uns hier der Umgang mit den Produkten sowie Kreativität und Originalität.

Ein Restaurant, zwei Tester
Wir bitten ja unsere Leser um ihre Tipps. In manchen Fällen sind die Tipps nicht eindeutig, und wir müssen recherchieren. Das führt schon mal zu Fehlern. So waren diesmal zwei Tester von uns im selben Restaurant, welches bei uns mit verschiedenen Namen (Biergarten Oberlimberg und Hotellerie Waldesruh) auf der Liste stand. Weil die Tester unterschiedliche Schwerpunkte gesetzt haben, finden Sie jetzt beide Tests (151 und 152).

Wie bekommt ein Restaurant einen 😀 ?
Wir haben am Schluss jede/n Tester/in gebeten, seinem/ihrem Lieblingslokal – vollkommen unabhängig von der Restaurantkategorie – seinen/ihren persönlichen Guido zu geben.

La Ferme de Suzel

Einfach durchbaumeln lassen ...

Küche
Ambiente

Wir bleiben bei unserem begeisterten Urteil! „Madame Suzel" – schon in ihrer Straßburger Zeit so genannt, wo sie in „La Petite France" über 23 Jahre einen gleichnamigen Teesalon institutionellen Charakters betrieb. Eigentlich wollte sich Odette Jung 1996 zur wohlverdienten Ruhe setzen und werkelte zu Hause vier Jahre am kompletten Wiederaufbau alter Bauernhäuser und der liebevollen Ausstaffierung: die Balkendecke einer alten Poststation, ein Kachelofen aus dem 18. Jahrhundert, ein napoleonischer Herd, historische Häubchen und die in Kelsch eingedeckten Holztische – ein elsässisches Gesamtkunstwerk mit Wohnzimmerambiente, ebenso wie der englische Buchsbaumgarten und die provenzalisch anmutende Außenterrasse. Doch 2002 wurden alle Vorsätze in den Rhein-Marne-Kanal geworfen und das gastronomische Konzept der „Ferme de Suzel" realisiert. In diesem einzigartigen Kleinod gibt es seitdem von der „Cuisinière de l'Année de France 2003" eine auf den Produkten der Region und ihrer Kreativität basierende „Cuisine du Terroir". Einfach abtauchen ins Reich der Zufriedenheit – Seele, Körper und Geist durchbaumeln lassen. Mit Verlaub Madame: Best of Elsass. *MV*

Hauptgerichte 16 – 23 €
Menü 45 €
Fr 19 – 21 Uhr,
Sa und So 12 – 14 und
19 – 21 Uhr,
Mo – Do Ruhetage

15, Rue de Vergers
F-67350 Ringendorf
Tel.: 00333 88033080

Au Brasseur

*Resches Bier
in traditionellen Mauern*

Küche
Ambiente

Nach der Schließung des zugegebenermaßen recht rustikalen „Aux 12 Apôtres" unweit des Münsters bestand dezenter Handlungsbedarf hinsichtlich einer seriösen Adresse für die Freunde elsässischen Gerstensaftes. Fündig wurden wir nach einigem Suchen nach Überquerung des Pont St. Guillaume gegenüber dem verwinkelten Krutenau-Bezirk und seinen vielen gastronomischen Geheimtipps (Pont aux Chats, Taverne du Sommelier, L'Estaminet Schloegel) im Traditionshaus der ehemaligen „Brasserie de l'Espérance". Das Gebäude aus dem Jahre 1746 beherbergt heute das, was man als kleine Wirtshausbrauerei bezeichnen würde. Um einen großen Kupferkessel gruppieren sich der lange Comptoir und die zahlreichen Bistrotischchen, an denen sich ein bunt gemischtes Publikum zumeist jüngeren Alters an den hausgebrauten Bieren (La Blanche des Bateliers, Ambre St. Guillaume, La Brune du Quai, La Blanche de l'Ill) und einer unkomplizierten Bistrokarte (Salate, Flammkuchen und Plats brasserie) erfreut. Attention: Happy Hour 17 – 19 und 22.30 – 23.30 Uhr, Freitag und Samstag Live-Musik! Urige, ungezwungene Atmosphäre bei aufmerksamem Service und guten Preisen – ein guter Boxenstopp. *MV*

*A la Carte 9 – 14 €
Menüs 6,80 € (Plat du Jour),
8,90 € (Menu du Jour)
Täglich 11 – 1 Uhr*

22, Rue des Veaux
F-67000 Strasbourg
Tel.: 00333 88361213

Au Pont du Corbeau

Beim Raben auf der Brücke – dritter Teil

Küche
Ambiente

Nur wenige Adressen haben es verdient und geschafft, dreimal in den Editionen des Guide orange erwähnt zu werden. Martine und Christophe Audt, die das Lokal seit 1980 betreiben, haben sich diese Auszeichnung jedoch redlich verdient. Nach wie vor eine der besten – und was der beständige Publikumsandrang beweist – beliebtesten Anlaufstationen in Sachen Winstubs der Stadt. Stets bestgelaunter Empfang und Beratung trotz quirligstem Betrieb (vor allem zum Mittagstisch – unbedingt reservieren!), ein Gläschen Muscat oder ein Meteor (contre le soif) am Tresen, ein erwartungsvoller Blick in die täglich wechselnde Plat-du-Jour-Karte (Formule Déjeuner: 2 Gänge, wahlweise 5 Entrées und 5 Plats zu 12 €!) mit kulinarischem Genuss und Freude bei Zwiebelkuchen, Tomate mit Vacherin, Zungensalat mit Bratkartoffeln, Lammkeule im Jus oder Entenschlegel auf Sauerkraut. A la Carte erwarten uns Tête de Veau, Onglet, gegrilltes Eisbein und hausgemachte Grumberekiechle. Dazu Pinot Blanc Vielles Vignes von Riffel aus Mittelbergheim und als finale Verführung die hausgemachten Tartes oder die Fromages Blancs mit Fruchtcoulis – könnte gehen, geht doch! Merci Christophe und Equipe! *MV*

Hauptgerichte 12,50 – 16,50 €
Mittags: Plat du Jour 12 € (2 Gänge)
Mo – Fr 12 – 14.30 u. 18.45 – 23 Uhr,
So 18.45 – 23 Uhr,
Sa Ruhetag, (Anfang August drei Wochen geschlossen)

21, Quai Saint Nicolas
F-67000 Strasbourg
Tel.: 00333 88356068

Café Brant
Belle Epoque in Straßburg

Küche
Ambiente

Die Geschichte des „Café Brant" beginnt im Jahre 1880. Zu dieser Zeit erbauten die deutschen Besatzungstruppen im Osten der Kommune ein neues Viertel namens „Neue Stadt" mit breiten Avenuen, prestigeträchtigen Häusern und großzügigen Grünanlagen. In diesem internationalen Quartier wurden viele Botschaften und Konsulate angesiedelt und das gegenüber dem Palais Universitaire situierte – ursprünglich als „Zur Universität" benannte – Café Brant entwickelte sich zum kommunikativen Treffpunkt der Straßburger Gesellschaft. Nach einer eher unrühmlichen Zwischenfunktion als Fahrrad-Depot im Zweiten Weltkrieg und als Teesalon namens „Mon Plaisir" ist die jetzige Version des Cafés (benannt nach dem elsässischen Chronisten Sebastian Brant) nach aufwendigen Restaurierungsarbeiten zur Wiederherstellung des authentischen Belle-Epoque-Stils 1987 entstanden. Eine beliebte und charmante Anlaufstation im Grünen etwas außerhalb der Hektik der Innenstadt mit bunt gemischtem, kommunikationsfreudigem, internationalem Publikum zum Abspannen vom Großstadtstress. Kleine Karte, guter Kaffee, flotter Service, tolles Interieur mit altem Zink-Comptoir und Beichtstuhl, guter Platz! *MV*

A la Carte 3,70 – 8,40 €
Täglich 11 – 1 Uhr

11, Place de l'Université
F-67000 Strasbourg
Tel.: 00333 88368905
www.cafe-brant.com

Hailich Graab

Eine Institution kehrt zurück

Küche
Ambiente

Es war schon ein Trauerspiel, drei Jahre am geschlossenen „Hailich Graab" in der Straßburger Feinkostgasse vorbeigehen zu müssen, um ständig resigniert festzustellen, dass sich nach dem verdienten Ruhestand des langjährigen Betreiberehepaares immer noch kein Nachpächter für diese institutionelle und mit am meisten beliebte Winstub unweit des Münsters gefunden hatte. Doch nunmehr gibt es endlich neuen Glanz in alten Mauren: Seit Juni 2007 betreibt die attraktive Elsa Mull im Service mit ihrem Küchenchef Christophe Humbert das Haus wieder im traditionellen Sinne. Man hat behutsam renoviert, Gott sei Dank Fassade und Interieur stilistisch belassen und ist auch der alten Karte mit den beliebten „Spécialités Alsaciennes" treu geblieben. Auf also zu Presskopf Maison, gegrilltem Wädele in dunkler Biersauce, Läwerknepfle in Pinot Noir, Kalbskopf in Sauce Gribiche und (wie früher vor den Augen der Gäste geschnittener) „Le Fameux Jambon en Croute" – alles frisch gekocht und reichlich serviert. Dazu resches Meteor, gute Weine im Pichet oder Brouilly 2005! Auch ein Blick auf die Tableaus mit etwas schlankeren saisonalen Tagesangeboten lohnt! Merci und Bonne Chance! *MV*

A la Carte 12,50 – 18 €
Mi – So 12 – 14 und 17 – 23 Uhr,
Mo und Di Ruhetage

15, Rue des Orfèvres
F-67000 Strasbourg
Tel.: 00333 88751845
www.saintsepulcre.fr

Elsass **Strasbourg** — **Urig**

La Choucrouterie

Die Institution des Roger Siffer

Küche
Ambiente

Hier hat der Begriff „Institution" tunlichst seine volle Berechtigung! Seit 1984 existiert die vom allseits bekannten und geschätzten Sänger Roger Siffer betriebene „Choucrouterie" mit Restaurant und Theater für Kleinkunst und Veranstaltungen auf zwei Bühnen (Petite et Grande Salle). Der (natürlich) mit Tomi Ungerer (s. Illustration der Speisekarte nebst Wanderotik) befreundete Künstler hat sich wahrlich um die elsässische Kulturszene verdient gemacht und bietet über das ganze Jahr ein ambitioniertes Programm über Kabarett, Ausstellungen, Homagen, Satiren, Chansons, Sketche und Dichterlesungen (s. Spielplan) an. In der Sürkrütstub der angegliederten Gastronomie trifft man allabendlich auf die versammelte „Bande" der Straßburger Künstler, Musiker und Bohemiens, die sich – quasi nebenbei trotz intellektueller Kommunikation – an der durchaus unpoetischen und pragmatischen Küche des Hauses erfreuen. Alles frisch und handwerklich sehr solide gekocht: Salat mit geräucherter Entenbrust, Forelle und Bio-Bergkäs, Boeuf gros sel mit himmlischen Bratkartoffeln und Choucroute mit kandiertem Entenconfit und Zwiebelkonfitüre. Perfekter Abschluss der Tour d'Alsace 2008! *MV*

A la Carte 15,50 – 19,50 €
Mo – Fr 11.45 – 14 und
18.30 – 23 Uhr,
Sa 18.30 – 23 Uhr,
So Ruhetag

20, Rue Saint Louis
F-67000 Strasbourg
Tel.: 00333 88365287

La Table de Christophe

Kreatives hinterm Münster

Küche
Ambiente

Straßburg – die immer pulsierende „Carrefour d'Europe" mit ihrem interessanten Kulturprogramm – ist sicherlich nicht arm an gastronomischen Einrichtungen jeglicher Kategorie und Ausrichtung. Neben den besternten und bekannten Häusern gibt es gerade um das alles überragende Münster und im Kanalviertel „La Petite France" eine unüberschaubare Vielzahl von Winstubs und Lokalen, die – wie in jeder Metropole – der Couleur wenig Licht und viel Schatten zuzuordnen sind. Neben den in den letzten Jahren hier vorgestellten „guten" Adressen nunmehr ein etwas anderer Tipp in der Judenstraße hinter dem Münster: Namensgebender Patron Christophe und Partnerin Angèle überraschen mit einer gar nicht Winstub-staubigen, leichten Kreativküche aus Frischprodukten und origineller Präsentation im klitzekleinen Gastraum mit seinen wuchtigen Holzbalken und den stoffgedeckten (12!) Tischchen. Am besten das Tagesangebot vom Tableau nehmen, gute Plat du Jour (Presskopf, Palette fumée), à la carte „Mer & Rivière", „Terre" (Cochon fermier!), leckere Desserts „Pour finir en Douceur". Gutes Brot, tolle offene Weine in Spiegelau-Gläsern (Pinot Blanc V.V. Riffel!). Tipp! MV

Plat du Jour 11,50 €
A la Carte 16 – 18 €
So und Montagabend geschlossen

28, Rue de Juifs
F-67000 Strasbourg
Tel.: 00333 88246327
www.tabledechristophe.com

Taverne du Sommelier

Geheimtipp in der Krutenau

Küche
Ambiente

Ganz einfach ist sie nicht zu finden, die Mini-Winstub des gelernten Sommeliers Monsieur Schreiber im alternativen Studentenviertel Krutenau. Der Tipp stammte von unserem langjährigen Winzerfreund Jean Meyer von der Domaine Josmeyer in Wintzenheim (Fleur de Lotus, Pinot Blanc „H" & Mise du Printemps): „Eher unscheinbar, aber eine der besten Winstubs der Stadt." Dem kann man nur zustimmen, zumal sich hinter der schlichten Fassade in der kleinen Gasse ohne Hausnummern und der bescheidenen Außenterrasse eine unvermutete Qualität bezüglich Speisen und Weinen verbirgt. Neben der bewusst knapp gehaltenen, aber attraktiven Standardkarte (Thunfischtatar mit Kräutern, Erbsensüppchen mit Minze, Rougets mit Auberginenkaviar, Pluma Ibérico) arbeitet man vorwiegend saisonal (Spargel, Pfifferlinge, Wild), inspiriert vom täglich wechselnden Tableau. Tolle begleitende Weine – glasweise empfohlen vom Patron. Reichhaltige Auswahl an Flaschenweinen aus besten Jahrgängen zu fairsten Preisen – nicht nur Elsass – zu präferieren durch Inaugenscheinnahme vom großen Schiefertableau. Anspieltipp: Sylvaner Grand Cru Zotzenberg von Alfred Wantz in Mittelbergheim – Santé! *MV*

Hauptgerichte 14 – 22 €
Mo – Fr 12 – 14 und
19.30 – 22.30 Uhr,
Sa und So Ruhetage

Ruelle de la Bruche
F-67000 Strasbourg
Tel.: 00333 88241410

Gangloff

Metzgermeister und Küchenchef in einem

Keine Ahnung, was wir kochen sollen? Da ist man bei Gangloff an der richtigen Adresse. Ständig wechselt hier das Angebot an Spezialitäten und Fertiggerichten. So steht heute geräucherte Schweinelende (das Kilo für 24,90 €) ganz hoch im Kurs. Daneben gibt es Cannellonis mit Fischfüllung in Safran-Sauce (die Portion für 4,90 €) oder ein 6er-Pack Würstchen (2 Sorten – 7,90 €) oder Grillfleisch in vier verschiedenen Variationen (2 Kilo für 17,90 €) oder … Jeden Tag ein neues Angebot, jede Woche eine neue Karte. Etwas für Neugierige. Dass dabei nur hervorragendes Fleisch – ob Rind, Kalb, Schwein, Geflügel oder Lamm – aus bewährten Zuchthöfen verarbeitet wird, ist für den Chef des Hauses, Patrick Gangloff, Ehrensache. Also kein Wunder, dass er z. B. für seine „Knacker" – die elsässische Variante der Wiener – oder seinen Presskopf prämiert wurde. Sein Betrieb mit 13 Mitarbeitern – es sind vor allem Metzger und Köche – ist ja schließlich einer über 75-jährigen Familientradition verpflichtet. *DM*

8 – 12 und 14.30 – 18.30 Uhr,
Sa bis 16.30 Uhr,
Do Ruhetag in Mackwiller,
Mo Ruhetag in Diemeringen

/9, Rue Principale
F-67430 Mackwiller
Tel.: 00333 88004094

Les Confitures du Climont
Süßes wie aus Omas Gläsern

„Oh, wie traurig wäre diese Welt ohne den Duft der Konfitüren!" So lautet übersetzt das literarische Zitat an der Fassade des Hauses. Im Inneren duftet es tatsächlich überall nach frisch gekochtem Obst. In großen Kupferkesseln brodelt es kräftig. „Nur Frucht und Zucker, kein Gelier- oder Konservierungsmittel!", betont die Frau mit dem Rührholz. Allerdings kommt es immer wieder zu phantasievollen Mischungen – Birnen mit Ingwer etwa oder Karotten mit Weinbrand von Gewürztraminer (!!), Kürbis mit Vanille, Banane mit Zitrone ... Nach den Rezepten elsässischer Omas wird hier wieder aus Löwenzahnblumen oder Heckenrosen Marmelade gemacht. Gut 30 Sorten sind es insgesamt – auch im Versand zu haben.

Als sich vor 20 Jahren Fabrice Krencker und seine Frau Agnès in einem früheren Schullandheim am Fuß der elsässischen Vogesen ins Abenteuer stürzten, schüttelten die Lokalpolitiker warnend den Kopf. Wer kauft schon Konfitüre aus einem so kleinen Betrieb? Heute ist der Parkplatz selten leer. Ein kleiner Tipp: Als Geschenk kommt eine Klarsicht-Röhre mit zehn selbst ausgewählten 50-Gramm-Minigläsern (18 €) garantiert gut an.
DM

Di – So 10 – 12 und 14 – 18 Uhr (auch an Feiertagen)

14, Route du Climont
F-67420 Ranrupt (bei Schirmeck)
Tel.: 00333 88977201
www.confituresduclimont.com

Au Pain de Mon Grand-Père

*Von Louis Vuitton
zu Pain de Seigle*

Das war schon eine rasante 360°-Drehung, die Vater Patrick und Sohn Bruno Dinel im Dezember 2002 vollzogen haben: Nach seiner Tätigkeit als Finanzdirektor in der LVMH-Gruppe (Louis Vuitton/Moët et Chandon/Hennessy) beschloss der Vater mit dem Sohne – der Sommelier in Monte Carlo lernte – im Studentenviertel Krutenau zu dieser Zeit in den Gemäuern einer alten Metzgerei eine handwerkliche Bäckerei zu installieren. Dort bäckt man seitdem hinter dem klitzekleinen Verkaufsraum im holzbefeuerten Ofen 63 (!) Sorten Brot aus Bio-Mehl, Sauerteig und hochwertigsten Zutaten (Butter AOC + Jambon Cru 36 Monate gereift!): „Courants" (Tradition, Rustique), „Spéciaux" (Breton, Bûcheron, Kamut), „Aromatiques" (Honig, Feige, Nuss, Trockenfrüchte, Oliven, Chorizo, Poivrons) – dazu „Sandwiches", Salziges (Kougelhopf, Fougasse) und Süßes (Brioche, Früchtetarte, Valrhona-Patisserie). Nicht von ungefähr kommen für den jungen Mann viele Auszeichnungen (2007: europäischer Vizemeister, Bäcker des Jahres „Pudlowski", Concours „Bester Arbeiter Frankreichs" MOF), die Kundenliste Straßburger Restaurateure und die lange Schlange zufriedener Käufer vor dieser Oase des Brotgenusses! *MV*

*Di – Sa 6.30 – 19 Uhr,
So 6.30 – 14 Uhr*

58, Rue de la Krutenau
F-67000 Strasbourg
Tel.: 00333 88365966

Au Vieux Gourmet (Fromagerie)

Käse vom anderen Stern

Hatten wir in den letzten Ausgaben unseres Guide die Käseboutique und das Restaurant „La Cloche à Fromage" (mit der größten Käseglocke der Welt) von René Tourrette vorgestellt (27 + 32, Rue des Tonneliers, Tel. 00333 88231313), so heißen wir Sie nunmehr zu einer neuen Adresse für die Freunde des – Gott sei Dank noch nicht dem pasteurisierten Einheitsgeschmack und Reglementierungswahn zum Opfer gefallenen – Rohmilchkäses willkommen. In der kleinen kulinarischen Einkaufsgasse Rue des Orfèvres unweit des Münsters mit den bekannte Läden von Artzner (Foie Gras), Frick-Lutz (Metzgerei), Naegel (Patisserie), Antoine Westermanns Boutique (Feinkost) und der wiedereröffneten Winstub-Legende „Hailich Graab" befindet sich die Fromagerie von Cyrille und Christelle Lorho. Beide sind Fromager Affineur, d. h. sie „verfeinern" die Produkte von meist kleinen Herstellern bis zur Reife. Dezenter Anspieltipp: Brie de Meaux, St. Nectaire, Comté, Tomme de Savoie, Brébis de Corse, Vacherin Mont d'Or, Fromage aux Truffes, diverse Chèvre und Blauschimmel, traumhafter Münster und gesalzene Butter – der Käsehimmel! Zu recht: Meilleur Ouvrier de France – bester Arbeiter Frankreichs! *MV*

Mo 15 – 19 Uhr,
Di und Mi 9 – 12.30 und
15 – 19 Uhr,
Do – Sa 9 – 19 Uhr

3, Rue des Orfèvres
F-67000 Strasbourg
Tel.: 00333 88327120
www.auvieuxgourmet.fr

Naegel (Pâtissier/Traiteur)
Süße Schatztruhe im Carré d'Or

Im „Carré d'Or" – dem goldenen Viereck hinter dem Münster in der Rue des Orfèvres inmitten klangvoller Namen des Schlaraffenlandes – befindet sich das Traditionshaus der Familie Naegel. Hier im historischen Herzen Straßburgs existiert der Verkaufsladen seit 1927 in der dritten Generation. Das Ehepaar Anne und Pierre Naegel, die das Geschäft mit seinem kleinen Café heute führen, zeichnet sich – trotz stets immensem Publikumsandrang – ebenso wie das fachkundige Personal durch einen immer freundlichen Empfang und solide Beratung aus. Alles im Haus wird selbst gemacht – das gilt für die Riesenauswahl an Spezialbroten, Kuchen, Tartes, Confiserie und Eisspezialitäten ebenso wie für die Produkte aus dem Traiteur-Bereich (Pasteten, Quiches, Tartines, Salate, Sandwiches). Klassiker der süßen Verführungen sind die kleinen Hauspralinen („Pavé de la Cathédrale"), wer's eher deftig mag, findet den salzigen Kougelhopf, die deftige Fleischtourte oder den Schinken en Croute – also für jeden Geschmack eine exzellente Auswahl mit der Garantie eines hochwertigen Genusses gemäß dem Leitsatz der Betreiber: Die Zufriedenheit unserer Kunden ist unsere primäre Motivation! *MV*

Di – Do 8.30 – 18.30 Uhr,
Fr 8 – 18.30 Uhr,
Sa 8 – 18 Uhr

9, Rue des Orfèvres
F-67000 Strasbourg
Tel.: 00333 88328286
www.maison-naegel.com

Charcuterie Schimpf
Choucroute, Knacks und Pâtés

Was?! Dieser kleine, unscheinbare Laden soll – so der Tipp eines Lesers – eine tolle Spezialitäten-Theke haben? Innen wird elsässisch geschwätzt und geschertzt, allen voran Alain Schimpf, der knapp 60-jährige Chef des Hauses. Dass er ein Vollblut-Koch ist, zeigt er mit seinen sieben Sorten Pâtés, wobei er die genauen Rezepte für sich behält. „Irgendwie muss sich die jahrelange Mühe rechnen", meint er. Dafür bekam er etliche Preise – u. a. für seine schwarze und weiße Boudin sowie seine Entenstopfleber (mit fünf Schnaps-Sorten und vier Gewürzen aufgepäppelt!). Rund 300 kg Fleisch vom Feinsten verarbeitet Schimpf jede Woche. Mittwochs gibt es Choucroute nach Elsässer Art. Insgesamt 25 kg rohes Sauerkraut hat der Patron zusammen mit seinem Sohn Christophe (die vierte Generation ist im Anmarsch) mit Weißwein, Lorbeer, Thymian und Speck verfeinert und bei 100 °C unter ständigem Rühren kochen lassen. Der Kunde kann sich dazu die Fleisch- und Wurstgarnitur selbst zusammenstellen. Ich finde, Knacks (kleine Würstchen) und Jambonneau (Eisbein) gehören auf jeden Fall dazu. Ganz billig ist es allerdings hier nicht. Es ist eben kein Supermarkt – nur ein kleiner Laden. *DM*

Mo und Di 8 – 12 Uhr,
Mi – Sa 8 – 12 und
14.30 – 18.30 Uhr

9, Rue Nationale
F-67160 Wissembourg
Tel.: 00333 88940034

Digitale Gestaltung und Produktion

augentrick bitte:

Und Ihre Werbung wird zum Augenschmaus.

Waldsiedlung 2 I 66333 Völklingen
fon 0 68 98 - 2 60 66 I fax 0 68 98 - 91 05 26
info@augentrick.de I www.augentrick.de

augentrick
Vera Spreuer

Luxemburg

Vor zwei Jahren fiel unsere Entscheidung, auch in Luxemburg einige Tipps zu nennen. Aber welche auswählen? Sowohl die Stadt als auch das Land Luxemburg sind gepflastert mit Restaurants aller Kategorien. Ebenso wie Straßburg oder Brüssel besitzt auch diese europäische Metropole mit ihren Banken und EU-Organisationen eine bemerkenswerte kulinarische Szene. Vom Schickimicki-Laden bis zum Sternetempel, vom uralten Familienrestaurant bis zur ultramodernen Lounge – hier findet man Locations, die so auch in Düsseldorf, Paris oder New York sein könnten. Dann gibt es wunderschöne Gasthäuser, die bei Ausflügen in die nähere Umgebung zu entdecken sind.

Wir brauchten eine Kennerin Luxemburgs und so fragten wir Léa Linster damals nach ihrer Meinung! Bei einem langen Gespräch, umrahmt von Champagner und feinen Kleinigkeiten, entstand eine Liste von Restaurants mit regionaler bodenständiger Küche, in denen Wert auf die Qualität und Herkunft der Produkte gelegt wird. Zwei davon, Manoir Kasselslay und Toit pour toi, wurden inzwischen sogar durch Michelin-Sterne geadelt. Wir haben die Liste nun fortgeschrieben und ein paar neue Adressen hinzugefügt. Der Ausflug nach Luxemburg lohnt sich!

Restaurant Mathes

*Saisonale Küche
mit mediterranen Einflüssen*

Küche
Ambiente

Seit Jahren eine sichere Adresse für ausgezeichnete Gourmetküche ist das Restaurant Mathes an der Luxemburger Weinstraße. Elegant und stilvoll sitzt man im noblen Restaurant mit Moselblick oder je nach Wetterlage im parkähnlichen Garten und wird umsorgt vom perfekt arbeitenden Service.
Zwei Menüvorschläge sowie der Mittagslunch lassen die Entscheidung nicht leicht fallen. Dazu à la Carte diverse Vorspeisen, Fisch- und Fleischgerichte: Gefüllte Rolle vom Räucherlachs, grüner Spargel mit Vinaigrette von Zitrusfrüchten, Wolfsbarschfilet auf der Haut gebraten mit Pfifferlingen und dicken Bohnen oder Nüsschen vom Milchlammrücken mit Chorizowurst und gefullter Zucchiniblüte – Feinschmecker, was willst du mehr?
Und jeder Gang ein Kunstwerk auf dem Teller und ein Geschmackserlebnis am Gaumen. Auch der Mittagslunch mit einem fein pürierten Erbsensüppchen, gefüllter Tomate und gebratenen Gambas, Carré de Veau mit wildem Spargel und Kartoffelpüree sowie zum Dessert eine grandiose Früchtevariation schmeckte hervorragend. Dazu passte bestens ein Riesling Paradais von Abi Duhr aus Grevenmacher. Überhaupt ist das Weinbuch ausgesprochen umfangreich! *NH*

*Vorspeisen 18,50 – 22 €
Hauptgerichte 28 – 32 €
Menüs 58/78 €, Lunch 35 €
Mi – So 12 – 14 und 19 – 21 Uhr,
Mo und Di Ruhetage*

*37, Route du Vin
L-5401 Ahn
Tel.: 00352 760106
www.restaurant-mathes.lu*

Le Bisdorff

Relais du Silence

Küche
Ambiente

Lieselotte mag Max Greger. Und sie mag mich. „Wie geht das zusammen?", will ich wissen. „Ich mag es halt gediegen", sagt sie. „Und was heißt gediegen?" „Gut, reell, robust, pikant." O. K., damit kann ich leben. Nachdem wir uns nachmittags in den wildromantischen Schluchten der Kleinen Luxemburger Schweiz verausgabt haben, kehren wir ins Le Bisdorff ein. Abseitig verschwiegen und zweifellos gediegen. Die Grundidee der Küchenchefin Sylvie Bisdorff: verfeinertes Arme-Leute-Essen. (Man muss wissen, dass der gemeine Flusskrebs, Lachse, Forellen und Teile vom Hausschwein in früheren Zeiten von den feineren Leuten verschmäht wurden.) Ein extrem verfeinertes Arme-Leute-Essen ist das Buffet gastronomique, das an Sonn- und Feiertagen für 60 € angeboten wird (Hummer, Austern, Foie gras, Morcheln). Wir zelebrieren das gewöhnliche Samstagabendmenü (40 €): Salatbuffet – Potage – geräucherte Forelle (!) – Himbeersorbet – Kaninchen – Käse – Mousse. Alles schnörkellos und pur, genau wie Lieselotte es (beim Essen) liebt. Und als wäre das noch nicht genug, nieselt aus einem diskreten Lautsprecher das unwiderstehlich gediegene Timbre von Max Gregers Saxophon. *JR*

Karte 15 – 30 €, Menü 40 €
Mi und Do 18 – 20.30 Uhr,
Fr – So 12 – 14 u. 18 – 20.30 Uhr,
Mo und Di Ruhetage
(geschlossen von 11. Nov bis Do vor Ostern)

39, Rue Heisbich
L-6551 Berdorf
Tel.: 00352 790208
www.hotel-bisdorff.lu

Der Guide

An dieser Stelle sollte eigentlich eine Restaurantbesprechung stehen. Leider wurde das Restaurant aber kurz vor Drucklegung geschlossen.

Hinweis
Unser Testzeitraum war März bis September 2008. Bis zur Drucklegung haben wir alle Informationen weiterhin aktualisiert. Wir bedauern, wenn sich zwischenzeitlich Öffnungszeiten etc. geändert haben sollten. Sollten Sie feststellen, dass sich etwas verändert hat, freuen wir uns über eine kurze Mitteilung: *info@guide-orange.de*

Restaurant-Bewertungen
Alle Restaurants sind bewertet in den Bereichen Küche und Ambiente jeweils innerhalb der entsprechenden Kategorie. Es gibt Punkte von 0,5 bis 3,0. Ambiente bedeutet für uns, was dem Gast Wohlbefinden verschafft. Für die Bewertung der Küche waren uns auch der Umgang mit den Produkten sowie Kreativität und Originalität wichtig.

Unsere Besten in den verschiedenen Kategorien
Aus jeder Kategorie haben wir die Restaurants aufgeführt, die für uns und unsere Tester die besten waren. Sie finden diese Auswahl im Vorspannteil.

Wie bekommt ein Restaurant einen ?
Wir haben am Schluss jede/n Tester/in gebeten, seinem/ihrem Lieblingslokal – vollkommen unabhängig von der Restaurantkategorie – seinen/ihren persönlichen Guido zu geben.

Das Guide-Farbschema
Um Ihnen das Navigieren durch den Guide orange zu erleichtern, sind die Beiträge innerhalb der einzelnen Landkreise nach folgendem Farbschema sortiert:

- = Restaurants
- = Einkaufsadressen
- = weitere Tipps

Restaurant Simmer

Wohin am Sonntag?
An die Mosel nach Ehnen!

Küche
Ambiente

Idyllisch an einer Moselbiegung liegt das Hotel-Restaurant Simmer in Ehnen, direkt am Fluss und damit an der Luxemburger Weinstraße.
Der Gast hat die Wahl: Entweder auf der schönst gelegenen Moselterrasse zu sitzen, im Wintergarten oder im traditionell eingerichteten Restaurant dieses seit 1863 bestehenden Gasthauses. Kompetent und souverän kümmern sich 2 Kellner um die Gäste, reichen Brot und Butter sowie einen Gruß aus der Küche, der schon Appetit auf das Essen macht. Die Speisekarte offeriert 6 Vorspeisen, 4 Fischgerichte, 4-mal Fleisch und 7 Desserts ebenso wie 2 Menüs zu 30 oder 55 €. Dies wird aber nur ab 4 Personen am Tisch serviert. Die Entscheidung fiel auf das Duo von der Gänse- und Entenleber mit feinen Backpflaumen und die frittierten Moselfische mit kleinem, kräftig angemachtem Salat. Zum Hauptgang gefiel uns eine sehr fein abgeschmeckte Kombination von Rotbarbe und Knurrhahn in Kurkuma-Fond mit frischen Gemüsen bzw. ein Rinderfilet „Luxemburger Art" in kräftigem Rotweinjus. Sehr umfangreich auch die Weinkarte mit vielen Positionen der Luxemburger Weinaristokratie. *NH*

Karte 18 – 32 €
Menüs 30 – 55 €
Mi – So ganztags,
Mo und Di Ruhetage

117, Route du Vin
L-5416 Ehnen
Tel.: 00352 760030
www.hotel-simmer.lu

Letzebuerger Kaschthaus

Die schöne Wohnstube

Küche
Ambiente

Scherzhaft antwortet Metti, der umsichtige und freundliche Servicechef, auf meine Frage, wie oft denn Léa Linster selbst da sei: „Mindestens einmal die Woche, montagmittags, da will sie selber mal gut essen." Verstehen könnte ich es. Das Konzept in Léa Linsters zweitem Restaurant, dem traditionellen „Luxemburger Gasthaus" ist einfach und gut. Es hat die gemütliche Atmosphäre einer Wohnstube, es gibt eine kleine Karte (5 Vorspeisen, 6 Hauptspeisen, 4 Desserts), es sind alles traditionelle Luxemburger Gerichte, gekocht von zwei Köchinnen der „alten Schule" mit den gleichen guten Produkten wie in ihrem „Sterne-Restaurant". Wir hatten diesmal Rindertatar (aus Filet und fantastisch gewürzt, ohne „Tabasco") und Königinpastete. In der jeweiligen Saison gibt es Muscheln und Wild, dazu frische Fritten und schöne Salate mit frischen Kräutern (einiges aus dem schönen Kräuterbeet rund um die provenzalisch anmutende kleine Terrasse im Hof). Unbedingt zu empfehlen sind die feinen „Tartes". Ob auf dem Heimweg aus Luxemburg oder auch wenn man extra hinfährt, der Abstecher lohnt sich! *HG*

Karte 6,50 – 25 €
Menüs 25 – 40 €
Mo, Do – So 12 – 14 u. 19 – 21 Uhr,
Mi 19 – 21 Uhr,
Di Ruhetag

4, Rue de Bettembourg
L-3333 Hellange
Tel.: 00352 516573
www.lealinster.lu

Il Cherubino
Die andere italienische Küche

Küche
Ambiente

Puglia? Ach so, damit ist Apulien gemeint – die Region ganz unten im Absatz des italienischen Stiefels. Die alten Fotos an der liebevoll dekorierten Steinmauer zeigen Menschen in Bergdörfern. Und dazwischen in allen Variationen Putten – so heißt nun mal das Lokal. Alles gut gelungen, aber so schnell lassen wir uns nicht vom Wesentlichen ablenken! Die italienischen Namen der Gerichte verbergen Geheimnisse. Hausherr Antonio Pica hilft gerne mit Erläuterungen zu den uns bislang nicht bekannten Spezialitäten aus seiner Heimat. Vorne weg also Pasta: in diesem Fall „Orecchiette alla barese" (12,50 €). So entdecke ich eine neue Sorte – klein, rund und leicht gewölbt – mit einer Kalbsroulade serviert. Dabei bekommt man Lust auf mehr. Und diese wird beim Hauptgericht nicht enttäuscht. In meinem „Agnello alla contadina" (18,30 €) in einer Tonschüssel ganz heiß aus dem Backofen krönen vier rosa gebratene Lammkoteletts einen Teppich aus Mini-Kartoffeln und Schalotten in Olivenöl und Kräutern. Dazu ein fruchtiger Rivera-Rosé (die Flasche für 16,86 €). Etwas fanden wir ärgerlich – dass wir nicht schon früher hier waren ... *DM*

Primi Piatti 9 – 13 €
Fleisch und Fisch 13 – 18,50 €
Mo – Sa 11.30 – 14.30 und
18.30 – 22.30 Uhr,
So Ruhetag

10, Rue Notre Dame
L-2240 Luxembourg
Tel.: 00352 471794
www.ilcherubino.lu

Maison des Brasseurs

Essen wie die Letzebuerger

Küche
Ambiente

Ja doch, es gibt noch immer eine luxemburgische Küche! In seinem Haus mit Terrasse in der Fußgängerzone serviert Pierre Kremp – an dickem Schnurrbart und beeindruckendem Körperumfang zu erkennen – typische Gerichte wie „Judd mat Gaardebounen" (Schweinenacken), „Liewerkniddelen mat Sauerkraut" oder „Treipen mat Tiertech". Dazu stellt er mit saisonalen Spezialitäten aus der Region noch eine wöchentlich wechselnde Karte zusammen. Daraus hat es uns an diesem Abend der gekochte Kalbskopf mit schön saurer Vinaigrette-Sauce, Kartoffeln und gemischtem Salat (21,50 €) besonders angetan. Hier ist aber auch ein schönes Stück Pferdefleisch zu haben. Oder Sauerkraut mit unterschiedlichen Fleisch- und Wurstvariationen, die bei Preisen von 20,50 bis 22,50 € durchaus mit einer „choucroute garnie" aus der Straßburger Küche konkurrieren können. In einem weiteren Punkt haben die Luxemburger eine Verwandtschaft mit den Elsässern: Sie mögen gut gefüllte Töpfe und Teller. Und dazu trinken sie auch gerne einen Tropfen aus eigenen Weinbergen. Der stets gut gelaunte Pierre schlägt einen „Château de Schengen" vor. Oh wie Recht hat er! *DM*

Karte 9,50 – 26,50 €
Spezialitäten 18,80 – 22,80 €
Mo – Fr 11 – 22 Uhr,
Sa 11 – 17 Uhr,
So Ruhetag

48, Grand-Rue
L-1660 Luxembourg
Tel.: 00352 471371

Luxembourg **Italienisch**
Ambition

Oro e Argento

Von Europolitikern und andren tollen Hechten

Küche ▮▮▮
Ambiente ▮▮▮

Essen wie Solana? Anstoßen wie Sarko? Im Oro e Argento im Luxemburger Sofitel unmittelbar neben dem Europäischen Gerichtshof stehen die Chancen, in die Politschickeria hineinzulaufen, bestens. Nur, dass Sie eben hier statt Steuergeldern Ihr eigenes, nicht zu knappes argento verbraten. Gemälde, Bronzeputten und Geschirr sind aufeinander abgestimmt, Stoffparavents sorgen für Diskretion. Im angrenzenden Stübli tobt ein Festival sur les régions de France. Zum Amuse-bouche (agneau farci à la foie gras) Oreganoschnecken aus dem Brotkorb, auf den „asperges vertes poêlées aux morilles et oeuf fermier poché" ein Hauch von Trüffel. Die langustierten Pasta können auch in halber Portion bestellt werden. Mit dem „Pavé de thon en croute de sésame et pavots, coulis de poivrons jaunes au martini et petits légumes printaniers" heben wir endgültig ab. Die Käsetheke ist vor allem mit Piemonteser Köstlichkeiten bestückt, das „Semi freddo à la pistache de Sicile, cerise et crumble au cacao" sizilianischer Provenienz. Eine Zigarre à la Al Capone gefällig? In der Havanna-Lounge gegenüber erwartet Sie der Graf von Montecristo. Und das alles für ein bisschen Oro e Argento. *PvP*

*Mo – Fr und So 12 – 14.30 und 19 – 22.30 Uhr,
Sa Ruhetag*

*6, Rue du fort Niedergrünewald
L-2015 Luxembourg
Tel.: 00352 43776870*

Auberge Koeppchen

Ein Stück luxemburgischer Tradition

Küche ▰▰
Ambiente ▰▰

Zwei junge Radfahrer, die den steilen Berg hinauf zum Koeppchen flott und ganz im Stil der luxemburgischen Radhelden und Gebrüder Schleck erklettern, zeigen uns den Weg. Gleich haben wir durch die Rebstöcke einen fantastischen Blick über das Moseltal und den unteren Teil der Gemeinde Wormeldange. Und nun sind wir schon bei der Familie Schmit-Hengel. Familiär auch die Begrüßung durch die Chefin. Mal kommt die Oma vorbei, klopft uns auf die Schulter, empfiehlt die Fritüre mit kleinen Fischen aus der Mosel. Ein guter Tipp. Die gewaltige Portion (17,50 €) gehört zur Haustradition wie auch bei dem Zander mit Krevetten-Sauce (18,50 €) oder der Forelle. Gleiches gilt für die Fleischgerichte. Rumpsteak, Kalbsnieren und Kalbskopf sind hier die Spezialitäten. Davor haben uns die hausgemachte Pâté mit Riesling und der voluminöse Salat mit gebratenem Kalbsbries (schön, dass es noch so was gibt!) und Geflügelleber am meisten gefallen. Und dazu natürlich ein Riesling aus Wormeldange (die Flasche für 20 €). Er wächst und reift an den Koeppchen-Hängen, also direkt vor der Haustür ... DM

Vorspeisen 8,50 – 17 €
Fischgerichte 15 – 18,50 €
Fleischgerichte 15 – 23,50 €
Mi – So 12 – 13.30 und
18 – 21.30 Uhr,
Mo und Di Ruhetage

9, Berreggaas
L-5485 Wormeldange-Haut
Tel.: 00352 7600461

Die Sterne vom Himmel essen

Unsere Region ist reich an Restaurants der Spitzenklasse. In den überregionalen Restaurantführern sind sie gut beschrieben. Bei vielen Gelegenheiten werden sie in Zeitungen und Zeitschriften vorgestellt. Wir verzichten hier darauf, einen weiteren Bericht hinzuzufügen. Unser Guide orange ist auf die weniger bekannten Adressen ausgerichtet. Vor der großen Kunst der Köche und ihrer Häuser verneigen wir uns. Um den interessierten Genussfreunden einen Überblick zu geben, hier eine Liste der Restaurants mit Höchstbewertungen. Wir empfehlen ansonsten die Website www.restaurant-hitlisten.de. Hier werden die Wertungen der wichtigsten deutschen Restaurantführer ausgewertet und man erhält einen aktuellen Überblick.

Luxemburg

- Manoir Kasselslay, Maison 21, Clervaux à Roder, Tel.: 00352 958471
- Fridrici, 116, Route de Belvaux, Esch-sur-Alzette, Tel.: 00352 558094
- Favaro, 19, Rue des Remparts, Esch-sur-Alzette, Tel.: 00352 542723
- Lea Linster, 17, Route de Luxembourg, Frisange, Tel.: 00352 23668411
- La Gaichel, Maison 5, Eischen, Tel.: 00352 390129
- Clairefontaine, Place de Clairefontaine 9, Luxembourg-Centre, Tel.: 00352 462211
- Le Bouquet Garni, 32, Rue de l'Eau, Luxembourg-Centre, Tel.: 00352 26200620
- Patin d'Or, 40, Route de Bettembourg , Periph. à Kockelscheuer, Tel.: 00352 226499
- Les Roses, im Casino 2000, Rue Th. Flammang, Mondorf-les-Bains, Tel.: 00352 266781
- Toit pour Toi, 2, Rue du 9 Septembre, Schouweiler, Tel.: 00352 26370232
- Mosconi, 13, Rue Munster, Luxembourg-Grund, Tel.: 00352 546994
- La Table des Guilloux, 17, Rue Résistance, Schouweiler, Tel.: 00352 370008

Saarland/Rheinland-Pfalz

- Schloss Berg, Schlossstraße 27 – 29, Perl, Tel.: 06866 79118
- Gästehaus Erfort, Mainzer Straße 95, Saarbrücken, Tel.: 0681 9582682
- Le temple du gourmet, Saarstraße 2, Hermeskeil/Neuhütten, Tel.: 06503 7669
- Restaurant Kunz, Kirchstraße 22, St. Wendel, Tel.: 06854 8145
- Becker's, Olewiger Straße 206, Trier, Tel.: 0651 938080
- Tschifflik, Fasanerie 1, Zweibrücken, Tel.: 06332 973205
- Landhaus St. Urban, Büdlicherbrück 1, Naurath, Tel.: 06509 91400
- Wein- und Tafelhaus, Moselpromenade 4, Trittenheim, Tel.: 06507 702803
- Landhaus Mühlenberg, Mühlenberg 2, Zemmer-Daufenbach, Tel.: 06505 1010

Elsass/Lothringen

- Le Cygne, 35, Grand Rue, Gundershoffen, Tel.: 00333 88729643
- La Fourchette des Ducs, 6, Rue de la Gare, Obernai, Tel.: 00333 88483338
- Au Crocodile, 10, Rue de l'Outre France, Strasbourg, Tel.: 00333 88321302
- La Bonne Auberge, 15, Rue Nationale, Stiring-Wendel, Tel.: 00333 87875278
- Caveau d'Eguisheim, 3, Place du Château St. Léon, Eguisheim, Tel.: 00333 89410889
- Au Pampre d'Or, 31, Place de la Chambre, Metz, Tel.: 00333 87741246
- Auberge St. Walfrid, 58, Rue de Grosbliederstroff, Sarreguemines, Tel.: 00333 87984375
- Auberge du Cheval Blanc, 4, Rue de Wissembourg, Lembach, Tel.: 00333 88944186
- Mathis, 7, Rue Gambetta, Sarrebourg, Tel.: 00333 87032167
- Au Soldat de l'An II, 1, Route de Saverne, Phalsbourg, Tel.: 00333 87241616
- Relais de la Poste, 21, Rue du Général De Gaulle, La Wantzenau, Tel.: 00333 88592480
- Le Cerf, 30, Rue du Général De Gaulle, Marlenheim, Tel.: 00333 88877373
- Buerehiesel, 4, Parc de l'Orangerie, Strasbourg, Tel.: 00333 88455665
- Hostellerie du Rosenmeer, 45, Avenue de la Gare, Rosheim, Tel.: 00333 88504329
- Le Bistro des Saveurs, 35, Rue de Sélestat, Obernai, Tel.: 00333 88499041

- Au Vieux Couvent, 6, Rue des Chanoines, Rhinau,
  Tel.: 00333 88746115
- Auberge Frankenbourg, 13, Rue du Général De Gaulle, La Vancelle,
  Tel.: 00333 88579390
- Le Vieux Moulin, 135, Rue de France, Sarreguemines,
  Tel.: 00333 87982259
- Table du Gourmet, 5, Rue de la 1e Armée, Riquewihr,
  Tel.: 00333 89490909
- Auberge de Schoenenbourg, Rue de la Piscine, Riquewihr,
  Tel.: 00333 89479228
- Maximilien, 19a, Route de Ostheim, Zellenberg,
  Tel.: 00333 89479969
- Chambard, 9 – 13, Rue du Général De Gaulle, Kayserberg,
  Tel.: 00333 89471017
- Le Haut Ribeaupierre, 1, Route Bergheim, Ribeauvillé,
  Tel.: 00333 89738763
- Philippe Bohrer, 1, Rue Poincaré, Rouffach, Tel.: 00333 89496249
- Les Ducs de Lorraine, 5, Avenue de Provence, Epinal,
  Tel.: 00333 29295600
- Hostellerie de l'Abbay la Pommeraie, 8, Avenue Mar. Foch,
  Sélestat, Tel.: 00333 88920784
- Serge and Co, 14, Rue des Pompiers, Schiltigheim,
  Tel.: 00333 88189619
- Le Magasin aux Vivres, 5, Avenue Ney, Metz, Tel.: 00333 87171717
- L'Écluse, 45, Place de la Chambre, Metz, Tel.: 00333 87754238

Anzeige

12:34 Luxembourg
16:17 Trier
10:22 Metz
19:57 Saarbrücken

Vielfalt ganz nah
Tout près, tout autre

QUATTROPOLE LUXEMBOURG · METZ · SAARBRÜCKEN · TRIER

WWW.QUATTROPOLE.ORG

Städtenetz QuattroPole

Neun Sterneköche am Himmel der Gaumenfreuden

Einfach mal den Gaumen verwöhnen lassen und die Welt der Grenzregion genießen. Schöne Landschaften in der Umgebung, historische Stadtkerne und neun Sterneköche mit insgesamt 13 Michelinsternen, die für das leibliche Glück auf Erden sorgen: Luxemburg – Metz – Saarbrücken – Trier laden zum Genießen ein. Im historischen Ambiente der Grenzregion, die drei Länder zusammenführt, wird Kochkunst und Gourmettradition großgeschrieben.

Ausführliche Berichte über die neun Spitzenrestaurants mit Rezepten der Sterneköche finden Sie unter **www.quattropole.org**.

Im Städtenetz QuattroPole arbeiten die Städte Metz, Luxembourg, Saarbrücken und Trier zusammen, um die im Herzen Europas über die Grenzen hinweg vorhandenen Gemeinsamkeiten zu nutzen und auszubauen. Vier Metropolen in drei Ländern bieten kulinarische, kulturelle, historische und wirtschaftliche Vielfalt ganz nah.

Réseau de villes QuattroPole

Neuf chefs étoilés au firmament des palais gourmands

A la croisée des tables des grands chefs étoilés, la région frontalière invite à la pause gourmande. Un environnement coloré par des paysages aux vallées verdoyantes et aux collines boisées, des centres villes historiques qui reflètent la richesse du patrimoine culturel et neuf chefs étoilés avec treize étoiles qui proposent le paradis des bonnes tables sur terre : Luxembourg – Metz – Sarrebruck – Trèves ont de quoi séduire leurs hôtes. Ici, au pays des trois frontières, ils seront servis par l'art culinaire et la tradition gourmande.

Les neuf chefs étoilés et leurs restaurants avec pour dessert leurs recettes préférées vous sont présentés sur **www.quattropole.org**.

Les Villes de Luxembourg, Metz, Sarrebruck et Trèves mettent en place des actions locales de coopération au sein du réseau de villes QuattroPole, soulignant ainsi l'importance d'une cohérence régionale transfrontalière au cœur de l'Europe. Quatre métropoles situées dans trois pays offrent la diversité culinaire, culturelle, historique et économique à portée de main.

Alphabetisches Register der Restaurants

Legende

K = kinderfreundliches Restaurant
T = Terrasse vorhanden

À l'Aigle d'Or – – Mi Do Fr Sa **So K**	Osthouse	212
À la Table de Tropiques – – Mi Do Fr Sa **So**	Sarrebourg	182
Am Lindeplatzel **Mo** Di Mi – Fr Sa **So K T**	Mittelbergheim	208
Asia-Bistro **Mo** Di Mi Do Fr Sa **So**	St. Ingbert	46
Au Brasseur **Mo** Di Mi Do Fr Sa **So T**	Strasbourg	217
Au cheval blanc **Mo** – Mi Do Fr Sa **So K T**	Graufthal	202
Au Lion d'Or **Mo** Di Mi Do Fr Sa **So T**	La Petite Pierre	204
Au Pont du Corbeau **Mo** Di Mi Do Fr – **So**	Strasbourg	218
Au Relais des Bois – – Mi Do Fr Sa **So K T**	Sturzelbronn	186
Au Val d'Eléon – Di Mi Do Fr Sa **So K T**	Andlau	200
Auberge AlbertMarie – Di Mi Do Fr Sa **So T**	Rosbruck	180
Auberge Imsthal **Mo** – Mi Do Fr Sa **So K T**	La Petite Pierre	205
Auberge Koeppchen – – Mi Do Fr Sa **So K**	Wormeldange-Haut	238
Auberge le Baeckeoffe – Di Mi Do Fr Sa **So**	Sarrebourg	183
Auberge Lorraine **Mo** Di – – Fr Sa **So**	Waldhouse	187
Biergarten Oberlimberg **Mo** Di Mi Do – Sa **So**	Wallerfangen-Oberlimberg	151
Bistro im Bahnhof **Mo** Di Mi Do Fr Sa **So K T**	Püttlingen	71
Bistro Krempels – Di Mi Do Fr Sa –	St. Ingbert	47

Bistro Tebeck's – – Mi Do Fr Sa **So** **K** **T**	Wadern-Wadrill	6
Bistro Villa Fayence – Di Mi Do Fr Sa – **T**	Wallerfangen	148
Bisttalstube – Di Mi Do Fr Sa **So**	Schaffhausen	106
Bliesgersweiler Mühle – Di Mi Do Fr Sa **So** **K** **T**	Kleinblittersdorf	70
Bords du Rhin (Hostellerie) – – Mi Do Fr Sa **So** **K**	Rhinau	215
Brasserie L'Aubergine **Mo** Di Mi Do Fr Sa **So** **K**	Illingen	25
Burgrestaurant – Di Mi Do Fr Sa **So** **K** **T**	Saarburg	17
Café Brant **Mo** Di Mi Do Fr Sa **So** **T**	Strasbourg	219
Café Kanne – Di Mi Do Fr Sa **So** **T**	Neunkirchen-Furpach	30
Callari **Mo** Di – Do Fr Sa **So** **T**	Merzig	3
Chardonnay **Mo** Di Mi Do Fr Sa **So** **T**	Wallerfangen	149
Chez Eric, Escargot **Mo** Di Mi Do Fr Sa – **T**	Saarlouis	140
Chez l'Oncle Ernest **Mo** Di Mi Do Fr Sa –	Metz	175
Cuisine Philipp – Di Mi Do Fr Sa –	Saarbrücken	75
Culinarium **Mo** – – Do Fr Sa **So** **K** **T**	Nittel	16
Da Carlo – Di Mi Do Fr Sa **So**	Rockershausen	74
Die alte Brauerei **Mo** – Mi Do Fr Sa **So** **T**	St. Ingbert	48
Die konkrete Utopie – Di Mi Do Fr – –	Saarbrücken	130
El Paso – Di Mi Do Fr Sa **So** **K**	Saarbrücken	76
Felsenmühle **Mo** Di Mi Do Fr Sa **So** **T**	St. Wendel	160
Forellenhof Trauntal – – – Do Fr Sa **So** **T**	Börfink	157

Forsthaus Neuhaus – Di Mi Do Fr Sa **So K T**	Neuhaus	72
Fruits de Mer – Di Mi Do Fr Sa –	Saarbrücken	77
Gasthaus Bäcker **Mo** – Mi Do Fr Sa **So T**	Wustweiler	31
Gasthaus Rech **Mo** Di – Do Fr Sa **So K T**	Habach	24
Gasthaus Wagner **Mo** Di – Do Fr Sa **So K T**	Serrig	19
Gasthaus zum Ochsen – Di Mi Do Fr Sa **So T**	St. Wendel	161
Gaststätte Gemmel **Mo** Di Mi Do Fr Sa **So T**	Saarbrücken	78
Goldener Stern – Di Mi Do Fr Sa **So T**	St. Ingbert	49
Golfhotel **Mo** Di Mi Do Fr Sa **So K T**	St. Wendel	162
Gräfinthaler Hof – – Mi Do Fr Sa **So K T**	Mandelbachtal	45
H.P.'s Restaurant „Die Linde" – Di Mi Do Fr Sa **So T**	Homburg-Schwarzenbach	39
Hailich Graab – – Mi Do Fr Sa **So T**	Strasbourg	220
Hämmerle's Restaurant **Mo** Di Mi Do Fr Sa – **K T** 🐌	Blieskastel	35
Hashimoto – Di Mi Do Fr Sa **So**	Saarbrücken	79
Historischer Bahnhof **Mo** Di Mi Do Fr Sa **So T**	Gersheim	36
Hofhaus Beaumarais **Mo** Di Mi Do Fr Sa **So T**	Saarlouis-Beaumarais	143
Hotellerie Hubertus – Di Mi Do Fr Sa **So K T**	Tholey	165
Hotellerie Waldesruh **Mo** Di Mi Do – Sa **So T**	Wallerfangen-Oberlimberg	152
Hôtel-Restaurant des Vosges **Mo** Di – Do Fr Sa **So T**	Lutzelbourg	174
Hotel-Restaurant Gimbelhof – – Mi Do Fr Sa **So K T**	Lembach	206
Il Cherubino **Mo** Di Mi Do Fr Sa –	Luxembourg	235
Il Gabbiano **Mo** Di Mi Do Fr Sa **So T**	Saarbrücken	80

Il Porcino **Mo** Di Mi Do Fr Sa **So** **T**	Saarbrücken	81
Itzbacher Wirtshaus **Mo** Di Mi Do Fr – **So** **T**	Siersburg	146
Kaminzimmer Kunz – – Mi Do Fr Sa **So**	Bliesen	158
Kloster Hornbach – – Mi Do Fr Sa **So** **T**	Hornbach	42
Körpricher Landbräu – Di Mi Do Fr Sa **So** **T**	Körprich	137
Krua Thai – Di Mi Do Fr Sa **So** **K**	Saarbrücken	82
Kuntze's Handelshof – Di Mi Do Fr Sa **So**	Saarbrücken	83
L'Ami Fritz **Mo** Di – Do Fr Sa **So** **K** **T**	Ottrott-le-Haut	213
L'Atelier du Sommelier – – Mi Do Fr Sa **So** **K** **T**	Niederbronn-les-Bains	209
L'Essentiel **Mo** Di Mi Do Fr Sa – **T**	Haguenau	203
L'Etude **Mo** Di Mi Do Fr Sa –	Metz	176
La Bastille **Mo** Di Mi Do Fr Sa **So**	Saarbrücken	84
La Bécasse **Mo** – Mi Do Fr Sa **So** **T**	Wallerfangen	150
La Bettola **Mo** Di Mi Do Fr Sa **So** **T**	Völklingen	107
La Cantina – – Mi Do Fr Sa **So**	Saarbrücken	85
La Choucrouterie **Mo** Di Mi Do Fr Sa –	Strasbourg	221
La Cloche – Di Mi Do Fr Sa – **K**	Metz	177
La Ferme de Suzel – – – – Fr Sa **So** **T**	Ringendorf	216
La Marmite – Di Mi Do Fr Sa **So** **T**	Grosbliederstroff	172
La Marmite d'Obernai **Mo** Di Mi Do Fr Sa **So** **K**	Obernai	210
La Provence & Bistro Le Mistral – Di Mi Do Fr Sa **So**	Rappweiler	5
La Pulia **Mo** – Mi Do Fr Sa **So** **K** **T**	Völklingen	108

La Table de Christophe – Di Mi Do Fr Sa –	Strasbourg	222
La Trattoria del Postillione **Mo** Di Mi Do Fr Sa – **T**	St. Ingbert	50
La Vieille Porte **Mo** – – Do Fr Sa **So K**	Sierck-les-Bains	185
Landgasthof Paulus – – Mi Do Fr Sa **So K T** 🐌	Nonnweiler-Sitzerath	159
Landhaus Rabenhorst **Mo** Di Mi Do Fr Sa **So K T**	Homburg	38
Landhaus Thea – Di Mi Do Fr Sa **So T**	Schwalbach-Sprengen	145
Landidyll Hotel Zur Saarschleife – Di Mi Do Fr Sa **So K T** 🐌	Orscholz	4
Le Baron Rouge **Mo** Di Mi Do Fr Sa **So T**	Creutzwald	170
Le Bisdorff – – Mi Do Fr Sa **So T**	Berdorf	231
Le Bouchon **Mo** Di Mi Do Fr Sa – **K T**	Saarbrücken	86
Le Caveau de Gail **Mo** Di Mi Do Fr Sa **So**	Obernai Cedex	211
Le Meunier **Mo** Di Mi Do Fr Sa – **T**	Saarlouis	141
Le Moulin d'Ambach – Di Mi Do Fr Sa **So T**	Longeville-lès-Saint-Avold	173
Le Noir **Mo** Di Mi Do Fr Sa –	Saarbrücken	87
Le Resto – Di Mi Do Fr Sa **So**	Saarbrücken	88
Le Strasbourg – Di Mi Do Fr Sa **So K**	Bitche	169
Le Terroir **Mo** Di – Do Fr Sa **So K**	Réding	179
Leib & Seele **Mo** Di Mi Do Fr Sa **So T**	Saarbrücken	89
Leib und Seele – – Mi Do Fr Sa **So K T**	Berus	131
Leick's Hof – Di Mi Do Fr Sa **So T**	Siersburg	147
Letzebuerger Kaschthaus **Mo** – Mi Do Fr Sa **So**	Hellange	234
Locanda Grappolo d'Oro – Di Mi Do Fr Sa **So**	Lebach	138

Maison des Brasseurs **Mo** Di Mi Do Fr Sa – **K T**	Luxembourg	236
Margaretenhof **Mo** Di Mi – Fr Sa **So T**	Berus	132
Margret's Bauernstube – – Mi Do Fr Sa **So K T**	Düppenweiler	1
Massimo – Di Mi Do Fr Sa **So**	Dudweiler	67
Mazagran **Mo** Di Mi Do Fr Sa **So**	Sainte-Barbe	181
Moulin des 7 Fontaines – Di Mi Do Fr Sa **So K T**	Drachenbronn-Birlenbach	201
Nico's Restaurant – Di Mi Do Fr Sa **So T**	Homburg-Schwarzenbach	40
Niedmühle – – Mi Do Fr Sa **So T**	Rehlingen-Siersburg	139
Notre Dame de Bonne Fontaine **Mo** Di Mi Do Fr Sa **So T**	Danne-et-Quatre-Vents	171
Oro e Argento **Mo** Di Mi Do Fr – **So**	Luxembourg	237
Osteria da Bacco **Mo** Di – Do Fr Sa **So K**	Bexbach	34
Osteria I Latini **Mo** Di Mi Do Fr Sa **So**	Saarbrücken	90
Pablo – Di Mi Do Fr Sa – **T**	Saarbrücken	91
Pascale Dimofski – – Mi Do Fr Sa **So T**	Woelfling	188
Pehlinger Hof – Di Mi Do Fr Sa **So** 🐌	Gerlfangen	135
Petit Château **Mo** Di Mi Do Fr Sa – **K T**	Homburg-Schwarzenbach	41
R1 Giuseppe **Mo** Di Mi Do Fr Sa **So T**	Saarbrücken	92
Ressmann's Residence **Mo** – Mi Do Fr Sa **So K T**	Kirkel	43
Restaurant Altes Pförtnerhaus – Di Mi Do Fr Sa **So**	Quierschied	73
Restaurant Bürestubel **Mo** Di – Do Fr Sa **So K T**	Pfulgriesheim	214
Restaurant Chez l'Ami Fritz **Mo** Di – Do Fr Sa **So K T**	Sarrebourg	184
Restaurant Mathes – – Mi Do Fr Sa **So T**	Ahn	230

Restaurant Olmi – Di Mi Do Fr Sa **So**	Petite Hettange	178
Restaurant Quirin – Di Mi Do Fr Sa **So** **T**	Gersheim	37
Restaurant Simmer – – Mi Do Fr Sa **So** **T**	Ehnen	233
Restaurant Trampert **Mo** Di Mi Do Fr Sa – **K** **T**	Saarlouis-Beaumarais	142
RiLounge **Mo** Di Mi Do Fr Sa – **T**	Saarbrücken	93
Ristorante Milano **Mo** – Mi Do Fr Sa **So** **K**	Saarbrücken	94
Ristorante Roma – Di Mi Do Fr Sa **So** **T**	Saarbrücken	95
Ristorante Valenti im « Riccione » – Di Mi Do Fr Sa **So**	Dillingen-Diefflen	134
Rita's Natur- und Vollwertküche – – Mi Do Fr Sa **So** **T**	Hüttersdorf	136
Rösselstub **Mo** Di – – Fr Sa **So** **K**	Lembach	207
Rützelerie Geiß – Di Mi Do Fr Sa – **T**	Kirkel	44
Savoir Vivre **Mo** Di Mi Do Fr Sa – **T**	Saarbrücken	96
Schnokeloch **Mo** Di Mi Do Fr Sa **So** **T**	Saarbrücken	97
School Kättchen **Mo** – Mi Do Fr Sa **So** **T**	Weierweiler	7
Schumachers Scheune **Mo** – Mi Do Fr Sa **So** **T** 🌀	Losheim am See	2
Sengscheider Hof **Mo** Di Mi Do Fr Sa – **T**	St. Ingbert	51
St. Erasmus **Mo** Di Mi Do Fr Sa **So** **T**	Trassem	20
Star of India – Di Mi Do Fr Sa **So**	Saarbrücken	98
Taverne du Sommelier **Mo** Di Mi Do Fr – – **T**	Strasbourg	223
Vecchia Stazione – Di Mi Do Fr Sa – **T**	Gersweiler	68
Veni, Vidi, Vivi **Mo** Di Mi Do Fr Sa – **T**	Güdingen	69
Villa Keller – Di Mi Do Fr Sa **So** **T**	Saarburg	18

Villa Medici **Mo** Di Mi – Fr Sa **So** **T**	Neunkirchen	28
Viva Zapata **Mo** Di Mi Do Fr Sa **So** **T**	Saarbrücken	99
Weinbistro Archipenko – Di Mi Do Fr Sa **So** **T**	Saarbrücken	100
Weintreff Magdalenenkapelle – Di Mi Do Fr Sa **So** **T** 🐌	St. Wendel	163
Weismüller **Mo** Di Mi Do Fr Sa **So** **K** **T**	Saarbrücken	102
Wirtshaus Annelies – Di Mi Do Fr Sa **So** **K** **T**	Neunkirchen	29
Wongar – Di Mi Do Fr Sa **So**	Saarbrücken	101
Zauners Restaurant **Mo** Di Mi Do Fr Sa – **T**	Saarbrücken	103
Zum Adler **Mo** Di Mi Do Fr Sa **So** **T**	Saarbrücken	104
Zum Blauen Fuchs – Di Mi Do Fr Sa **So** **T**	Steinberg-Deckenhardt	164
Zum Deutschhaus – Di Mi Do Fr Sa **So**	Saarbrücken	105
Zum Fischweiher – – Mi Do Fr Sa **So** **K** **T**	Differten	133
Zum Zeisweiler Hof **Mo** Di – Do Fr Sa **So** **K** **T**	Illingen	26
Zur Linde **Mo** Di Mi Do Fr Sa **So** **K** **T**	Mainzweiler	27

Alphabetisches Register der Einkaufsadressen

Ackermann's | Bäckerei	Bliesmengen-Bolchen	57
Anstadt | Bäckerei	Aßweiler	52
Apero | Feinkost	Saarbrücken	114
Asia-Shop | Einkaufen	Saarbrücken	115
Au Pain d. M. Grand-Père | Bäckerei	Strasbourg	226
Au Vieux Gourmet (Fromagerie) | Käse	Strasbourg	227
Biomarkt Primstal | Einkaufen	Nonnweiler-Primstal	166
Birgit Kurth | Einkaufen	Fremersdorf	9
Bliesgau-Molkerei | Molkerei	Ommersheim	64
Café Lolo | Konditorei	Saarbrücken	116
Café Schröder | Bäckerei	Heusweiler	112
Casa Mada | Feinkost	Saarbrücken	117
Charcuterie Schimpf | Metzgerei	Wissembourg	229
Choco. Confis. Kestener | Konditorei	Sarreguemines	195
City Basar | Einkaufen	Saarbrücken	118
Claude Bourguignon | Konditorei	Metz	193
Dieter Schwitzgebel | Metzgerei	Einöd	58
Distillerie Artis. d. Castor | Schnaps	Troisfontaines	198
Domenico's | Feinkost	Bous	154
Eisen Marx | Grillschule	Klarenthal	129
Ferme Les Grands Vents | Käse	Kirsch-lès-Sierck	192
Ferme Bel Air | Einkaufen	Eincheville	191
Fisch Flatter | Fisch	Homburg	61
Fischmarkt Burbach | Fisch	Saarbrücken	119
Fleischerei Könen | Metzgerei	Saarburg	22
Forellengut Rosengarten | Fischzucht	Trassem	23
Fremersdorfer Brennerei | Schnaps	Fremersdorf	10
Früchte Dekker | Einkaufen	Saarbrücken	120
Früchte Kockler | Feinkost	Püttlingen	113
Früchte Kreis | Einkaufen	Saarbrücken	121
Gangloff | Metzgerei	Mackwiller	224
Gourm'Aline | Feinkost	Sarreguemines	196
Heil | Bäckerei	Saarbrücken	122
Hof am Römerturm | Einkaufen	Erfweiler-Ehlingen	59
Hof Hochscheid | Einkaufen	Hassel	60
Horst Scherer | Metzgerei	Dillingen	155
Il Gourmet Italiano | Einkaufen	Illingen-Hosterhof	33
Käseladen S. Schmidt | Käse	Saarbrücken	123
Landwirt Rose | Einkaufen	Mainzweiler	32

Les Confitures du Climont | Marmelade	Ranrupt (bei Schirmeck)	225
Macarons de Boulay | Konditorei	Boulay	190
Maison de la Mirabelle | Schnaps	Rozélieures	194
Mannebacher Käse | Käse	Mannebach	21
Martinshof | Einkaufen	Saarbrücken	124
Meiers, Helga und Konrad | Einkaufen	Rimlingen	13
Michael Stumpf | Fischzucht	Blieskastel-Ballweiler	55
miori | Feinkost	Saarbrücken	125
Naegel (Pâtissier/Traiteur) | Einkaufen	Strasbourg	228
Neukahlenberger Hof | Einkaufen	Blieskastel-Böckweiler	56
Olk's Vollkornbackhaus | Bäckerei	Oberwürzbach	63
Paul und Barbara Hammes | Käse	Apach	189
Pauli Michels | Kaffee	Weiskirchen	14
Pieper | Einkaufen	Saarlouis	156
Russello | Feinkost	Homburg	62
Schales | Schales	Völklingen	128
Steuer-Wagner | Metzgerei	Losheim	11
Stroh | Metzgerei	Büschfeld	8
Sucré Salé | Feinkost	Sarreguemines	197
Tesorito | Kaffee	Saarbrücken	126
Thome | Metzgerei	Saarbrücken	127
Weller | Metzgrei	Aßweiler	53
Wendelinushof | Einkaufen	St. Wendel	167
Wildgehege Schäfer | Metzgerei	Blieskastel	54
Wintringer Hof | Einkaufen	Bliesransbach	111
Wolfgang Schmitt | Obstbau	Merzig-Menningen	12

Der Guide

Wie bekommt ein Restaurant einen 😊 ?
Wir haben am Schluss jede/n Tester/in gebeten, seinem/ihrem Lieblingslokal – vollkommen unabhängig von der Restaurantkategorie – seinen/ihren persönlichen Guido zu geben.

Stichwortverzeichnis

Ausflug 1, 16, 17, 26, 36, 45, 135, 146, 151, 152,
.... 157, 162, 171, 174, 186, 201, 205, 206, 238
Bäckereien 52, 57, 63, 112, 122, 128, 226
Bauernladen 13, 32, 56, 59, 60, 111, 124, 167, 191
Bioland 13, 53, 56, 59, 60, 63, 64, 111, 124, 127, 128, 166
Café 52, 112, 116, 126, 193, 195, 228
Feinkost 62, 113, 114, 117, 125, 154, 196, 197
Fisch 23, 55, 61, 119
Käse 21, 33, 56, 59, 123, 166, 189, 192, 227
Kochkurse 129, 130
Konditorei 116, 190, 193, 195
Lammwochen 65
Märkte 32, 56, 59, 60, 110, 192
Metzgerei 8, 11, 22, 53, 54, 58, 127, 155, 224, 229
Molkerei 64
Obst und Gemüse 12, 33, 60, 111, 113, 114, 118, 120, 121, 124, 166, 167
Paris 199
Pilze 168
Schnaps 10, 12, 194, 198
Weine 15
Wild 54, 153

Bildrechte

Weine der unteren Saar	z. T. Weingut Lauer
Ressmann's Residence	Ressmann's Residence
Forellengut Rosengarten	Forellengut Rosengarten
Brasserie L'Aubergine	Brasserie L'Aubergine (Foto Engel)
Kloster Hornbach	Kloster Hornbach
Sengscheider Hof	Sengscheider Hof
Bliesgau Lammwochen	Kunstschäfer Rudolf Schwarz
Kuntze's Handelshof	Kuntze's Handelshof
La cantina	La cantina
Le noir	Le noir
RiLounge	RiLounge (Foto Leinen)
Früchte Kockler	Früchte Kockler (Foto Manuela Meier)
Casa mada	Casa mada
Fischmarkt Burbach	Fischmarkt Burbach
Früchte Kreis	Früchte Kreis
Steuer-Wagner	Steuer-Wagner
miori	miori

Chez Eric, Escargot	Chez Eric (Foto Leinen)
Itzbacher Wirtshaus	Itzbacher Wirtshaus (Photo Phant)
Kaminzimmer Kunz	Kaminzimmer Kunz
Landgasthof Paulus	Landgasthof Paulus
Weintreff Magdalenenkapelle	Weintreff Magdalenenkapelle
Oro et Argento	Oro et Argento
Forellenhof Trauntal	Forellenhof Trauntal
Niedmühle	Niedmühle
Pascale Dimofski	Pascale Dimofski
Pieper	Pieper

Die Autoren der jeweiligen Artikel, Verlag Guide orange

Danke und Merci

Ich danke vielen Helfern und Mitwirkenden. Insbesondere danke ich Stefanie Bier, die unermüdlich über ihre Arbeitszeit hinaus mit Engagement und Herzblut am Gelingen des Buches gearbeitet hat. Ohne Chris Kümmel gäbe es den Guide orange nicht, er war von Anfang an Ratgeber und hat so das Buch begleitet. Vera Spreuer und Gudrun Müller haben am Layout und den Texten höchst professionell und liebevoll bis zum letzten Schliff gefeilt. Alexander Henkes, Mirko Schade und Alexander Scholz von Moltomedia sowie Christian Gesellchen und Pascal Wilhelm von der Ottweiler Druckerei haben mit Fantasie und Kreativität geholfen, das Redaktionssystem und den Druck zu verwirklichen. Bei der OD sind es viele Mitarbeiter/innen, denen das Werk ans Herz gewachsen ist und die geholfen haben, vorneweg Silke Sorg und Alexandra Schuck. Dank auch an Jörg Huppert und Rudi Gorius, die sich um die Anzeigenakquise gekümmert haben, an Denise Pasco und Dirk Tull, die allzeit bereit waren für den Kampf mit den alltäglichen Details. Für Gespräche und Tipps Dank an alle, insbesondere an Mary Voss-Peter, Bertram Sauder und Erik Pazzi. Mein Dank gilt darüber hinaus all jenen, die uns Hinweise gaben, ihre Meinung sagten und als Co-Tester mit uns unterwegs waren: Wolfgang Altpeter, Peter Wagner, Jean Pierre Gilg, Jean Meyer, Marion Moreno, Evelyn Dremer, Gudrun Tittelbach, Edgar und Kleini, Dieter Schmitt, Rainer Schmitt, Doris Gard, Uschi Müller, Juliane Grell, Monika Schreiber – ich könnte noch lange weiterdanken, allein der Platz reicht nicht. Merci à tous!

Impressum

© Verlag Guide orange, Saarbrücken 2008
Herausgeber: Holger Gettmann
Trierer Straße 36, 66111 Saarbrücken Tel.: 0681 41620654, Fax: 0681 48011
Alle Rechte vorbehalten. Nachdruck, auch auszugsweise, verboten.
Lektorat: Gudrun Müller
Satz und Layout: Vera Spreuer, augentrick
Druck: Ottweiler Druckerei und Verlag GmbH
Johannes-Gutenberg-Straße
66564 Ottweiler
Printed in Germany
ISBN 978-3-9810696-2-4
info@guide-orange.de
www.guide-orange.de